本书是国家社科基金一般项目"认罪认罚处理机制研究"
16BFX070 的阶段性成果

认罪认罚冤假错案
预防机制研究

祁建建◎著

THE PREVENTION
OF WRONGFUL CONVICTIONS
IN GUILTY PLEA CASES

中国政法大学出版社

2021·北京

图书在版编目（ＣＩＰ）数据

认罪认罚冤假错案预防机制研究/祁建建著. —北京：中国政法大学出版社，
2021.7
ISBN 978-7-5620-9795-2

Ⅰ.①认…　Ⅱ.①祁…　Ⅲ.①司法制度－研究－中国　Ⅳ.①D926

中国版本图书馆CIP数据核字(2021)第034033号

出　版　者　中国政法大学出版社

地　　　址　北京市海淀区西土城路 25 号

邮寄地址　北京 100088 信箱 8034 分箱　邮编 100088

网　　　址　http://www.cuplpress.com (网络实名：中国政法大学出版社)

电　　　话　010-58908289(编辑部) 58908334(邮购部)

承　　　印　北京九州迅驰传媒文化有限公司

开　　　本　880mm × 1230mm　1/32

印　　　张　8.25

字　　　数　195 千字

版　　　次　2021 年 12 月第 1 版

印　　　次　2021 年 12 月第 1 次印刷

定　　　价　49.00 元

目 录

CONTENTS

绪　论

　　近年来，我国出台了关于冤假错案的预防与纠正的许多政策与规范性法律文件，对嫌疑人和被告人、被害人权利的保障及对司法权依法独立行使的保障也几经发展。新时代以来，无论是从政策层面，还是从法律法规的修改层面及司法改革实践层面，都强调司法公正的至高价值，这是我国法治发展进程中的一个飞跃。如何保障司法公正，预防认罪认罚中的冤假错案，是本书要研究的问题。

　　在中国特色社会主义理论的论述中，社会公平正义是崇高的价值追求，预防冤假错案是维护司法公正的必然要求，具有极其重要的地位。"全面依法治国，必须紧紧围绕保障和促进社会公平正义来进行。"[1]"必须把社会公平正义这一法治价值追求贯穿到立法、执法、司法、守法的全过程和各方面，努力让人民群众在每一项法律制度、每一个执法决定、每一宗司法案件中都感受到公平正义。公正是司法的灵魂和生命。公正司法是维护社会公平正义的最后一道防线。所谓公正司法，就是受到侵害的权利一定会得到保护和救济，违法犯罪活动一定要受

---

　　〔1〕　中共中央宣传部编：《习近平新时代中国特色社会主义思想学习纲要》，学习出版社、人民出版社 2019 年版，第 103 页。

到制裁和惩罚。"[1] 作为维护社会公平正义的最后一道防线,司法的最高价值就是公正。司法公正对于社会公平正义有重要的保障和促进功能,"司法公正对于社会公正具有重要引领作用,司法不公对社会公正具有致命破坏作用。如果人民群众通过司法程序不能保证自己的合法权利,那司法就没有公信力,人民群众也不会相信司法。人民群众每一次求告无门、每一次经历冤假错案,损害的都不仅仅是他们的合法权益,更是法律的尊严和权威,是他们对社会公平正义的信心。"[2]"要懂得'100-1=0'的道理。一个错案的负面影响,足以摧毁九十九个公平裁判积累起来的良好形象。执法司法中万分之一的失误,对当事人就是百分之百的伤害。"[3] 为了推进公正司法,"绝不允许执法犯法造成冤假错案。"[4] 冤假错案是司法不公的集中体现。为了推进公正司法,避免在刑事案件中出现冤假错案,"必须深化司法体制改革","从确保依法独立公正行使审判权检察权、健全司法权力运行机制、完善人权司法保障制度三个方面,着力破解体制性、机制性、保障性障碍,不断提高司法公信力"[5] 以上的重要论述表明,个别发生的冤假错案反映出司法有待完善的方面,这些漏洞对于司法公正具有全局性破坏作用,预防冤假错案、推进相关司法改革具有重大意义。

---

〔1〕 中共中央宣传部编:《习近平新时代中国特色社会主义思想学习纲要》,学习出版社、人民出版社 2019 年版,第 103 页。

〔2〕 中共中央宣传部编:《习近平新时代中国特色社会主义思想学习纲要》,学习出版社、人民出版社 2019 年版,第 104 页。

〔3〕 中共中央宣传部编:《习近平新时代中国特色社会主义思想学习纲要》,学习出版社、人民出版社 2019 年版,第 104 页。

〔4〕 中共中央宣传部编:《习近平新时代中国特色社会主义思想学习纲要》,学习出版社、人民出版社 2019 年版,第 104 页。

〔5〕 中共中央宣传部编:《习近平新时代中国特色社会主义思想学习纲要》,学习出版社、人民出版社 2019 年版,第 104、105 页。

　　在全面推进依法治国、建设社会主义法治国家的进程中，2014 年的十八届四中全会决议《中共中央关于全面推进依法治国若干重大问题的决定》是对全面推进依法治国的顶层设计，制定了法治发展的路线图，在我国社会主义法治史上具有里程碑意义。[1]《关于〈中共中央关于全面推进依法治国若干重大问题的决定〉的说明》指出四中全会决议"第四部分讲保证公正司法、提高司法公信力，从完善确保依法独立公正行使审判权和检察权的制度、优化司法职权配置、推进严格司法、保障人民群众参与司法、加强人权司法保障、加强对司法活动的监督六个方面展开"。

　　四中全会决议要求"健全冤假错案有效防范、及时纠正机制"，完善防冤纠错机制的实现路线是："加强人权司法保障。强化诉讼过程中当事人和其他诉讼参与人的知情权、陈述权、辩护辩论权、申请权、申诉权的制度保障。健全落实罪刑法定、疑罪从无、非法证据排除等法律原则的法律制度。完善对限制人身自由司法措施和侦查手段的司法监督，加强对刑讯逼供和非法取证的源头预防。"以上这些要求均指向以审判为中心的诉讼制度改革，这是预防冤假错案的重要手段。关于以审判为中心的诉讼制度改革具体包括哪些要求，《中共中央关于全面推进依法治国若干重大问题的决定》和《关于〈中共中央关于全面推进依法治国若干重大问题的决定〉的说明》都强调，全会决定提出推进以审判为中心的诉讼制度改革，目的是促使办案人员树立办案必须经得起法律检验的理念，确保侦查、审查起诉的案件事实证据经得起法律检验，保证庭审在查明事实、认定证据、保护诉权、公正裁判中发挥决定性作用。这项改革有利

---

　　〔1〕　中共中央宣传部编：《习近平新时代中国特色社会主义思想学习纲要》，学习出版社、人民出版社 2019 年版，第 96 页。

于促使办案人员增强责任意识，通过法庭审判的程序公正实现案件裁判的实体公正，有效防范冤假错案产生。[1] 全面贯彻证据裁判规则，严格依法收集、固定、保存、审查、运用证据，完善证人、鉴定人出庭制度。[2] 此外，《关于〈中共中央关于全面推进依法治国若干重大问题的决定〉的说明》指出了以审判为中心的诉讼制度改革的初衷和要求："充分发挥审判特别是庭审的作用，是确保案件处理质量和司法公正的重要环节。我国刑事诉讼法规定公检法三机关在刑事诉讼活动中分工负责各司其职、互相配合、互相制约，这是符合中国国情、具有中国特色的诉讼制度，必须坚持。同时，在司法实践中，存在办案人员对法庭审判重视不够，常常出现一些关键证据没有收集或者没有依法收集，进入庭审的案件没有达到'案件事实清楚、证据确实充分'的法定要求，使审判无法顺利进行。"[3]

截至2019年，权威报告认为："以审判为中心的诉讼格局尚未完全形成。证人、鉴定人、侦查人员出庭作证，非法证据排除，证据补查，无罪判决等方面制度落实不到位，执行'三项规程'力度不够，庭审实质化有待加强。"[4] 同时指出："认罪认罚从宽制度和刑事速裁程序配套措施需要进一步细化完善。"[5] 并要求坚持证据裁判、疑罪从无，确保定罪公正、量刑公正、程序公正，坚决守住防止冤错案件的底线[6]。以审判为

---

〔1〕《中共中央关于全面推进依法治国若干重大问题的决定》。

〔2〕《关于〈中共中央关于全面推进依法治国若干重大问题的决定〉的说明》。

〔3〕《关于〈中共中央关于全面推进依法治国若干重大问题的决定〉的说明》。

〔4〕《最高人民法院关于加强刑事审判工作情况的报告》，载《人民法院报》2019年10月27日，第1、4版。

〔5〕《最高人民法院关于加强刑事审判工作情况的报告》，载《人民法院报》2019年10月27日，第1、4版。

〔6〕《最高人民法院关于加强刑事审判工作情况的报告》，载《人民法院报》2019年10月27日，第1、4版。

中心的诉讼制度中蕴含了被追诉人的诉讼权利，在法庭审判过程中是以控辩对抗、质证辩论、非法证据排除、证据确实充分、排除合理怀疑定罪。鉴于认罪是被追诉人自愿的选择，其实是在律师帮助基础上，在认罪与不认罪、法庭审判基于证据定罪还是基于认罪定罪、行使法庭审判中的诉讼权利还是放弃这些权利之间作出选择。如果以审判为中心的诉讼制度不完善，被追诉人的诉讼权利就更难以获得保障，选择的自愿性就无从谈起，认罪的自愿性就难以保障。所以，以审判为中心的诉讼制度是认罪认罚从宽的基础。唯有进一步推进以审判为中心的诉讼制度改革，认罪认罚的基础才会更加牢固。

冤假错案是刑事司法的漏洞和风险所造成的最严重的错误，是对公正司法的严峻挑战。为了回应这些挑战，2014—2019 年，我国"依法纠正呼格吉勒图案、聂树斌案、陈满案等重大冤错案件 42 件 63 人，并依法予以国家赔偿，让正义最终得以实现。各级法院按照审判监督程序再审改判刑事案件 8051 件"〔1〕。按照我国《刑事诉讼法》第 253 条规定的审判监督程序再审的申诉案件条件，以及 2019 年《人民检察院刑事诉讼规则》第 591 条第 1 款规定的审判监督程序抗诉条件，再审案件至少可分为五类十种，包括有罪的判无罪、无罪的判有罪、罪名错误、量刑不当、诉讼程序错误等，"①有新的证据证明原判决、裁定认定的事实确有错误，可能影响定罪量刑的；②据以定罪量刑的证据不确实、不充分的；③据以定罪量刑的证据依法应当予以排除的；④据以定罪量刑的主要证据之间存在矛盾的；⑤原判决、裁定的主要事实依据被依法变更或者撤销的；⑥认定罪名

---

〔1〕《最高人民法院关于加强刑事审判工作情况的报告》，载《人民法院报》2019 年 10 月 27 日，第 1、4 版。

错误且明显影响量刑的；⑦违反法律关于追诉时效期限的规定的；⑧量刑明显不当的；⑨违反法律规定的诉讼程序，可能影响公正审判的；⑩审判人员在审理案件的时候有贪污受贿，徇私舞弊，枉法裁判行为的。"

认罪认罚是我国近年来刑事司法改革的重大部署，已写入《刑事诉讼法》第 15 条，成为刑事诉讼的原则。如何在认罪认罚案件中预防冤假错案，对理论和实践提出了新的挑战。笔者选取这一问题作为研究对象是考虑到：首先，鉴于冤假错案的发现规律，一般会在定罪后少则数年、多则数十年之后方能发现定罪的错误。认罪认罚在我国属于新事物，但在采用认罪机制处理刑事案件的某些国家已经暴露出大量对无辜者定罪的案件，一方面这令人警惕，另一方面，这些国家应对无辜者认罪的措施和方案也有所探索，这无论对于理论研究还是对于司法实务，都可能是具有启发意义的。因此，笔者将认罪认罚冤假错案的预防作为研究对象，同时，将比较研究和案例分析作为重要的研究方法。其次，在司法实践方面，我国适用认罪认罚的案件范围不受限制，适用认罪认罚定罪的案件数量也相当可观。2019 年 1—9 月，认罪认罚在重庆市适用率为 78.8%、天津市为 67.6%、江苏省为 60.3%，9 月单月适用率超过 70%的有 6个省，超过 60%的有 14 个省，其中陕西省、广西壮族自治区、黑龙江省、贵州省、河北省为非试点地区；四川省、云南省、山西省、新疆维吾尔自治区、海南省等非试点地区适用率也已超过 50%，吉林省、辽宁省等适用率低的地方不到 20%。[1]2019 年 1—9 月，适用认罪认罚从宽制度办理的案件，被告人上

---

〔1〕 陈国庆：《适用认罪认罚从宽制度的若干问题》，载《人民检察》2019 年第23 期。

诉率为 3.5%，检察机关抗诉率为 0.24%。[1] 2019 年 1—9 月，认罪认罚案件适用普通程序审理占比 14.5%；适用简易程序审理占比 49.8%；适用速裁程序审理占比 35.6%。[2] 最高人民检察院于 2019 年 8 月提出了 70% 的案件适用认罪认罚的比例要求，[3] 2019 年 12 月认罪认罚从宽制度适用率超过 80%。[4] 这意味着在每年超过百万定罪案件的我国刑事诉讼中，适用认罪认罚定罪的案件绝对数量是庞大的。从经验及人的认识能力和诉讼规律来看，刑事诉讼中产生冤假错案是很难避免、很难识别、很难救济的，因此，为了避免被冤判的人生悲剧，研究如何预防冤假错案是极有意义的。最后，在立法和规范性文件方面，我国认罪认罚于 2018 年写入《刑事诉讼法》，已经出台了若干相关的司法解释，并且将继续推出各种规范性文件，目前进行相关的研究是非常有必要的。

认罪认罚是刑事诉讼繁简分流、缓解案多人少矛盾、促进刑事司法效率的重大司法改革举措。2014 年，认罪认罚与以审判为中心的改革几乎在同一时期被提出，认罪认罚在四年之后就纳入《刑事诉讼法》，且在司法实践中广泛推行，以审判为中心的诉讼格局却在同一时期尚未形成。以审判为中心的诉讼制度改革要求贯彻证据裁判、疑罪从无、非法证据排除、证人鉴定人出庭作证、有效辩护等，这些要求正是对现代无罪推定原

〔1〕 陈国庆：《适用认罪认罚从宽制度的若干问题》，载《人民检察》2019 年第 23 期。

〔2〕 史兆琨：《最高检联合最高法公安部国家安全部司法部共同发布〈关于适用认罪认罚从宽制度的指导意见〉检察机关提出确定刑量刑建议法院采纳率为 81.6%》，载《检察日报》2019 年 10 月 25 日，第 1 版。

〔3〕 陈国庆：《适用认罪认罚从宽制度的若干问题》，载《人民检察》2019 年第 23 期。

〔4〕《最高检：2019 年 12 月全国认罪认罚平均适用率超 80%》，载 http://news.jcrb.com/jxsw/202001/t20200119_2102458.html，最后访问日期：2020 年 3 月 2 日。

则的具体落实。笔者的核心观点是：要预防认罪认罚冤假错案，必须贯彻落实无罪推定；充分保障被害人权利；对认罪与实体化的关系予以恰当处理；探索在死刑案件中正确适用认罪认罚以及如何控制死刑适用。因为对于已被执行的死刑案件被告人而言，这类案件的纠错也无法挽回他们的生命，预防措施才是最重要的。

本书的研究就从无罪推定入手，第一部分运用比较的研究方法对无罪推定和自愿性的保障，以及被追诉人权利保障进行研究，对于其中警方的角色、检方的作用、辩护的要求一一阐述。第二部分将研究的视野扩展到被害人。被害人常因报复和惩罚之心提出严惩的要求，甚至因其对案情所知有限而不顾真凶是谁一味要求严惩，或者提出过高的赔偿请求而难以达成和解，如何在充分保障被害人权利的同时，避免刑事诉讼结局受到被害人不理性行为或请求的影响，是本章研究的主要内容。第三部分研究如何避免实体化倾向给认罪认罚带来不利影响。如果出于对认罪的奖赏，认罪案件与不认罪案件之间的刑罚过于悬殊，在不认罪案件定罪率极高的前提下，将使认罪自愿性受到挑战。因此对于实体化倾向对认罪认罚的影响应予更多研究，并探讨实体化在多大程度上是有益的。第四部分研究认罪与死刑案件之间的关系。死刑案件被追诉人也可能认罪，当然是出于形形色色的理由，除了被迫认罪，最大的理由可能是担心不认罪受严惩，进而认为认罪有助于避免真的被判处死刑。然而这可能是被追诉人一厢情愿的想法。在检察官看来，死刑案件被追诉人认罪也是有好处的，好过不认罪的被追诉人带来的证明压力和资源投入。在法官看来，死刑案件中被追诉人认罪也是节约司法资源的良策。但是这也可能是检察官、法官毫无根据的感觉而已。所以认罪体制对于死刑案件究竟有什么影响，二者之间是什么关系，这些问题对于冤假错案的产生和预防有什么影响，都值得研究。

笔者仅从预防冤假错案的角度出发，从无罪推定入手探讨被追诉人的权利保障以及职权机关在其中的义务、从刑事实体法与程序法之间的关系着眼阐述实体化过程中对认罪案件的可能影响、从被害人权利保障切入解决刑事司法对被害人保护不足的缺陷、从最严厉刑罚最严重案件考察认罪认罚与死刑案件之间的关系，也仅仅是希望透过研究的视角能够窥见一斑，然后再回到本书的初衷反省这些思考是否真的有助于解惑。

第一章
无罪推定、认罪自愿性与认罪体制

在无罪推定的各种理念中，较早的理念之一是宁可让有罪者逃脱惩罚，也不能使无辜者入罪。这一理念中外皆有。《尚书》曰："罪疑惟轻，功疑惟重。与其杀不辜，宁失不经。"罪行轻重有疑问时按轻罪处罚，功劳大小不确定时按大功行赏；与其伤害无辜的人，不如让有罪的人逍遥法外。宋朝蔡沈《书集传》有云："辜，罪。经，常也。谓法可以杀，可以无杀。杀之则恐陷于非辜，不杀之恐失于轻纵。二者皆非圣人至公至平之意。而杀不辜者，尤圣人之所不忍也。故与其杀之而害彼之生，宁姑全之而自受失刑之责。"这同样体现了宁纵勿枉的价值取向。随着现代诉讼制度的建立与完善，无罪推定在各国获得推崇，并体现在法律法规、国际公约中。由于各国诉讼文化的不同，对于无罪推定的表述、理解和贯彻是有区别的，但是，对于控方证明责任、排除合理怀疑地确信被告人有罪才能定罪的证明标准、有效辩护、合法证据等要求是一致的。这是认罪自愿性的基础，是本章的重要内容。

第一节　无罪推定与认罪实践

本节对无罪推定的早期发展与现代演变予以记叙。欧洲是现代人文精神和权利观念的发源地，尤其是大陆法系注重理论体系的建构，在无罪推定的发展过程中，这种偏好影响到一系列国际公约的制定，许多权利作为落实和贯彻无罪推定的要求出现在相关公约中。英美法则以问题导向，对无罪推定相关的具体问题予以回应。因此，二者对无罪推定的适应性要求可能是有所区别的。

一、早期无罪推定理念与实践发展

在早期人类社会，蕴含无罪推定要素的理念和规则就出现了。例如，公元前18世纪的《汉谟拉比法典》（Code of Hammurabi）规定："如果有人指控他人犯有死罪，但却没有证明指控的罪名，则其应被处死。"[1] 这一条文将对死刑罪名不能证明与极其严重的法律后果联系起来，突出显示了证明责任分配的重要性。当然，当时的法律也体现了神明裁判制度的特色。例如，《汉谟拉比法典》规定："如果有人指控他人，却不能证明，被告人应跳入圣河，如其被圣河征服，原告取得被告人的房屋，但是如圣河显示其无辜且其获救，则原告应被处死，被告人取得原告的房屋。"[2] 在神明裁判之下，先由当事人提供证据进行证明，不能证明时适用神明裁判。无罪推定的发展和证明制度有密切联系。

下文笔者分析英美法理论及司法实践对于无罪推定的早期发展，一些文献引自或者转引自19世纪末回顾无罪推定发展历史的一篇经典文章[3]，并以其他资料来源与其作印证或补充。

---

〔1〕　Code of Hammurabi.

〔2〕　Code of Hammurabi.

〔3〕　James Bradley Thayer, "Presumption of Innocence in Criminal Cases", 6 *Yale Law Journal* 1896.

（一）无罪推定的早期表述与践行

英美两国均认可无罪推定是刑事法管理的基础，是公正审判的基石。无罪推定发端于宁纵勿枉的理念，作为法律规则始于有利被告，有其发展历史，一度被认为是对严酷刑法和刑事程序的缓冲机制之一，令人对不人道的诉讼程序和实体法没那么敏感，使其严酷性得以缓解，能够被人接受。

1. 最初的无罪推定理念与规则

"宁纵有罪以保护无辜"，这个"宁纵勿枉"的格言有其历史。其最早出现在古罗马的《学说汇纂》中，在12世纪后的《爱德华一世年鉴》中出现时，表述与上面的说法基本相同。15世纪，英国人福尔泰斯库（Fortescue）说："宁愿因怜悯之心让20个有罪的人逃脱，也不要处罚1个无辜的人。"两个世纪后的17世纪，英国的马修·黑尔（Matthew Hill）爵士说："宁可让5个有罪的人逍遥法外，也不要让1个无辜的人被处死。"不久之后，提图斯·奥茨（Titus Oates）伪证案的一名被害人对法官说，下面这种说法是可以理解的："放纵1000个有罪的人比处死1个无辜者还好。"一个世纪以后的18世纪，布莱克斯通（William Blackstone）的表述是："放纵10个有罪的人比让1个无辜者受罚更好。"在19世纪初爱尔兰的一系列案件中，人们反复发现："宁可让99个有罪的人逃之夭夭，也不应惩罚1个无辜的人。"1851年，美国前新罕布什尔州首席法官乔尔·帕克（Joel Parker）教授在关于审判的一篇文章中强烈反对布莱克斯通的说法，反对让10个有罪的人逃脱而不让1个无辜者受苦；但他打算赞同，如果让1个罪人逃脱的话，比让1个无辜的人受处罚更好。[1] 以上这些表述貌似存在很大争议，但主要是数量上的争论，虽然争得热火朝天，却是无足轻重的。这种争议仅仅是表面上的、形式化的差异，并不影响这些表述的本质内涵，其内涵是完全一致的，宁可让真凶不落法网，也不能枉判无辜者。不难看出，宁纵勿枉的理念获得普遍认可。

彼时法庭审判的一般准则是原告或者说想让法庭采取行动的一方必须附有理由。这项规则有时以"推定为否"的推定形式表达出来，或者使用拉丁语关于"原告（actor）、被告（reus）——推定有利于被告（presumitur pro reo）"的术语。这是政策和实践意义上的准则。作为原则或者准则，如果原告没有证明案件，就通过法庭的被动性反应来解脱被告。[2]

实际上至少到 17 世纪为止，这一准则的适用范围仍是民事、刑事两种诉讼。1657 年马萨诸塞州的立法机关是"常设法院"，其对于这个准则的适用范围做出了非常精确的表述："然而，鉴于在所有民事诉讼中，原告均认为被告对他做了错事，并据此提出他主张的事实以供判决、以求胜诉——法院和陪审团必须认为原告的主张有足够的证据证明，否则就必须作出有利于被告的判决；在刑事案件中也是如此，因为从法律的角度来看，每个人都是诚实无辜的，除非在法律上有相反的证明。"[3]

这一准则在早期实践运行中的要求为"总是有利于被告"，也包含了现代刑事诉讼中说服责任、证明标准的萌芽。

---

〔1〕　本段以上文献转引自 James Bradley Thayer, "Presumption of Innocence in Criminal Cases", 6 *Yale Law Journal* 1896.

〔2〕　Records of Massachusetts, III., 434–435. Cf. James Bradley Thayer, "Presumption of Innocence in Criminal Cases", 6 *Yale Law Journal* 1896.

〔3〕　Records of Massachusetts, III., 434–435. Cf. James Bradley Thayer, "Presumption of Innocence in Criminal Cases", 6 *Yale Law Journal* 1896.

2. 早期无罪推定的实践及作用

早期作为英裔美国人心目中祖国的英格兰，其刑事法体系被认为是极为严酷的。"18 世纪英国法官一律执行有史以来最为严酷的刑法。"[1] 早在 16 世纪英格兰的叛国罪和重罪中，不允许被告人有自己的证人。到了 17 世纪，在这两类案件中，对被告人的案件事实进行审理之时，既不允许被告人的证人宣誓作证，也不允许律师帮助被告人，[2] 以致出现了轻罪案件中被告人有权获得律师帮助，但叛国罪和重罪案件被告人反而没有律师权的怪现象。1688 年英国光荣革命后，1696 年英格兰国会通过了《叛国罪法》（Treason Act），在叛国罪案件中允许律师帮助。[3] 至于重罪案件中的律师帮助，在 1688 年之前，法官由王室罢免，当时的准则是说，法官是被告人的辩护人。[4] 柯克勋爵（Lord Coke）的观点也是这样，认为法官在重罪案件里是被告人的辩护人。[5] 但文献显示在当时的英国审判实践中，"法官还是惯于将一切作有利于控方的考虑"[6]。1932 年美国联邦最高法院在判决中认为，当时的英国法官无法为被告人辩护。[7] 在笔者以现代人的角度看来，法官要作出裁判，司法公正要求法官中立，裁判与辩护角色冲突，法官当然无法为被告人提供

---

[1] James Bradley Thayer, "Presumption of Innocence in Criminal Cases", 6 *Yale Law Journal* 1896.

[2] James Bradley Thayer, "Presumption of Innocence in Criminal Cases", 6 *Yale Law Journal* 1896.

[3] Erica Hashimoto, "An Originalist Argument for a Sixth Amendment Right to Competent Counsel", 99 *Iowa L. Rev.* 1999 (2014).

[4] 转引自 James Bradley Thayer, "Presumption of Innocence in Criminal Cases", 6 *Yale Law Journal* 1896.

[5] 转引自 Powell v. Alabama, 287 U. S. 45, 69 (1932).

[6] James Bradley Thayer, "Presumption of Innocence in Criminal Cases", 6 *Yale Law Journal* 1896.

[7] Powell v. Alabama, 287 U. S. 45, 69 (1932).

切实的辩护。直到 1730 年代，英格兰法院出于宽容才允许重罪案件中由律师帮助被告人辩护，[1]最后英格兰国会于 1836 年通过了成文法，重罪案件中的被告人也可获得律师帮助，[2]即《被告人的律师法》（Prisoners' Counsel Act of 1836）。当时英国的在某些案件中还存在酷刑。酷刑在 17 世纪的北美殖民地也获得承认。在美国马萨诸塞州的殖民地法律中有以下规定："不得对任何人酷刑逼供，迫使其承认本人或其他人的罪行。除非在某些死刑案件中，如果有清楚而充分的证据对他定罪，且如果案件显然还有其他共谋共犯或同盟者，那么他可能会受到酷刑，但不会受到野蛮或不人道的酷刑。"[3]

　　在 17 世纪的英格兰，被追诉人既缺乏律师辩护的帮助，又没有人身的自由和安全的保障，辩方的证人也不能出庭作证。有研究表明，这样的诉讼程序之所以经久不衰，是因为伴随着人道准则、程序规则及其对实践的调整。例如，其一，建立陪审团制度，通过同胞的同情和同理心来保护被告人；其二，建立和完善普通法的证据体系，使人在审判中不受不公和偏见的影响；其三，承袭一罪不两罚的古老准则；其四，恪守来自《学说汇纂》的格言，即对有罪者不罚比让无辜者担责更好，这

---

　　〔1〕　Erica Hashimoto, "An Originalist Argument for a Sixth Amendment Right to Competent Counsel", 99 *Iowa L. Rev.* 1999 (2014).

　　〔2〕　Powell v. Alabama, 287 U. S. 45, 69 (1932); James Bradley Thayer, "Presumption of Innocence in Criminal Cases", 6 *Yale Law Journal* 1896. 两个资料的信息有差异，美国联邦最高法院认为该成文法为 1836 年立法，而塞耶（James Bradly Thayer）在上文中认为是在 1834 年。据笔者考证，该法为 1836 年的《被告人的律师法》。该法赋予被告人在无陪审团的简易定罪及重罪指控案件中的律师帮助权，此前被告人在重罪案件中不享有由律师帮助辩护的权利。

　　〔3〕　转引自 James Bradley Thayer, "Presumption of Innocence in Criminal Cases", 6 *Yale Law Journal* 1896.

种说法被归功于罗马帝国的图拉真皇帝（*Emperor Trajan*），[1] 其中，对于宁纵勿枉理念、有利被告规则的接受和贯彻同无罪推定有最密切的联系。

关于英国对其严厉刑事法的缓冲机制，此处以死刑案件为例予以说明。在17世纪和18世纪，英格兰刑法严酷，当时法律规定许多罪行可以判处死刑，但是在实践中，死刑并未像法律规定的那样广泛适用。涉嫌死刑罪名的许多被告人并没有被判处死刑。究其原因：其一，由于陪审团对其判无罪或者不判死刑；其二，由于如果被告人同意被驱逐出境，通常可以赦免死刑，一开始是被流放到美洲殖民地，后来是被流放到澳大利亚；其三，作为对当时严刑峻法的调整，有一项适用于神职人员的特权原则。从中世纪开始，涉嫌死刑罪名的神职人员只要能够证明其是被任命为神父的牧师，是神职人员，就有可能享受特权，获得释放，重获自由，当然也要经过法官判决，判处1年徒刑（从1717年起判处7年流放）。从1547年开始，享有特权的范围扩大到为圣职服务的世俗人员，1629年范围再次扩大到女性。因为在中世纪时期，能够证明圣职身份的唯一方式是识字，所以从15世纪到18世纪，被判重罪的任何人通过证明自己能够阅读，都可以不被判死刑，这成为当时的惯例。到1705年，被告人只需要朗诵或者背诵《圣经》赞美诗第51章的第1节——"神啊，求你怜悯我，出于你坚定的爱；出于你的怜悯，抹去我的罪行"，后来这部分经文被称为"颈经"，因为它有救人于不受绞刑的权力。这种通过朗读经文来证明神职人员身份、免除死刑的特权只能行使一次。为确保罪犯只能行使一次特权，

---

〔1〕 See James Bradley Thayer, "Presumption of Innocence in Criminal Cases", 6 *Yale Law Journal* 1896.

故在他们的拇指上烙字，例如，M 代表谋杀，T 代表盗窃。烙印的做法于 1779 年被废止，神职人员的特权于 1827 年被废止。[1]其他独立资料来源对神职人员的这项特权也有记载，印证这项特权最初确实适用于被告人是牧师的某些死刑案件。如果被告人是牧师，会被移交给宗教部门，而不是被绞死，因为牧师不适用绞刑。对牧师的审判是：他有阅读能力，因此主教派一位代表，用免罪诗来审判被告人。对于被告人是牧师的案件，16 世纪史密斯（Smith）在《英格兰联邦》（*Commonwealth of England*）一书中说："在许多重罪案件中，例如偷牛、偷羊、偷钱或其他类似东西，既不是在公路边上公开的抢劫，也不是晚上入室袭击他人使人恐惧。这是我们法律的恩惠，要允许他见到自己的牧师。为此，每次监狱释放人，主教都必须加盖印章授权一位神职人员代表主教去担任裁判者。如果被告人要求读书，那么审判法官就给他一篇圣经的诗篇，被告人会尽力朗读，有时阅读能力是非常差的。然后，审判法官问主教的代表，合法还是非法？代表可能说合法，也可能说非法。在这里'合法''非法'是正式的法律术语，法律人的法言法语是非常精确的，就是法律上的含义。如果他说合法，则审判法官不会进一步判处死刑；如果他说非法，审判法官随即或第二天开始量刑。"[2]这些牧师受到很轻的惩罚或根本没有受到惩罚。

　　几个世纪以来，基于宁纵勿枉的理念和有利于被告的规则，陪审团审判、作为死刑和重罪替代方式的流放以及神职人员特权显著地削减了英格兰刑法和诉讼程序的严酷性。

---

〔1〕　Roger Hood, "Capital Punishment Law", *Britannica*, October 19, 2020.

〔2〕　转引自 James Bradley Thayer, "Presumption of Innocence in Criminal Cases", 6 *Yale Law Journal* 1896.

（二）无罪推定内容和要求的早期发展

如前文所述，对于无罪推定，早在 1260 年就有相关的表述，17 世纪又有新的说法，在 18 世纪中叶，马萨诸塞州常设法院在一段引文中简单、准确地表达了无罪推定的内容："法院和陪审团都应该明白，应当有充分证据证明这一主张，否则就必须作出有利于被告的判决。在刑事案件中也是这样；因为在法律看来每个人都是诚实无辜的，除非在法律上有相反的证明。在刑事诉讼中，推定是对被告人有利的。迄今为止，希望全人类在任何这种情况下均（被推定）无罪，而刑罚则加强了推定。"[1]"在 19 世纪之前，虽然对无罪推定的论述不多，但基于这些论述足见对它的强调及其所起的作用。有学者仔细研究了18 世纪初著名辩护律师的论点以及法院对陪审团的说明，发现关于无罪推定的内容非常之少，实际上几乎没有。然而，可以发现许多论述都把重点放在必须由非常重量级的证据证明有罪这个规则上。这是非常重要的。可直到 18 世纪末为止，在英格兰的实践中，无罪推定实际上起到的作用非常小，发挥作用的是一个独立于无罪推定的原则，其表达了关于合理怀疑的规则，即被告人必须被证明有罪到无合理怀疑。"[2]

到了 19 世纪，无罪推定的内涵逐步丰富。在 19 世纪末的美国，无罪推定在刑事案件中已经受到相当的推崇和重视。无论何时，以下规则都受到强调：在刑事案件中，除非非常明确地证实有罪，否则就不会定罪。当时的说法就是排除合理怀疑，在刑事案件中，必须有明确、重大、显著的优势。但当时对无

---

〔1〕 James Bradley Thayer, "Presumption of Innocence in Criminal Cases", 6 *Yale Law Journal* 1896.

〔2〕 James Bradley Thayer, "Presumption of Innocence in Criminal Cases", 6 *Yale Law Journal* 1896.

罪推定的解释是，作为贯穿整个法律的一般意义上的规则，在没有相反证据的情况下，人们乍一看都被认为是善良、诚实、不受谴责的人，其被推定为在生活中的每种情况下都尽职尽责；这样一来，无论是答辩还是证明，无论是关于自己还是他人，事实就是这样，谁都不需要证明这个事实。[1]

在当时马萨诸塞州最高法院首席法官莱缪尔·肖（Lemuel Shaw）看来，排除合理怀疑也被认为是"独立于无罪推定的特别规则，该规则要求证明有罪需要必要分量的证据"[2]。如今，排除合理怀疑被认为是无罪推定的必然要求和重要组成部分，排除合理怀疑是基于无罪推定且不能脱离无罪推定而独立存在，虽然它非常重要且与无罪推定具有相似的逻辑结构，但也只是无罪推定的一部分。

从 19 世纪的英国审判实践来看，推定无辜和排除合理怀疑获得了同样的强调；从行文来看，排除合理怀疑的适用以推定无辜为前提。很显然，排除合理怀疑难以独立于无罪推定。例如，在 1856 年英国审判的一个投毒案中，法官向陪审团所作的说明如下："先生们，首先我恳请您，必须从您的思想中去掉被告人被关进被告人席之前，您可能已经听到的所有信息。……我不仅要警告您，不要受到您之前所听到的消息的影响，还必须警告您，除了针对现在对被告人提起的特定指控而摆在您面前的证据之外，不要受到任何其他影响。……在国外的实践中，可以通过证明被告人犯下其他的罪行来提出被告人犯有被控罪行的可能性——方法是表明他是不道德的人，因此他不是不可

---

〔1〕 Bradner, Evidence, 460. Cf. James Bradley Thayer, "Presumption of Innocence in Criminal Cases", 6 *Yale Law Journal* 1896.

〔2〕 James Bradley Thayer, "Presumption of Innocence in Criminal Cases", 6 *Yale Law Journal* 1896.

能犯有被指控罪行。但这在英国行不通。您必须推定一个人是无辜的，直到其被证实有罪之前，并且只有通过直接证明其指控罪行的证据，才能证实其有罪。……除非控方的证据使您内心明确其有罪，否则您有义务将他无罪释放。您不能因怀疑他而给他定罪，即使是强烈的怀疑。您必须坚定地相信他犯了这种罪行，如果您有任何合理的疑问，您要使他从中受益。"[1] 要了解 19 世纪英格兰的法官在重要案件中如何解释无罪推定，以上这种浅显易懂的说法可供参考。从中可看出，对排除合理怀疑的适用离不开无罪推定。

由于无罪推定对被告人推定无辜，毫无疑问，这加重了控方的责任，所以，在 19 世纪，无罪推定的观念和规则并不总是被控方接受，甚至控方会明确否定无罪推定，在这样的案件中，法官有必要对控辩双方就无罪推定的争论作出判定。有审判实践表明，法官选择站辩方，支持无罪推定。例如，在 1817 年苏格兰的一个案件中，安德鲁·麦金莱（Andrew McKinley）被控犯有虚假誓言罪。由于对誓言真实性的解释存在疑问，被告人的律师坚持要求对誓言做出有利于他的解释，辩称："在所有刑事案件中，一切都必须严格解释为有利于被告人，而不利于检察官"，并提出其他类似的说法。检察官反对辩护律师的意见，认为："关于推定有利于被告人无罪的说法很多。这是一个无理取闹的话题，我永远无法理解关于被告人无罪的推定。举证责任由检察官承担，其必须阐明自己的案情，但我认为没有任何理由可以进行任何推定，这是由于缺乏相反的证据而引起的。我不知道在苏格兰刑法著作中有这样的原则。"辩方说，"这在

---

〔1〕 James Bradley Thayer, "Presumption of Innocence in Criminal Cases", 6 *Yale Law Journal* 1896.

刑事案件中是第一次"否认存在无罪推定，并提到"非常明显和普遍的法治，即在所有针对犯罪的审判中，都存在无罪推定，推定贯穿于整个诉讼程序，并适用于起诉、证据和判决"。皮特米利勋爵（Lord Pitmilly）在随后讨论时说，如果对宣誓的解释有任何疑问，"必须推定无罪。……我们不应因为检察官指控他有罪就推定他有罪，直到他被证明有罪之前，我们必须坚持无罪推定，推定他无辜。"克莱克大法官（Lord Justice Clerk）说，如果誓言令人怀疑，他势必"让怀疑有利于被告人"。除了法官吉利斯勋爵（Lord Gillies），其他法官都没有再对此事发表评论。吉利斯法官强调，可以肯定地说，他本人怀疑誓言如所言般糟糕。"但是，有利于无辜的推定不应仅仅因怀疑而被驳回。……检察官对此太轻视了，他似乎认为法律没有这样的无罪推定，我听不得这个。我认为无罪推定在每一个以理性、宗教和人性为基础的法律中都可以找到。这个准则应该以永不磨灭的字迹铭刻在每个法官和陪审员的心中。我很高兴听到赫曼德勋爵（Lord Hermand）有意将其全部付诸实施。要推翻无罪推定，那就需要能够证明有罪的合法证据，使人们对定罪达到确信的程度。"[1]

当时刑事法官对于无罪推定的认识也体现在法官的著作中，审判经验丰富的法官对于无罪推定的解释更贴近审判实践，不难理解；著述中强调了排除合理怀疑对于无罪推定的作用。1890 年《英格兰刑法通论》（*General View of the Criminal Law of England*）出版时，作者已经任刑事法院法官 11 年了："我可以谈谈一般性的无罪推定，尽管其并不限于刑事法，但它确实贯

---

〔1〕　James Bradley Thayer, "Presumption of Innocence in Criminal Cases", 6 *Yale Law Journal* 1896.

穿整个刑事法。……无罪推定的另个表述方式是'被告人有权利从每个合理怀疑中获益'。'合理'一词的含义是不确定的，但一个规则不会由于它含糊不清就没有价值。它的实际含义（我认为它的实际操作）是强调不要急于得出不利于被告人的结论。我认为可以用另一种说法，但是也并不更明确：在一个人被判有罪之前，对其可能有罪的所有假设都应予以否定。"他对无罪推定提出了以下定义："如果在任何刑事或民事诉讼中直接涉及犯罪，则必须证明犯罪到排除合理怀疑。证明某人犯罪或有不法行为的责任在于提出这一主张的人。"[1]从最后两句看，该法官在审判实践中将控方证明责任和排除合理怀疑均作为无罪推定的内容。

马萨诸塞州最高法院首席法官莱缪尔·肖在1850年的韦伯斯特（Webster）案中对无罪推定作了总结："举证责任由检察官承担。所有独立于证据的法律推定都主张无罪，而每个人都应被推定为无辜，除非被证明有罪。如果根据现有的证明还存在合理的疑问，则被告人有权从中受益、无罪释放。"[2]在这种表述形式下，控方承担证明责任和排除合理怀疑的要求已跃然纸上、非常明确。当时作为政策和常识的一般规则，在控方没有排除合理怀疑的情况下，刑事法应假定所有人均无罪，这是无罪推定的要求。肖法官还在该案中探讨了怎样理解合理怀疑："什么是合理怀疑？这个术语经常使用，可能很容易理解，但不容易解释或下定义。它不仅仅是可能的怀疑；因为与人类事务有关的以及依赖于盖然性证据的一切事物，都会受到某些可能的或者想象的怀疑。陪审员在对所有的证据进行全面比较和考

---

　　〔1〕　转引自 James Bradley Thayer, "Presumption of Innocence in Criminal Cases", 6 *Yale Law Journal* 1896.

　　〔2〕　Commenwealth v. Johne W. Webster, 5 Cush. 295, 59 Mass. 295, March, 1850.

虑之后，陪审员的心态正是这种状态，他们没法说他们对指控事实的真实性相当确定以至于足以对被告人确定有罪。……仅仅证实被指控事实为真的可能性大于虚假，仅仅证实这种可能性是不够的，就算从概率论上来说非常大的可能性也不行，而是说，证据必须证实被指控事实的真实性到合理的相当的确定性；这种确定性说服和指导有职责按照良知采取行动的人理解，使其相信推理和判断。我们认为这个才是排除合理怀疑的证明；因为如果法律主要取决于盖然性性质的考虑，那么应该比这走得更远，并且要求绝对确定性，那么它将完全排除间接证据。"[1] 在笔者看来，肖法官对合理怀疑的解释属于较早期的探索，其中对合理怀疑的正确看法如"不容易解释或下定义"有一定的代表性；排除合理怀疑的证明标准从来就是一个复杂的问题。肖法官在美国法律发展史上有崇高的地位，他推进了许多开创性的理念革新和重大改革措施，甚至影响到美国法的结构。例如，他作出的判例首次确认共谋罪法不适用于工会组织，涉及工会有无存在权、罢工权等[2]，也是他的判例[3]促使马萨诸塞州通过了 19 世纪美国唯一的反种族隔离法。

　　基于上述理论发展和审判实践总结，在理念上，19 世纪的无罪推定被认为包含两个部分内容或者说要求：其一，推定无辜，被指控犯罪的人必须被证明有罪；依据常规的诉讼规则和法律推理规则，"推定为否定""有利于被告的推定"，所以被追诉人无辜，直到他被证明有罪。其二，需要满足证据方面的

---

〔1〕 Commenwealth v. Johne W. Webster, 5 Cush. 295, 59 Mass. 295, March, 1850.

〔2〕 Commenwealth v. John Hunt & others 4 Met. 111, 45 Mass. 111, March, 1842.

〔3〕 Sarah C. Roberts v. The City of Boston, 5 Cush. 198, 59 Mass. 198, November Term, 1849.

要求，有罪证据必须排除所有的合理怀疑。[1]

在笔者看来，虽然在早期的理念上，无罪推定与排除合理怀疑是否分开存在疑问，但在实践中，对无罪推定的解释总是离不开排除合理怀疑。实际上，在这一时期以及更早的实践中，无罪推定还包含了第三个要求，即提出告发、指控的人需要提供有罪证据，证明其所提出的事实和主张。这个要求后来发展为控方证明责任。要想让无罪推定落到实处发挥作用，这三个方面缺一不可。为了确保这三个方面能够落实，现代刑事诉讼确立了一系列的规则。

(三) 无罪推定的性质之争

关于无罪推定规则的本质、真实性质，肖法官的说法中包含一个重要暗示："所有独立于证据的法律推定都主张无罪。"即肖法官认为 无罪推定不是证据。无罪推定"独立于证据"，在所有案件中都是相同的，并且在所有案件中都是以相同的方式和同等的效力不加区分地运行。关于无罪推定的基础是不是一些事实，例如，一般人并不犯罪，人是理智的所以一般情况下并不犯罪，这是可以讨论的。这可能是立法理由或者是立法理由之一。但是，规则本身与规则的基础是不同的，当讨论无罪推定及其适用时，所指的是无罪推定的法律规则、法律立场，而不是作为基础的事实。[2]

把握这一点很重要，因为确实有许多不精确的习惯性表述，有时会让人认为无罪推定本身就是证据，会误导陪审团将其放在证据中并加以权衡。格林利夫 (Greenleaf) 在其《论证据》

---

〔1〕 转引自 James Bradley Thayer, "Presumption of Innocence in Criminal Cases", 6 *Yale Law Journal* 1896.

〔2〕 See James Bradley Thayer, "Presumption of Innocence in Criminal Cases", 6 *Yale Law Journal* 1896.

（*Evidence*）第一卷的第三十四节中用了一个说法，曾偶尔被用在判决书和教科书中："陪审团应在每一个案件中都考虑到这种无罪的法律推定，作为证据，当事人有权从无罪推定中获益。"这种把无罪推定当作证据的观点受到该书最后一版编辑的批评。在《泰勒论证据》（*Taylor on Evidence*）以及紧随格林利夫教材后出版的英国教材中，这种表述被删除了。格林利夫的证据书后半部分，即专门针对刑事诉讼的第三部分，也没有这种说法。又如，19世纪在关于证据的著作中，还有以下说法："无罪推定不是一个简单的无意义的短语，它在性质上是有利于被告人的证据；它像天堂一样不可抗拒直到被推翻；它在整个审判中是徘徊在被告人身边的守护天使；它伴随着证据的各个部分。"[1]

　　无罪推定规则是人为的设计，纯粹是一项政策问题，它要求陪审团在审判中假定无罪，让陪审团将注意力转移到法院审判以外的其他诉讼阶段。美国在19世纪处理审前羁押或保释的法庭实践中曾一度认为无罪推定仅适用于陪审团审判，认为在羁押、起诉等情况下，都是有罪推定的。例如，在1830年的一个案件中，法官鲁芬（J. Ruffin）认为："被告人在大多数情况下即使不是全部情况下，都是被推定有罪的，除非是在公正无偏私的陪审团中。这种推定是如此之强，以至于在死刑重罪案件中，不能让其保释。"[2] 在1872年，以谋杀警察罪名被起诉的被告人在下级法院被判以15 000美元的保释金保释，其减少保释金的申请被首席法官华莱士（C. J. Wallace）拒绝："我有义务在程序中推定其有罪，因为我当然无法确定他是无罪的，

　　〔1〕　Bradner, Evidence, 460. Cf. James Bradley Thayer, "Presumption of Innocence in Criminal Cases", 6 *Yale Law Journal* 1896.

　　〔2〕　State v. Mills, 2 Dev. 421（1830）. Cf. James Bradley Thayer, "Presumption of Innocence in Criminal Cases", 6 *Yale Law Journal* 1896.

更不用说什么原则了。根据法律，除了在小陪审团进行公正审判的目的外，对罪犯的有罪推定是在作出起诉书后产生的。"[1]在 1875 年的一个死刑案件中，需要解决的问题是在陪审团意见有分歧之后，是否应对被告人准予保释。密苏里州的宪法允许保释，但对有罪"证明充分或推定极大时除外"。法官瓦格纳（J. Wagner）表示："起诉书提供了强烈的有罪推定。……因此，在所有此类情况下，都必须有一些事实和情况能够抵消或克服这一推定，才可以保释。"[2]在 1896 年的一个案件中，法官也有同样的论述，法官白盖思（J. Burgess）援引加利福尼亚最高法院的措词："（起诉书）为除小陪审团审理外的所有目的建立了有罪推定。"[3]即使是在当时的陪审团审判中，所有这些有罪推定也都没有得到认可，虽然被告人受到了严密的监视甚至被关押，但陪审团根本不考虑这些情况；对被告人有罪的任何指控，都必须以当庭提交给陪审团的合法证据为依据。

在笔者看来，以上这些认为羁押、保释、起诉中实行有罪推定的看法都与无罪推定的精神不相符。无罪推定是当针对一个人的刑事追诉开始之时，其被推定为无辜。羁押、不予保释、起诉都是基于证明被告人有罪可能性的证据，而不是基于对被告人的有罪推定。

对于法庭审判，当今的审判实践中采取了若干保障措施，防止审判者对被告人产生有罪的预断。例如，在英格兰的陪审

---

〔1〕 Exparte Ryan, 44 Cal. 555 (1872). Cf. James Bradley Thayer, "Presumption of Innocence in Criminal Cases", 6 *Yale Law Journal* 1896.

〔2〕 Henry Alexander, 59 Mo. 598 (1875). Cf. James Bradley Thayer, "Presumption of Innocence in Criminal Cases", 6 *Yale Law Journal* 1896.

〔3〕 State v. Madison County Court (Mo., Dec., 1896), 37 S. W. Rep. 1126; People v. Tinker, 19 Cal. 539. Cf. James Bradley Thayer, "Presumption of Innocence in Criminal Cases", 6 *Yale Law Journal* 1896.

团审判中，被告人先于陪审团进入法庭，陪审员看到的是行动自由的被告人，而不是由警察押解入庭。我国一般也不允许被告人出庭时佩戴戒具或穿着囚衣。

无罪推定远远不是证据。它的影响远远不是向陪审团提供证据，恰恰相反，无罪推定是要求明确掌握一个事实，即被追诉人无辜，不需要证据证明其无辜，表面上的事实已经确立了，"这是理所当然的。谁否认它谁就拿出证据来。"在刑事案件中，如果陪审团没有退出自然推论领域，如果允许他们经由人类经验和任何理由而作出结论，那么无罪推定的全部目的就将落空。对于被起诉接受审判的人来说，其中的大多数人可能是有罪的并且被判有罪。19世纪末有美国学者向检察官询问有关的统计数字时，检察官答复说，在其辖区内，每100名被起诉犯罪的人中，20人被判无罪，20人认罪，60人被判有罪。无罪推定禁止考虑此处的这种比例和可能性，并简单地要求："只能根据专门针对被告人的合法证据对其定罪，被告人有这个权利。您得按这个来，得假定他无罪，并且坚持下去，直到其被证明有罪为止。他确实受到了严重怀疑，您有责任检验并公平地权衡所有证据，在您心中您不应受这些怀疑或对其羁押、审判的影响；除了法律允许您采取行动的证据外，什么都不会影响到他。就本次审判而言，您必须将他视为无辜的人，除非并且直到控方证明他有罪。"[1]

无罪推定能够确立无辜，在性质上不是证据，它另外的功能是在案件中确定应由谁提供证据进行证明。至于要提供多少证据，那是无罪推定的另一个要求。在刑事案件中，提供多少

---

〔1〕 转引自 James Bradley Thayer, "Presumption of Innocence in Criminal Cases", 6 *Yale Law Journal* 1896.

证据的规则是明确的，证据必须否定所有合理怀疑；没有其他理由可以证明被告人有罪。无罪推定本身作为法律规则、法律立场、法律结论不能是证据。因此，从总体上看，在刑事案件中适用无罪推定表达了一种需求，即需要对证据与该规则的关系加以补充解释。这个解释中所包含的内容是，不得因被追诉人被指控犯罪、被拘留，或仅因任何怀疑，无论多么严重的怀疑，而在审判时对其定罪；只有在控方通过合法证据并排除所有合理怀疑地证明其有罪的情况下，才应判其有罪。

19 世纪末，塞耶（James Bradley Thayer）罗列了那个时代将无罪推定作为证据的各种观点，"无罪推定是一种证据，是证明的一个组成部分。例如，是个被认为具有证明价值的东西。得出这一结论的根据是：①格林利夫证据论著中的说法具有权威性；②《刑事法杂志》（*Criminal Law Magazine*）上的论文有相似说法，认为无罪推定'在性质上是证据'；③《威尔论间接证据》（*Wills' Circumstantial Evidence*）这一教科书中指出，必须坚持无罪推定，直到它被压倒性数量的合法的有罪证据推翻，这些证据经评估确立了有罪的信念；④《最佳推定》（*Best on Presumptions*）中对无罪推定的说法是'法律上的假定'，这种意见有个奇怪的、无根据的结论，即对无罪推定作为法律推定的承认，证明了它是证据，并且在所有法律体系中，法律推定都被视为证据。作出这样的判断并将问题提出来很容易，但是，这种观点并未获得同行的支持，并且被批评无法从法理上得到论证。"[1]

---

[1] James Bradley Thayer, "Presumption of Innocence in Criminal Cases", 6 *Yale Law Journal* 1896.

塞耶反对将无罪推定作为证据，其对于无罪推定的主张如下：[1]

（1）推定的作用是使受其支持的当事方免于提出论证或提供证据。

（2）因此，它的目的是用于形成表面证据确凿的案件，在这种意义上，它暂时替代或等同于证据。

（3）它一直服务于这一目的，直到对方提出证据。对方需要多少证据来满足推定的要求——或者换个方式表达——克服或者破坏无罪推定，并没有一定之规。可能仅仅要求另一方作出答辩就足够了；也可能要求足以证明一个完整的表面证据确凿的案件，并且它可能要求有大量证据，排除所有的合理怀疑。

（4）单纯的无罪推定不涉及满足该推定所必需的证据分量的规则。当一个推定被称为强力推定时，例如法律推定，就意味着它伴随着另一条规则，该规则与受其不利影响的另一方所提供的证据的分量有关。

（5）无罪推定本身不提供任何证据，也没有证明的特性。有时有人认为，当控辩证据平衡时，推定会推动天平倾斜。但是，实际上，除了证据之外，没有什么能让天平倾斜，而作为法律规则或法律结论的无罪推定不是证据。它可以提出异议并推理出某些证据事实；这些事实可能会放在天平上。但放在天平上的这些证据事实并不是无罪推定本身。就无罪推定确定谁应提供证据来说，无罪推定可以被称为"证明的工具"，也可以称为"具有证据的性质"的东西。从某种意义上说，它可以被称为"证据"的替代品，或者也可以被称为"证据"，因为无

---

〔1〕　James Bradley Thayer, "Presumption of Innocence in Criminal Cases", 6 *Yale Law Journal* 1896.

罪推定从一开始就很重要，因为它本身作为"证据"足以成立表面证据确凿的案件（例如被告人无辜——笔者注）。但是，一旦这些概念被证据论上完全不同的概念所取代，即证据是有证明价值的东西，它可能是推论的基础，是可以在理性的尺度上进行权衡并与其他有证明力的东西进行比较和评估的东西，这是证据论上的证据概念的真实含义，如果是这样，人们就会将无罪推定或任何其他推定作为真正意义上的证据来对待，然后就会被误导进入模糊混乱的地带。因此将无罪推定作为证据或证明，无疑是个误区。

（四）早期无罪推定对近现代防冤纠错的启发

发展到 19 世纪及以后，无论是以哪种形式表述无罪推定，无罪推定一直被认为是一个伟大而公认的规则。在继承无罪推定的制度中，它具有特别重要的功能，即预防对无辜者定罪，并公正地追究真凶的刑事责任。"无罪推定警告未经法律专业训练的法庭陪审团，仅凭合法证据裁判，避免受到怀疑、猜想和外在表象的误导。在要求证明被告人有罪的同时，也要求不应假定他有罪；仅根据合法的证据对其定罪，而不应根据偏见进行审判。这样被告人就不会因为受到怀疑而被不公地定罪。可以想象，进入刑事程序的被告人周围总是疑云密布，难以摆脱这种不利环境的影响，并且很容易因为重重疑云而深受其害。在这种情况下，如果对被告人没有严格的法治保护，那被告人肯定会受到严重的不利影响。例如，经过大陪审团的调查，人们看着他被起诉、被羁押、坐在关囚犯一般的被告人席位、被戴上手铐、被隔离、被带走，这使所有看到他的人都不信任他。无罪推定这一规则规定，不能仅凭任何推定、不能理所当然地根据这些可疑情况给他定罪，而是应通过合法的证据，根据清楚和明确的合法证据，排除合理怀疑地证明被告人有罪。"[1]

所以，在笔者看来，无罪推定作为刑事司法的基础，本质上是被告人的基本权利。无罪推定不是证据，也不是事实，它表现为保障被告人权利的一个刑事法治体系，是一系列的规则体系，出发点和目的是保障被告人的权利。这种基本权利规则体系包含三个主要方面：其一，被告人被推定无辜，被告人对其无辜无需提供证据证明；其二，控方承担证明被告人有罪的证明责任；其三，证明被告人有罪的证据需达到排除合理怀疑的程度，才能对被告人定罪。为此，刑事司法是以被告人权利为中心的体制化的建构，为被告人提供专业帮助的律师与法官、检察官的地位同样重要。就此而言，一个没有律师的法庭就像没有法官、检察官一样，法庭结构是不完整的，无法实现公正定罪。除了完善的可采性、关联性证据规则之外，也应尽最大可能消除刑事程序本身带给被告人的不利影响。

直到当今，在全世界范围内，在学术实务两界，对无罪推定的错误认识比比皆是，防不胜防。例如，"在羁押、侦查、起诉中，警方和检方都是有罪推定的，否则就无法把案件办下去""警方必然推定犯罪嫌疑人有罪，否则侦查就不会继续了""检方必然推定被告人有罪，否则就不会起诉""证据排除规则不是越严格越好，因为放纵了真凶""律师是为坏人辩护"等，这些看法是完全没有把无罪推定作为刑事诉讼的基础对待，没有将其作为规则体系和权利体系来看待，没有从法治发展和完善的角度看待无罪推定——这是自古就有而残存至今的错误认知。理念上的错误是对贯彻落实无罪推定的最大挑战和最严重障碍，

[1]　James Bradley Thayer, "Presumption of Innocence in Criminal Cases", 6 *Yale Law Journal* 1896.

因为理念错误、认知落后会导致无法认识到无罪推定的价值，更无法在实践中把握贯彻无罪推定的正确方向。为此，鉴古知今，必须更新理念，树立对于无罪推定及其在促进法治发展以及防冤纠错等方面重大意义的正确认识。

在我国，近年来中央重视防冤纠错工作，习近平总书记强调："不要说有了冤假错案，我们现在纠错会给我们带来什么伤害和冲击，而要看到我们已经给人家带来了什么样的伤害和影响，对我们整个的执法公信力带来什么样的伤害和影响。我们做纠错的工作，就是亡羊补牢的工作。"[1] 党的十八届四中全会也提出了"健全冤假错案有效防范、及时纠正机制"的要求。《刑事诉讼法》第2、51、176条和《人民检察院刑事诉讼规则》第2、63条等规定，检察院在刑事诉讼中的任务之一是保障无罪的人不受刑事追究，检察人员不仅要依照法定程序收集能够证实嫌疑人、被告人有罪的证据，还要收集无罪证据。检察院认为嫌疑人的犯罪事实证据确实、充分，达到排除合理怀疑的程度，依法应追究刑事责任的，才能起诉。公诉案件中被告人有罪的举证责任由人民检察院承担，需要证明被告人有罪到排除合理怀疑的程度，法院才能判决被告人有罪。此外，检察院受理申诉、对确有错误的生效裁判进行抗诉，对于定罪后案件予以纠错。

可见，我国检察机关负有客观公正义务，负有防范对无辜者定罪的职能和纠错职能。特别是，由于认识到认罪案件存在对无辜者定罪的高风险，我国对认罪案件中的无辜者非常警惕。例如，2019年最高人民法院、最高人民检察院、公安部、国家

---

[1] 转引自姜佩杉：《纠正冤错：让百姓重拾法治信心》，载《人民法院报》2018年12月4日，第1版。

安全部、司法部《关于适用认罪认罚从宽制度的指导意见》第54条要求完善检察院对侦查活动和刑事审判活动的监督机制，加强对认罪认罚案件办理全过程的监督，规范认罪认罚案件的抗诉工作，确保无罪的人不受刑事追究、有罪的人受到公正处罚。

这些改革措施和法律规定都体现了无罪推定的理念和要求，需要在司法实践中进一步落实。

二、现代英美法对无罪推定的解释说明

现代英美法国家对于无罪推定极为重视，无罪推定无疑是其刑事司法实践的基础和最为重要的原则。在其实践中，不仅强调无罪推定具有基石地位，甚至还出于保护被告人的目的，在术语使用上限制随意使用"推定"一词，例如，允许使用推论而要求避免使用推定一词。美国联邦法院曾在判例中指出，在刑事案件中，《美国联邦宪法》规定允许使用"推论"一词，而不是"推定"；法院应避免使用"推定"一词，因为它可能暗示陪审团，被告人需要对某一要素承担证明责任，而将证明责任转移给被告人是违宪的。[1]

美国判例也从正当程序的角度解释无罪推定，并以控方证明责任和排除合理怀疑来向陪审团说明无罪推定，鉴于合理怀疑难以定义或过于简明无需定义，[2]对合理怀疑的说明往往紧随无罪推定，仅要求法官传递合理怀疑的一般说法或者简单说明，不要求对合理怀疑使用统一的定义，理论上和实践中也没有达成对合理怀疑的统一定义。笔者认为这意味着对合理怀疑

---

〔1〕　Sandstrom v. Montana, 442 U. S. 510, 515-17（1979）.

〔2〕　对于为什么不要定义合理怀疑，曾有两个极端的理由：一个是因为复杂而难以定义；另一个是因为简单到不言自明而无需定义。

的定义、解释、适用与把握归于陪审员个人，最终构成了陪审团裁量权和定罪权的固有组成部分。联邦最高法院在多个判例中认为，为了遵守正当程序，控方必须证明被告人犯下了指控罪行的每一个要素到排除合理怀疑；[1]但是法官只需要向陪审团正确传达合理怀疑，并不要求对于合理怀疑使用某一具体定义。[2]美国第三、第五、第八、第十一上诉法院的陪审团说明中对于合理怀疑的解释方法是，列举了在个人生活、私人事务中作出最重要决定的情况，将其与判决无罪还是有罪的决策心理状态作类比，第三上诉法院认为当犹豫不决时应判无罪，第五、第八、第十一上诉法院认为当毫不犹豫时应判有罪。美国联邦最高法院曾对于各种合理怀疑的定义作出裁判，认为如果没有进一步的解释或者说明，对合理怀疑的定义如果包含"实际的重大怀疑""绝对确定""严重不确定"等说法，可能会违反正当程序，具体取决于陪审团的理解。[3]笔者对现代英美法对无罪推定的理论及其实践，曾在其他专著中作了初步讨论。[4]其中对美国第一、六、九上诉法院及马萨诸塞联邦地区法院、哥伦比亚特区法院等陪审团说明模板中关于无罪推定的解释作了评述。但是并不是所有的美国联邦上诉法院都颁布了陪审团说明模板，第二、四上诉法院就没有颁布。同时，如果对美国其他上诉法院、地方法院以及英国法院关于无罪推定的

---

〔1〕 Sullivan v. Louisiana, 113 S. Ct. 2078, 2080 - 83 (1993); In re Winship, 90 S. Ct. 1068 (1970); see also United States v. Delgado, 672 F. 3d 320 (5th Cir. 2012).

〔2〕 See Victor v. Nebraska, 114 S. Ct. 1239, 1242 (1994); Holland v. United States, 75 S. Ct. 127, 138 (1954).

〔3〕 Victor v. Nebraska, 114 S. Ct. 1239, 1245-47 (1994); Cage v. Louisiana, 111 S. Ct. 328, 329-30 (1990); Morris v. Cain, 186 F. 3d 581, 584-89 (5th Cir. 1999).

〔4〕 祁建建：《论有效辩护权——作为一种能够兑现的基本权利》，中国政法大学出版社 2018 年版；祁建建：《认罪认罚处理机制研究——无罪推定基础上的自愿性》，中国人民公安大学出版社 2019 年版。

陪审团说明有更多了解，就更容易理解无罪推定在现代英美法实践中的理解与应用。为此，以下一一列举。

[例1] 美国第三上诉法院

美国第三上诉法院《模范陪审团说明》中关于无罪推定的内容见于 2012 年更新的第一章"开庭陈述之前的预审说明"之第 1.13 条"无罪推定；证明责任；合理怀疑"：[1]

> 被告人（姓名）对被指控的罪行不认罪。（姓名）被推定是无辜的。对他/她的审判开始时，被告人清白无辜，没有任何对他/她不利的证据。除非且直到控方提供的证据胜过无罪推定，排除合理怀疑地说服您（姓名）犯有被指控的罪行，否则无罪推定仍然成立。
>
> 无罪推定要求您认定（姓名）无辜，除非您相信控方已证明其有罪到排除合理怀疑。无罪推定是指（姓名）根本没有义务提供任何证据或者证明他/她无罪。控方有证明责任或义务证明（姓名）有罪，在整个审判过程中，证明责任由控方承担。
>
> 控方为了使您裁定（姓名）对被指控的罪行有罪，控方就必须排除合理怀疑地说服您（姓名）有罪。这意味着控方必须排除合理怀疑地证明所指控罪行的每一个要素。被告人不会基于怀疑或猜测而被定罪，而只能基于排除合理怀疑地证明其有罪的证据。
>
> 排除合理怀疑的证明并不意味着排除所有可能的怀疑或达到数学确定性的证明。可能的怀疑或者基于猜想或推

---

[1] Model Criminal Jury Instructions, Committee on Model Criminal Jury Instructions Third Circuit.

测的怀疑不是合理怀疑。合理怀疑是基于理性、逻辑、常识或经验的合理怀疑。合理怀疑是指这种怀疑，它会使普通的理性人对自己生活中的重要事情犹豫不决。它可能来自证据，也可能来自缺乏证据，也可能来自证据的性质。

在听审完所有证据后，如果您确信控方排除合理怀疑地证明了（姓名）有罪，您应作出有罪判决。但是，如果您对犯罪的构成要素有合理怀疑，那么您必须作出无罪判决。

2018 年更新了第三章"最后的说明：总体说明"，其中第 3.06 条"无罪推定：证明责任、合理怀疑"于 2015 年更新，与 2012 年的表述相比有细微差别："可能的怀疑或者基于猜想、推测或预感的怀疑不是合理怀疑。""合理怀疑是指这种怀疑，它是普通的理性人在对所有证据仔细权衡之后的怀疑，它是那种会使他/她对自己生活中的重要事情犹豫不决的怀疑。""现已听审所有证据，如果您确信控方证明指控罪名的每一要素到排除合理怀疑，您应当对该罪行判决有罪。但是，如果您对指控罪名的一个或者多个要素有合理怀疑，那么您必须对该罪行判决无罪。"

第三上诉法院在陪审团说明模板的"评论"部分，对于无罪推定作了进一步的解释。审判法官必须准确地描述控方证明责任和排除合理怀疑的含义，只要将这些概念准确地传达给陪审团，就不必使用特定的词语。[1]关于无罪推定的这一态度，表明第三上诉法院对地区法院的说法予以肯定："我们同意地区法院对合理怀疑的说明。"地区法院只要向陪审团说明必须排除

---

〔1〕 United States v. Dufresne, 58 Fed. Appx. 890 (3d Cir. 2003) (non-precedential); United States v. Hernandez, 176 F. 3d 719 (3d Cir. 1999).

合理怀疑地证明被告人有罪，就不必定义合理怀疑。[1]

此前地区法院为了向陪审团说明无罪推定，还提出了"两可推论"的说明方法。在笔者看来，"两可推论"是根据现有合法证据判有罪或者判无辜都有道理的一种两可状态。第三上诉法院否定了对无罪推定使用"两可推论"的说明方法。1998年第三上诉法院对地区法院关于合理怀疑的说明提出了质疑，地区法院在此所作的说明就是所谓的"两可推论"："因此，如果陪审团认为案件中的证据合理地允许得出两项结论中的任一项，一项是无辜，另一项是有罪，则陪审团当然应当采纳无罪的结论。"[2]这就是说，如果根据在案证据得出无辜或有罪的结论都是合理的，那么应判无罪。第三上诉法院"敦促审判法院注意第二上诉法院对'两可推论'的批评"[3]，第二上诉法院曾判决"两可推论"的说明不当，"因为它可能误导陪审团认为控方的证明责任在某种程度上低于排除合理怀疑"。[4]第三上诉法院指出："虽然我们不赞同'两可推论'的说明方式，但我们不认为这种解释的合宪性缺陷本身影响了对合理怀疑的整个说明。"虽然第三上诉法院维持了该说明，理由是"这种缺陷已由对合理怀疑说明的其余部分纠正了"，但最终，第三上诉法院还是建议要避免使用"两可推论"的说明方法。[5]

〔1〕　United States v. Hoffecker, 530 F. 3d 137, 174–75 (3d Cir. 2008).

〔2〕　United States v. Issac, 134 F. 3d 199, 202 (3d Cir. 1998).

〔3〕　United States v. Jacobs, 44 F. 3d 1219, 1226 & n. 9 (3d Cir.), cert. denied, 514 U. S. 1101 (1995).

〔4〕　United States v. Khan, 821 F. 2d 90, 93 (2d Cir. 1987).

〔5〕　United States v. Issac, 134 F. 3d 199, 202 (3d Cir. 1998).

第三上诉法院还认为，如果被告人作肯定性辩护[1]，而不反驳指控罪行的要素，那么法律将说服责任加之于被告人，为此，需要将关于无罪推定说明的第 2 段和第 3 段修改如下：

控方始终有责任或义务对所指控罪行的每一要素证明到排除合理怀疑。被告人（姓名）被推定无辜。法律不要求（姓名）证明他/她无罪或反证所指控罪行的任何要素。

但是，在本案中被告人（姓名）已经提出了辩护理由（陈述被告人所主张的肯定性辩护）。这就是法律所谓的"肯定性辩护"。这种肯定性辩护并不需要（姓名）来反证所指控罪行的任何要素，但是它确实需要辩方证明法律认为是判决（姓名）无罪的充分理由的某些其他事实。

在确定控方是否排除合理怀疑地证明犯罪的要素时，您必须考虑（姓名）提供的证据。如果您认为控方对指控罪行的每一个要素均已证明到排除合理怀疑，并且您只有在作出这一结论之后，您才能确定（姓名）是否证实了为使他/她的肯定性辩护（陈述其提出的肯定性辩护）成立所必要的事实。为了认定（姓名）证明了他/她的肯定性辩护，您必须认定（姓名）已经证明了肯定性辩护的要素（陈述被告人必须证明本案中提出的肯定性辩护的证明责任）。

例如，在 1977 年派特森案（Patterson v. New York）中，法

---

[1] 肯定性辩护是一种辩护理由，虽然被告人被指控的行为属实，但其行为却具有合法性、正当性，不具有可罚性，无需承担刑事责任。常见的肯定性辩护如精神病辩护、正当防卫辩护、已过诉讼时效、警察圈套陷害无辜等，这种辩护理由使被告人的行为正当化、去罪化，不应受刑事处罚。当辩方提出肯定性辩护时，辩方基本上是承认被指控的行为属实，但正在为该行为提供合法化的解释或者理由。

院指出"根据纽约州谋杀法规判决派特森有罪，纽约州的做法不过是像 1952 年俄勒冈、1976 年特拉华的两个案件一样，不违反正当程序条款的要求。在这些案件中，一旦基于所有证据包括被告人精神状态的证据在内，构成犯罪的事实被证实到排除合理怀疑，州就可以不支持精神病的肯定性辩护，除非有优势证据证明精神病"。[1] 从所举例子可见，精神病辩护的证明标准是优势证据，被告人并不需要证明到排除合理怀疑。

［例 2］ 美国第五上诉法院

2019 年版第五上诉法院陪审团说明模板是对 1978 年第五上诉法院地区法院协会启动的陪审团说明项目的最新发展和延续，其第 1.05 条"无罪推定、证明责任，合理怀疑"的内容如下：

> 大陪审团起诉书或检察官起诉书并不是有罪证据。实际上，法律推定被告人是无辜的。被告人自始清白无辜。法律完全不要求被告人证明自己无辜或提供任何证据［并且不得从被告人选择不作证之中得出任何结论］。
>
> 控方负有证明被告人有罪到排除合理怀疑的证明责任，如果控方没有做到，您必须判被告人无罪。虽然控方的证明责任是严格的或沉重的负担，但没有必要证明被告人有罪到排除所有可能的怀疑。仅要求控方的证据排除对被告人有罪的任何合理怀疑。
>
> "合理怀疑"是指经过仔细公正地考虑该案所有证据后，基于理性和常识的怀疑。因此，排除合理怀疑的证明就是具备如此令人信服的特质，即您愿意在作出自己个人

---

〔1〕　Patterson v. New York, 432 U. S. 197, 206 (1977).

生活私人事务中的最重要决定时毫不犹豫地信赖它并据以采取行动。

在第五上诉法院对无罪推定的说明中，其对被告人"清白无辜"的说法是 2019 年版新添加的，前一版本即 2015 年版还没有这个说法。增加这一说法的目的是使陪审团绝对确定对被告人推定无辜的理解。

第五上诉法院认可联邦最高法院的下列判决意见。联邦最高法院在判例中认为，无罪推定的说明保护"被追诉人仅仅根据审判中提供的证据受审判的宪法权利"[1]，但是"未能就无罪推定作出所要求的说明，本身并不违宪"[2]。虽然"对无罪推定未能作出说明允许进行无害错误分析，但对合理怀疑标准不向陪审团作说明，却不可能进行无害错误分析"[3]。"宪法的正当程序不要求在每一个案件中向陪审团说明无罪推定，因为这一说明仅在《美国联邦宪法》所要求的对合理怀疑的说明之外，提供了额外的保障。当给出了必要的合理怀疑说明之后，省略对无罪推定的说明可能是无害错误，但如果省略了更基本的合理怀疑说明，就无法评估其对陪审团的影响。此外，省略合理怀疑说明，是审判错误，扭曲审判结构，因为它创造了风险，即控方即使没有完成证明责任，陪审团也会对被告人定罪。"[4]所以在第五上诉法院辖区不对合理怀疑作说明，可能导致判决被推翻。

---

〔1〕　Taylor v. Kentucky, 98 S. Ct. 1930, 1935 (1978).

〔2〕　Kentucky v. Whorton, 99 S. Ct. 2088, 2090 (1979).

〔3〕　Arizona v. Fulminante, 111 S. Ct. 1246, 1255 (1991); Jackson v. Virginia, 443 U. S. 307, 443 U. S. 320, n. 14 (1979).

〔4〕　Arizona v. Fulminante, 111 S. Ct. 1246, 1255 (1991); Cool v. United States, 409 U. S. 100, 409 U. S. 104 (1972); In re Winship, 397 U. S. 358, 397 U. S. 364 (1970).

[例3] 美国第七上诉法院

1998 年第七上诉法院联邦刑事陪审团说明委员会起草的陪审团说明模板由第七上诉法院司法委员会批准后在该司法辖区使用。现行陪审团说明模板为 2020 年版，仍由第七上诉法院联邦刑事陪审团说明委员会编撰。

在"预审的说明"部分，关于"无罪推定/证明责任"的说明内容是：

> 对于每一个罪名，被告人被推定无辜。这一推定在诉讼中持续存在，不被推翻，除非您从该案的所有证据中，排除合理怀疑地确信［被告人或您正在考虑的特定被告人］犯有被指控罪行。
>
> 控方有责任排除合理怀疑地证明每名被告人有罪。在整个诉讼中，证明责任由控方承担。
>
> 永远不需要被告人证明自己的无辜，完全不需要他提供任何证据。
>
> 在被告人提出其负有证明责任的肯定性辩护时，可以使用以下内容替代以上第 2~3 段：
>
> 控方负有举证责任，要对犯罪的每一个要素证明到排除合理怀疑。在整个诉讼中，举证责任由控方承担。永远不需要被告人证明自己的无辜。完全不需要他提供任何证据。
>
> 但是，被告人对以下辩护理由［此处填上辩护理由，如被胁迫、精神病辩护］有举证责任，需要通过［优势证据；清晰而有说服力的证据］证明。

关于法官向陪审团说明无罪推定，1978 年联邦最高法院裁决，如果未能对无罪推定作出说明，构成推翻原判的错误。[1]
但在 1979 年又裁决，《美国联邦宪法》并不要求在每个案件中
都说明无罪推定。[2]第七上诉法院要求，在其辖区的联邦刑事
审判中，法官既应向陪审团说明无罪推定，[3]又要说明控方证
明有罪到排除合理怀疑的证明责任。[4]联邦最高法院反对冗长
混乱的说明方式，认为既冗长又混乱的说明弊大于利。[5]

[例 4] 美国第八上诉法院

2017 年更新的第八上诉法院陪审团说明模板第一部分"开
庭陈述之前预审中的说明"之"第 1.1 条总说明：案件性质、
起诉的性质、证明责任、无罪推定、陪审团的职责、警示"；第
三部分"适用于审判的说明"之第 3.5 ~ 3.8 条中的"无罪推
定、证明责任"以及"第 3.11 条合理怀疑"，都是对无罪推定
的说明的组成部分。其中第 3.5 ~ 3.8 条关于"无罪推定、证明
责任"的内容是：

> 本案起诉书指控被告人犯有（宣读罪名）。被告人对指
> 控罪名不认罪。
> 起诉书只是正式指控被告人他/她受审罪名的文件。起
> 诉书不是证据。在审判开始时，我告诉您必须推定被告人
> 无辜。因此，被告人在审判开始时清白无辜，没有任何不
> 利于他/她的证据。

---

[1] Taylor v. Kentucky, 436 U. S. 478 (1978).

[2] Kentucky v. Wharton, 441 U. S. 786 (1979).

[3] United States v. Covarrubias, 65 F. 3d 1362, 1369 (7th Cir. 1995).

[4] Coffin v. United States, 156 U. S. 432, 452–61 (1895); United States v. Nelson, 498 F. 2d 1247 (5th Cir. 1974); McDonald v. United States, 284 F. 2d 232 (D. C. Cir. 1960).

[5] United States v. DeJohn, 638 F. 2d 1048, 1057–59 (7th Cir. 1981).

仅凭无罪推定就足以认定被告人无罪。只有控方在审判中证明指控犯罪的每个要素到排除合理怀疑，无罪推定才能被推翻。

被告人不承担证明自己无辜的举证责任。[相反，控方在审判全过程中承担举证责任。] [因此，在您作出裁决的过程中，不得以任何方式考虑被告人不作证的事实，甚至也不能讨论这个事实。（注：这句话只有被告人提出书面申请时才使用在陪审团说明中。）]

和第七上诉法院一样，第八上诉法院也认为，在被告人提出肯定性辩护的案件中，对该辩护理由的证明责任由被告人承担，如被胁迫犯罪、精神病。

和第五上诉法院一样，第八上诉法院也在 2017 年的更新中新增了关于被告人"清白无辜"的说法。该法院在 2010 年的刘易斯案（United States v. Lewis）支持了地区法院使用的这一说法,[1]但以前第八上诉法院的陪审团说明模板中并无这一术语，这种说法也不是《美国联邦宪法》的要求。

其第 3.11 条关于合理怀疑的说法是：

合理怀疑是基于理性和常识的怀疑，而不是基于推测的怀疑。对所有证据的认真公正的考虑或缺乏证据可能引起合理怀疑。排除合理怀疑的证明是这种令人信服的证明，即一个理性的人经过深思熟虑，会在生活里最重要的决定中毫不犹豫地信赖该证据并据以采取行动。排除合理怀疑的证明就是足以让您坚信被告人有罪的证明。排除合理怀疑的证明并不意味着毫无疑问、没有可能的怀疑。

[1] United States v. Lewis, 593 F. 3d 765, 771 (8th Cir. 2010).

第八上诉法院认为，法院有责任就合理怀疑的含义作出说明。[1]联邦最高法院认为，《美国联邦宪法》上不合理的合理怀疑说明不是无害的错误。[2]因此，在第八上诉法院辖区，存在因对合理怀疑的说明不合理而成立有害错误、导致推翻判决的可能性。

2017年版陪审团说明模板对先前关于无罪推定和刑事案件中合理怀疑的定义的说明进行了更新，在原有基础上稍加扩大。其中，对合理怀疑的修订中添加了"生活里最重要的决定"一词，该词类似于其他上诉法院陪审团说明模板中使用的词，并与第五上诉法院第1.05条中"信赖并据以采取行动"的核心意思一致。此外第六上诉法院的第1.03条、第十一上诉法院的第3条也使用了"生活中最重要的决定"这类表述。

以前曾经有些说法引起严重问题，联邦最高法院曾对使用一些特定词语的说明方法提出异议，例如"盖然性证据"或"确定无疑"[3]，或其他令人不安的词语，如要求"严重不确定"[4]。联邦最高法院在1994年重申，《美国联邦宪法》没有规定任何特定形式的词语。[5]

[例5] 美国第十上诉法院

第十上诉法院当前实施的是2018年版陪审团说明模板，2021年版修正稿已经公布，在征求意见过程中。其第一部分"一般事项"的第1.5条是关于无罪推定、证明责任、合理怀疑

---

[1] Friedman v. United States, 381 F. 2d 155 (8th Cir. 1967).
[2] Sullivan v. Louisiana, 508 U. S. 275 (1993).
[3] Sandoval v. California, 511 U. S. 1101 (1994).
[4] Cage v. Louisiana, 498 U. S. 39, 40 (1990).
[5] Sandoval v. California, 511 U. S. 1101 (1994).

的说明，内容如下：

> 控方负有证明被告人有罪到排除合理怀疑的证明责任。法律根本不要求被告人证明其无辜或者提供任何证据。控方负有证明被告人有罪到排除合理怀疑的证明责任，如果控方没有做到，您必须判决被告人无罪。

> 排除合理怀疑的证明是足以让您坚信被告人有罪的证明。在这个世界上，几乎没有什么事情是我们可以绝对确定地知道的。在刑事案件中，法律并不需要排除一切可能怀疑的证据。仅要求控方对被告人有罪的证明排除任何"合理怀疑"。合理怀疑是在仔细、公正地考虑了案件中所有证据之后，基于理性和常识的怀疑。如果您根据对证据的考虑，您坚信被告人犯有所指控的罪行，那么您必须判决他有罪。另一方面，如果您认为他确实存在无辜的可能性，则必须将怀疑的利益归于被告人，并判决他无罪。

第十上诉法院 1974 年的判例认为："合理怀疑标准是刑事司法制度的宪法基石。被告人有权要求陪审团了解这个标准及其推论，即无罪推定，并有权要求向陪审团解释合理怀疑的含义。"[1] 1978 年的判例指出在定义合理怀疑时，"并不需要控方证明有罪到排除一切可能的怀疑"[2]。1978 年第十上诉法院的判例表明，其一再批评以下这种对合理怀疑的界定方式：将"实质的怀疑"与"对被告人定罪"问题联系起来，"例如您在

---

〔1〕 United States v. Pepe, 501 F. 2d 1142, 1143 (10th Cir. 1974).

〔2〕 United States v. Jacobson, 578 F. 2d 863, 866 (10th Cir. 1978).

自己重要私人事务上愿意据以采取行动。"[1] 1994 年金斯伯格法官（Ruth Bader Ginsburg）曾暗示，人们通常所作的决定与陪审团决定之间存在根本差异。[2] 这种态度并不支持第三、第五、第六、第八、第十一上诉法院使用个人生活重要事务类比合理怀疑的说明方式，是对这种说明方式的一种挑战。

[例 6] 美国第十一上诉法院

2016 年第十一上诉法院司法委员会采纳的刑事陪审团说明模板，历经五次修改，现为 2020 年版。关于无罪推定和合理怀疑的说明见于其 B2.1、B2.2 和 B3。

> B2.1 遵守说明的义务和无罪推定
>
> 您的决定必须仅基于此处提供的证据。对被告人或控方的同情或偏见绝对不能以任何方式影响您。
>
> 即使您不同意该法律，也必须遵守我所解释的法律，并且必须整体上遵守我的所有说明。您不得质疑或无视法院关于法律的任何说明。
>
> 对被告人的起诉或正式指控，不是有罪的证据。法律推定每个被告人都是无辜的。被告人不必证明自己无罪或提供任何证据。控方必须证明有罪到排除合理怀疑。如果控方做不到，则您必须判决被告人无罪。

B2.2 与 B2.1 相比，增加了"如果被告人选择不作证，被告人就不必作证。您在作出判决时不能以任何方式考虑这一

---

〔1〕 Tillman v. Cook, 215 F. 3d 1116, 1126 (10th Cir. 2000); United States v. Barrera Gonzales, 952 F. 2d 1269, 1271 (10th Cir. 1992); Monk v. Zelez, 901 F. 2d 885, 890 (10th Cir. 1990); United States v. Smaldone, 485 F. 2d 1333, 1347-48 (10th Cir. 1973).

〔2〕 Victor v. Nebraska, 511 U. S. 1, 24 (1994) (Ginsburg, J., concurring).

点"。早在 1992 年联邦最高法院就曾在判例中指出，不作证的被告人有权利要求说明不得因其选择不作证得出任何推论。[1]

B3　"合理怀疑"的定义

控方的举证责任沉重，但不必证明被告人有罪到排除所有可能的怀疑。控方的证明只需要排除关于被告人有罪的任何"合理怀疑"。

合理怀疑是真的怀疑，是基于您的理性和常识，在您仔细、公正地考虑了该案的所有证据之后的怀疑。"排除合理怀疑的证明"就是如此令人信服的证明，使您愿意在自己最重要的事务中毫不犹豫地信赖它并据以采取行动。如果您确信被告人已被排除合理怀疑地证明有罪，那就判有罪；如果您不确信，请判无罪。

[例 7] 纽约州法院

纽约州法院与时俱进，颁布了给陪审团使用的书面说明模板，将其与口头说明相结合使用。

早在 1991 年就有人认为向陪审团提供书面说明对陪审团履职是有利的，认为："提供书面陪审团说明可能对陪审团的理解有很大帮助。提供书面陪审团说明的过程中可能有不公正的风险，但精心设计的程序可以消除这种风险，充分保护被告人不受其影响。"[2]至于在实践中是否向陪审团提供书面说明，还需要视被告人的态度而定，如果被告人反对，法院就需要考虑被

---

〔1〕　United States v. Teague, 953 F. 2d 1525, 1539（11th Cir. 1992），cert. denied, 506 U. S. 842, 113 S. Ct. 127, 121 L. Ed. 2d 82（1992）.

〔2〕　Susan R. Schwaiger, "The Submission of Written Instructions and Statutory Language to New York Criminal Juries", 56 *Brooklyn Law Review*, Winter 1991, p. 1380.

告人的意见，不能一意孤行。到目前为止，纽约州上诉法院尚未改变其在 1993 年的判例，其时认为，如果不顾被告人的反对，向评议中的陪审团提供完整的最终说明或部分说明的书面副本是错误的。[1]所以，在纽约州，是否向陪审团提供书面说明，被告人的意思非常重要。2020 年纽约州法院的判例再次印证了这一点。法院认为，被告人可以同意或者因没有及时反对而默示同意法院将全部最终说明的书面副本提供给陪审团。[2]如果法院确实向陪审团提供了最终说明的书面副本，则需要向陪审团说明如何使用书面说明。纽约州法院也制定了关于如何使用陪审团书面说明的书面说明模板。

在 2019 年修正的纽约州的预审陪审团说明中，关于无罪推定的内容可见于"无罪推定""不作证的被告人""举证责任""合理怀疑"等部分。具体内容如下：

> **无罪推定**
>
> 我提醒您，在所有这些程序中，被告人都被推定无辜。因此，除非您根据本次审判中提供的证据得出结论，控方已证明被告人有罪到排除合理怀疑，否则，您必须判决被告人无罪。
>
> **不作证的被告人**
>
> （只有当被告人要求时才作以下说明）
>
> 被告人不当证人不作证，不得从这一事实中得出任何对被告人不利的推论。

---

[1] People v. Johnson, 81 N. Y. 2d 980, 982 (1993); People v. Owens, 69 N. Y. 2d 585, 591-592 (1987).

[2] People v. Muhammad, _N. Y. 3d_, 2020 WL 96666 (2020).

证明责任

不需要被告人证明自己无罪。实际上，不要求被告人证明或者反驳任何事情。相反，控方有责任证明被告人有罪到排除合理怀疑。这意味着，在您能够判决被告人有罪之前，控方必须排除合理怀疑地证明犯罪的每一个要素，包括被告人是实施该罪行的人。举证责任不从控方转移给被告人。如果控方未能履行证明责任，您必须判被告人无罪。如果控方达到了证明责任，您必须判决被告人有罪。

合理怀疑

当我们的法律要求"排除合理怀疑"地证明有罪时，这意味着什么？

法律使用"排除合理怀疑"一词来告诉您，有罪的证据必须多么地令人信服才能作出有罪判决。法律认识到，在处理人类事务时，这个世界上很少有事情是绝对确定的。因此，法律并没有要求控方证明被告人有罪到排除所有可能的怀疑。另一方面，仅证明被告人可能有罪是不够的，在刑事案件中，对有罪的证明必须比这一要求更高。它必须是排除合理怀疑的证明。

合理怀疑是对被告人有罪的诚实的怀疑，其理由是基于证据的性质和质量。这是实际的怀疑，而不是想象中的怀疑。它是这种怀疑，即理性的人在处理如此重要的事情时，很可能会因为提出的证据或缺乏令人信服的证据而怀有疑问。

排除合理怀疑的有罪证明是让您如此坚定地相信被告人有罪，使您对犯罪的任何要素的存在，或被告人作为犯罪行为人的身份，不存在合理怀疑。

在确定控方是否已排除合理怀疑地证明被告人有罪时，应仅以对证据进行全面公正的评估为指引。在仔细评估证据之后，你们每个人都必须确定证据是否能使您排除合理怀疑地确信被告人有罪。

无论您的判决是什么，都不得以毫无根据的推测为依据，也不得以任何方式受到偏见、不公、同情心或希望早点结束您的评议或逃避不愉快的职责的影响。

如果您不能排除合理怀疑地确信被告人犯有被指控的罪行，那么您必须判决被告人没有犯该罪行。如果您排除合理怀疑地确信被告人犯有被指控的罪行，则必须判决被告人犯有该罪行。

［例8］ 英格兰指导法院如何说明无罪推定的资料

2018 年《英格兰刑事法院纲要》[1]第一部分的第 5 小节是关于证明责任和证明标准的陪审团说明的资料，具体内容如下：

证明责任和证明标准

法律摘要：

（1）除了精神病和成文法明文规定或默示的例外情况以外，由控方承担证明被告人有罪的证明责任。证明标准是刑事的标准：如果陪审团在考虑了与指控有关的所有证据之后确信被告人有罪，则控方就完成了证明。

（2）（对法律的——笔者注）总结必须包含关于证明责任和证明标准的充分指导，无论是否有人提到它。但是不需要使用特定形式的词语。通常在总结的早期就给出说明。

---

〔1〕 David Maddison, David Ormerod, Simon Tonking, John Wait, Edited by Martin Picton, David Ormerod, Lynn Tayton, Rajeev Shetty, Jonathan Cooper, David Aubrey, Greg Dickinson, Andrew Smith, *The Crown Court Compendium*, published June 2018, by Judicial College.

所要求的是向陪审团明确说明他们必须感到信服，这样他们才能在定罪前确信。

（3）详细阐述证明标准是不明智的。如果律师提到"排除合理怀疑"，则应告知陪审团，这与确信具有相同的含义。

（4）当被告人提出不同的辩护时，需要特别注意，其中有些证明责任在控方，而另外一些证明责任在辩方（如精神病和其他合理的辩护理由）。

（5）如果辩方提出的辩护理由需要其承担证明责任（如不在现场、被胁迫或自卫），那么控方承担反证其到刑事证明标准的责任。如果辩护方承担证明责任，需符合民事证明标准：被告人需证明其更有可能而非更不可能。

（6）陪审团在评议过程中对证明责任和证明标准提出的任何问题，法官必须向控辩双方律师展示，并在陪审团不在场的情况下与律师们讨论。如果陪审团要求澄清标准，对他们的问题应尽快答复。有判决指出："陪审团提出的关于证明标准的问题让大多数法官害怕。如果必须界定'合理怀疑'或'确信'的含义的是什么，那么答案是难以解释清楚且可能引起混淆。毫无疑问，这就是为什么司法研究委员会在给法官的说明中指出要避免给陪审团出这个说明。"[1]

（7）陪审团曾真的问了这样一个问题——证明标准是"100%确定性"还是"排除合理怀疑"，如果是后者，则"排除合理怀疑"实际上是什么意思。在律师的同意下，初审法官说：①陪审团不需要是100%确定（仅因为提出了具体问题才有意义，具体问题具体分析）；②确信和排除合理怀疑是一回事儿；③合理怀疑是那种怀疑，即如果陪审员

---

〔1〕　R. v. Majid, [2009] EWCA Crim 2563.

在自己生活的重要事务中作出决定时可能会影响陪审员意见的那种怀疑。上诉法院认为，该法院对于陪审团提出的具体问题，每个答案都是正确和适当的，而对合理怀疑的最终表述是"极好的"。

（8）当证明责任由控方承担时（通常是这样），对陪审团应作如下说明：①控方必须证明被告人有罪；②为此，控方必须确保陪审团确信被告人有罪；③因此，被告人不必证明他/她无罪。如果适当的话，即使被告人提供了证据，也是如此。

（9）在被告人负有证明责任的不寻常情况下，应向陪审团作出如下说明：①被告人应证明（具体情况）；②为此，被告人必须证明（具体情况）更有可能，而非更不可能，但是被告人并不需要让陪审团确信确实如此。

在对以上内容作出说明后，《英格兰刑事法院纲要》还举了两个例子以作进一步说明。

例一，控方承担证明责任的情况，控方必须证明被告人有罪。被告人不必向您证明任何事情。被告人无需证明他/她是无辜的。仅当您确信被告人有罪时，控方才能算成功地证明被告人有罪。在考虑所有证据后，如果您确信被告人是有罪的，则您的判决必须为有罪。如果您不确信被告人是有罪的，那您的判决必须为无罪。如果控辩任何一方提到"排除合理怀疑"，必须加上下面这句话："您已经听说过排除合理怀疑，它的含义与确信相同。"

例二，被告人承担证明责任的情况，当您考虑（具体情况）时，这是被告人需要证明的。被告人必须证明其更有可能（具体情况）而非更不可能。被告人不必让您确信。

三、欧盟法推进无罪推定的路线图式改革

欧洲是无罪推定的发源地，有着对于现代无罪推定的早期表述，见于贝卡利亚的《论犯罪与刑罚》，"在法官判决之前，一个人是不能被称为罪犯的。只要还不能断定他已经侵犯了给予他公共保护的契约，就不能取消对他的公共保护。""如果犯罪是不肯定的，就不应折磨一个无辜者，因为，在法律看来，他的罪行并没有得到证实。"[1] 最早作为基本权利条文写进了《法国宪法》第9条——"任何人在未经判罪前均应假定其无罪"，但却直到21世纪才写入《法国刑事诉讼法》。这意味着无罪推定在英国之外的欧盟法国家的发展可能与英美法不是一个路径。对于无罪推定在欧盟的发展，可从一系列国际公约的规定中看到其脉络及目标。

（一）欧盟推动无罪推定发展的基础

欧盟发展无罪推定有其基础，其国际法律文件一贯承认并确立了对无罪推定的要求。从以下这些国际文件对无罪推定的定位看，其属于个人基本人权和自由，为此，对司法公正和公正审判有基本要求，其中蕴含了对个人权利予以保障的国家责任。

1. 1948年《世界人权宣言》对无罪推定的要求

1948年《世界人权宣言》第11条第1款规定了无罪推定，"凡受刑事控告者，在未经获得辩护上所需的一切保证的公开审判而依法证实有罪以前，有权被视为无罪。"

从其行文看，无罪推定包括几个方面的要求：一是对辩护的充分保障；二是公开审判；三是依法证实有罪；四是证实有

---

[1] [意] 贝卡利亚：《论犯罪与刑罚》，黄风译，中国大百科全书出版社1993年版，第31页。

罪前被视为无罪的权利。简而言之，无罪推定蕴含了辩护权、公开审判权、依法证实有罪之前被视为无罪的权利。

2. 1953 年《欧洲保护人权和基本自由公约》对无罪推定的要求

1953 年开始生效的《欧洲保护人权和基本自由公约》（以下简称《欧洲人权公约》），其第 6 条规定了无罪推定和公正审判权，无罪推定见于第 2 款规定："凡受刑事犯罪指控者在未经依法证明为有罪之前，应当推定为无罪。"其对"依法证明为有罪"的最低要求可见于第 1 款和第 3 款。

第 1 款规定：

在决定某人的公民权利和义务或者在决定对某人确定任何刑事罪名时，任何人有理由在合理的时间内受到依法设立的独立而公正的法院的公平且公开的审判。判决应当公开宣布。但是，基于对民主社会中的道德、公共秩序或者国家安全的利益，以及对民主社会中的少年的利益或者是保护当事人的私生活权利的考虑，或者是法院认为，在特殊情况下，如果公开审判将损害公平利益的话，可以拒绝记者和公众参与旁听全部或者部分审判。[1]

第 3 款要求：

凡受刑事罪指控者享有下列最低限度的权利：

（a）以他所了解的语言立即详细地通知他被指控罪名的性质以及被指控的原因；

---

〔1〕 此处所引文本来自 https：//www. echr. coe. int/Documents/Convention_ ENG. pdf，最后访问日期：2020 年 9 月 20 日。

（b）应当有适当的时间和便利条件为辩护作准备；

（c）由他本人或者由他自己选择的律师帮助辩护，或者如果他无力支付法律帮助费用的，则基于公平利益考虑，应当免除他的有关费用；

（d）询问不利于他的证人，并在与不利于他的证人的相同条件下，让有利于他的证人出庭接受询问；

（e）如果他不懂或者不会讲法院所使用的工作语言，可以请求免费的译员协助翻译。[1]

依据以上文本，无罪推定所需要的最低限度的权利要求有：合理时间内受审权、受独立公正法院审判权、公平公开审判权、为特殊利益不公开审判权、对罪名和理由的知情权、准备辩护权、选择律师权、获得免费律师权、质证权、使辩方证人出庭权、免费翻译权、公开宣判权等。

3. 1976 年《公民权利和政治权利国际公约》的要求

1966 年联合国大会通过并于 1976 年开始生效的《公民权利和政治权利国际公约》第 14 条第 2 款规定了无罪推定，"凡受刑事控告者，在未依法证实有罪之前，应有权被视为无罪。"第 14 条的其他六款对"依法证实有罪"的最低要求作出了规定，详情如下：

一、所有的人在法庭和裁判所前一律平等。在判定对任何人提出的任何刑事指控或确定他在一件诉讼案中的权利和义务时，人人有资格由一个依法设立的合格的、独立的和无偏倚的法庭进行公正的和公开的审判。由于民主社会中的道德的、公

---

〔1〕此处所引文本来自 https://www.echr.coe.int/Documents/Convention_ENG.pdf，最后访问日期：2020 年 9 月 20 日。

共秩序的或国家安全的理由，或当诉讼当事人的私生活的利益有此需要时，或在特殊情况下法庭认为公开审判会损害司法利益因而严格需要的限度下，可不使记者和公众出席全部或部分审判；但对刑事案件或法律诉讼的任何判决应公开宣布，除非少年的利益另有要求或者诉讼系有关儿童监护权的婚姻争端。

……

三、在判定对他提出的任何刑事指控时，人人完全平等地有资格享受以下的最低限度的保证：

（甲）迅速以一种他懂得的语言详细地告知对他提出指控的性质和原因；

（乙）有相当时间和便利准备他的辩护并与他自己选择的律师联络；

（丙）受审时间不被无故拖延；

（丁）出席受审并亲自替自己辩护或经由他自己所选择的辩护人进行辩护；如果他没有辩护人，要通知他享有这种权利；在司法利益有此需要的案件中，为他指定辩护人，而在他没有足够能力偿付辩护费用的案件中，不要他自己付费；

（戊）询问或业已询问对他不利的证人，并使对他有利的证人在与对他不利的证人相同的条件下出庭和受询问；

（己）如他不懂或不会说法庭上所用的语言，能免费获得译员的援助；

（庚）不被强迫作不利于他自己的证言或强迫承认犯罪。

四、对少年的案件，在程序上应考虑到他们的年龄和帮助他们重新做人的需要。

五、凡被判定有罪者，应有权由一个较高级法庭对其定罪及刑罚依法进行复审。

六、在一人按照最后决定已被判定犯刑事罪而其后根据新的或新发现的事实确实表明发生误审，他的定罪被推翻或被赦免的情况下，因这种定罪而受刑罚的人应依法得到赔偿，除非经证明当时不知道的事实的未被及时揭露完全是或部分是由于他自己的缘故。

七、任何人已依一国的法律及刑事程序被最后定罪或宣告无罪者，不得就同一罪名再予审判或惩罚。[1]

以上条文中所提出的对无罪推定所要求的依法证实有罪的要求是：①法庭依法设立、合格、独立、无偏倚；②公开、公正的法庭审判；③判决公开宣布；④特定情况下不公开审判、宣判；⑤迅速获知罪名和原因；⑥准备辩护的时间和便利；⑦联络其自选律师；⑧不无故拖延审判；⑨出席庭审；⑩亲自辩护或由其所选辩护人进行辩护；⑪告知、指定法律援助及无偿付能力时的免费法律援助；⑫询问控方证人；⑬与控方证人同等条件下使辩方证人出庭、受询问；⑭不强迫自证其罪或承认犯罪；⑮帮助少年复归社会；⑯获得免费翻译；⑰上诉权；⑱除非出于其本身原因否则推翻定罪后获得赔偿；⑲一事不再审、不再罚等。

（二）2012 年《欧盟基本权利宪章》对无罪推定的要求

1990 年 10 月，欧洲理事会在坦佩雷的主席团会议结论第 33 条认为，加强对判决和其他司法裁决的互相承认，在必要的方面推进统一或者相似的立法，有利于国家之间的合作以及对个人权利的司法保护，从而将互认原则作为欧盟内部民刑事司法

---

〔1〕 此处所引《公民权利与政治权利国际公约》文本见联合国官网，载 https://treaties. un. org/doc/Treaties/1976/03/19760323 06-17 AM/Ch_IV_04. pdf，最后访问日期：2020 年 9 月 20 日。

合作的基石。[1]《欧盟运行条约》（TFEU）也规定，欧盟刑事司法合作以互认原则为基础。互认的前提是互相信任彼此的刑事司法系统。互认的范围取决于若干因素，包括保护嫌疑人和被告人的机制以及为了促进互认原则的适用所需要确立的共同的最低限度标准。为此，需要制定地区性司法准则和权利保障文件。

2012 年版《欧盟基本权利宪章》第六章"司法"规定了无罪推定的精神与要求。其中第 47 条规定了"获得有效救济和公正审判的权利"，内容共有三款，详述如下：

欧盟法所保障的权利和自由受到侵犯的，人人都有权依照本条规定的条件在法庭获得有效的救济。

人人都有权在合理的时间内通过法律事先规定的独立和中立的法庭获得公正和公开的审理。人人都应当有机会获得咨询、辩护和代理。

只要法律援助对确保有效诉诸司法是必要的，就应当向缺乏足够资源的人提供法律援助。

第 48 条规定了"无罪推定和辩护权"，"①被追诉人应当被推定为无辜直到依法证明其有罪。②尊重所有被追诉人的辩护权应当被保障。"

鉴于 2017 年 11 月以来欧盟致力于设立欧盟检察官办公室，2019 年 9 月任命了首位首席检察官，期待 2020 年底由其承担侦查和起诉工作。设立检察官办公室的相关法规 2017/1939 号《在建立欧洲检察官办公室方面加强合作》第 41 条规定，检察官办

---

〔1〕 Conclusions of the Tampere European Council (15 and 16 October 1999), available at https://www.cvce.eu/en/obj/conclusions_of_the_tampere_european_council_15_and_16_october_1999-en-32135242-b375-47fe-adb4-e02ab2432945.html, last visited on 2020-9-20.

公室的活动必须尊重《欧盟基本权利宪章》规定的嫌疑人和被告人权利，包括辩护权。

（三）2016 年《无罪推定指令》的要求

2016 年 3 月，欧洲议会和欧盟理事会通过了其 2016/343 号文件《欧洲议会和欧盟理事会关于加强刑事诉讼中无罪推定和出庭权某些方面的（EU）2016/343 号指令》（以下简称《无罪推定指令》），对包括德国、法国等国家在内的欧盟国家对无罪推定的最低限度的保障和准则作出规定。

1. 《无罪推定指令》的出台背景

之所以需要这样的命令性指导文件，欧盟理事会认为是为了在成员国之间增进其在刑事司法方面的互认互信。虽然成员国是《欧洲人权公约》和《公民权利与政治权利国际公约》的缔约国，但是实践表明这并不足以在成员国之间就刑事司法系统达成互信。

2006 年欧盟委员会已在无罪推定绿皮书中表明，如果有必要，愿对无罪推定采取立法措施，绿皮书也简要阐述了缺席审判问题。2009 年 11 月 30 日，欧盟理事会采纳了在刑事诉讼中加强嫌疑人和被告人诉讼权利的路线图方案。路线图步步为营地要求采纳关于翻译权（A 措施），对权利和指控的知情权（B 措施），法律咨询和法律帮助权（C 措施），与亲属、雇主和领事沟通权（D 措施），对弱势嫌疑人和被告人的特殊保障（E 措施）。2009 年 12 月 11 日，欧盟理事会将被追诉人权利保障路线图纳入旨在服务与保护欧洲公民的公开的斯德哥尔摩计划。理事会强调路线图只是不完全列举，邀请委员会核查被追诉人权利的最低限度诉讼权利是否需要进一步增加，并评估为了促进刑事司法合作，是否需要解决其他议题比如无罪推定。2013 年 11 月，欧盟委员会提出了关于《无罪推定指令》的建议稿，以及刑事诉讼中涉嫌犯罪儿童的程序保障、法律援助两个指令的建议稿。《无罪推定指令》并非当初路线图中的内容，但属于为了促进刑事司法合作需要解决的议题，属于通过制定保护被追诉人诉讼权利的共同最低规则，来促进刑事司法领域的合作。2017年《无罪推定指令》的公布即是所取得的进展。《无罪推定指令》内容广泛，不但解释了无罪推定，也涉及相关权利，如沉默权、出庭权。

2.《无罪推定指令》的内容概要

《无罪推定指令》说明部分的第9段规定，其目的是通过规定关于无罪推定和审判时出庭权的共同最低规则，来加强刑事诉讼中的公平审判。

通过确立保护被追诉人权利的最低的共同标准，该指令旨在加强各成员国对彼此刑事司法系统的信任，因此，有助于刑事裁判的互相承认。这些共同最低规则也可以消除公民在成员国之间自由迁徙的障碍。

在适用范围上，关于诉讼的性质，这一指令仅能适用于刑事诉讼，不得适用于民事诉讼或者行政诉讼，即使行政诉讼可能导致一些处罚，如关于竞争、贸易、金融服务、道路交通、税务的诉讼及行政机关进行的调查活动。

在适用的人员范围上，该指令仅适用于在刑事诉讼中被怀疑或被起诉有犯罪行为的人，因此，在官方通知其被怀疑或者被起诉之前，当其被怀疑或者被起诉有犯罪行为之时起立即适用。该指令适用于刑事诉讼的所有阶段，直到确认被告人是否有罪的判决确定为止。

关于该指令是否适用于法人，《无罪推定指令》说明部分第13~15段承认无罪推定对于自然人和法人的保护水平和需求有所不同。欧洲人权法院判例法发展了无罪推定对于自然人的保护，但法院已经承认，无罪推定所产生的自然人的权利并不同样适用于法人。在现阶段，欧盟通过立法规定法人的无罪推定权还为时过早。因此，该指令所规定的无罪推定也不适用于法人。关于法人的无罪推定，应通过现行法和判例法予以保障，视其发展决定是否需要欧盟采取一致行动。

《无罪推定指令》第二章规定了"无罪推定"，第 3 条"无罪推定"要求"成员国应确保嫌疑人和被告人被推定无罪直到依法被证明有罪"。

《无罪推定指令》列举了一些违反无罪推定的情形，官方机构在被追诉人的有罪判决确定之前公开说其有罪、以有罪的印象让被追诉人公开现身就是其中之一。第 4 条"公开称其有罪"，第 16 段指出，如果官方的公开声明或者除有罪判决外的司法裁决将嫌疑人或被告人称为有罪，只要这人还没有被依法证明有罪，就违反了无罪推定。官方声明和司法裁决不应体现出这人有罪的观点。这不应影响旨在证明嫌疑人或被告有罪的起诉行为，如起诉书，也不应影响生效的缓刑裁判，但前提是：被追诉人的权利得到尊重和保护。这也不应影响关于案件性质的初步决定，该决定由司法或其他主管机关根据怀疑或有罪证据的要件作出，如审前羁押，但前提是：这类决定不得称嫌疑人或被告人有罪。在作出程序性的初步决定之前，主管机关可能首先必须核实有无足够的针对嫌疑人或被告人的指控证据，以证明有关决定是合理的，并且该决定可以提及这些内容。[1]

第 17 段继续解释，"由官方发布的公开声明"一词应理解为官方发出的提到刑事案件的所有陈述，以及参与该案刑事诉

---

[1] 第 1 款的广泛要求不适用于检察官旨在证明个人有罪的行为（如起诉书），也不适用于司法或其他主管当局基于可疑或定罪证据的初步程序性决定（如关于审前拘留的决定）。

讼的官方机构作出的所有陈述，如司法机关、警方和其他执法机构，或者其他官方机构，如各部部长和其他官员。这不影响有关豁免的国内法律。

第 18 段提出，如果是出于刑事侦查的绝对必要或者出于公共利益，对嫌疑人或被告人不称其有罪的义务不应妨碍官方机构公开传播有关刑事诉讼的信息。例如，发布视频要求公众帮助识别嫌疑人；出于安全原因，向受环境犯罪影响地区的居民提供信息；或者控方或另一主管机关提供有关刑事诉讼程序状态的客观信息，以防止公共秩序混乱。综合考虑所有利益，使用这类理由被限制在合理且相称的情况下。在任何情况下，传播信息的方式和背景都不应在依法证明其有罪之前制造其有罪的印象。

第 19 段要求成员国应采取适当措施，确保在向媒体提供信息时，只要还没有依法证明嫌疑人或被告人有罪，官方机构就不会称他们有罪。为此，成员国应告知官方机构，在向媒体提供或披露信息时要充分考虑无罪推定的重要性。这不应影响保护新闻自由和其他媒体自由的国内法律。

第 5 条禁止"让嫌疑人和被告人公开现身时给人有罪的印象"。成员国应采取适当措施避免让嫌疑人和被告人公开现身于法庭或社会时给人以有罪的印象。根据第 1 款的要求与第 20 段的解释，官方机构应避免在法庭上或在公众面前对嫌疑人和被告人使用身体约束措施，如手铐、玻璃箱、笼子和脚镣等，以免传递其有罪的信息。除非是出于特定原因需要采取这些措施，或者是出于安全考虑，包括防止嫌疑人或被告人伤害自己或他人或毁坏财产，或者是为了防止嫌疑人或被告人潜逃或防止其与第三者联络，如联络证人或者被害人。采取身体约束措施的可能性并不意味着官方机构应对使用此类措施作出任何正式决定。

第 2 款及第 21 段还要求，在可行时，官方机构还应避免嫌疑人或被告人穿监狱服出现在法庭或公众面前，以免给人其有罪的印象。

第6条规定了证明责任。第1款要求成员国应确保证实有罪的证明责任由控方承担。这不应影响法官或者其他法庭依据国内法寻找有罪及无罪证据的义务，也不影响辩方依据国内法提供证据的权利。第2款要求成员国确保对有罪问题的任何疑问都有利于被追诉人，包括当法庭决定其是否应当被无罪释放时。

第7条规定沉默权和不自证其罪的权利。第1款要求成员国应确保嫌疑人和被告人对于其被怀疑或者被起诉犯下的罪行有权保持沉默。第2款要求成员国应确保嫌疑人和被告人有权不自证其罪。第3款规定，行使不自证其罪的权利，不得阻止主管机关收集证据，这证据是可以动用强制性权力获得的合法证据，并且其独立于嫌疑人或被告人的意志而存在。第4款要求成员国在量刑时可允许其司法机关考虑嫌疑人和被告人的合作行为。第5款要求嫌疑人和被告人行使沉默权或者不自证其罪的权利，不得对其不利，不应作为其犯有有关罪行的证据。第6款关于不妨碍成员国决定对轻罪的诉讼或对某些阶段可以以书面形式进行，或者主管机关对有关罪行不向嫌疑人或者被告人发问，但前提是：这符合其公正审判的权利。

《无罪推定指令》第三章是关于审判时的出庭权，包括第8条"审判时的出庭权"与第9条"重新审判的权利"。第8条第1款要求成员国应确保嫌疑人和被告人有权在其审判中出庭。第2款规定，成员国可以规定对嫌疑人或被告人进行缺席审判，作出其有罪或者无罪的裁判，前提条件是：（a）已在适当时通知嫌疑人或者被告人有关审判和不出庭的后果；或者（b）嫌疑人或者被告人在获悉审判后授权律师代理，该律师由嫌疑人或被告人聘请或由国家指定。第3款规定，根据第2款作出的裁判可对有关人员强制执行。第 4 款规定，成员国规定对嫌疑人或者被告人缺席审判，但经合理努力无法找到嫌疑人或者被告人，因此无法遵守第 2 款规定的条件的，成员国可以规定仍然可以作出裁判并执行。在这种情况下，成员国应确保当嫌疑人或者被告人获知该裁判时，特别是当其被捕时，告知其对裁判提出异议的可能，并有权提起新的审判或者寻求其他法律救济。第 5 款规定，本条不影响国内法的规定，为了确保刑事诉讼的顺利进行，法官或者主管法院可以在必要时将嫌疑人或者被告人排除在审判之外，前提条件是遵守辩护权的规定。第 6 款规定，本条不影响国内法关于书面进行诉讼或者特定阶段的规定，只要遵守公平审判权的规定。

第 9 条要求成员国确保，如果嫌疑人或者被告人在审判时没有出庭，且不具备第 8 条第 2 款规定的条件，其有权获得新的审判，或者有权获得其他法律救济，以允许重新确定案件的案情，包括审查新证据，这可能会导致原来的决定被推翻。在这方面，成员国应确保这些嫌疑人和被告人有权根据国内法规定的程序出庭、有效参与以及行使辩护权。

《无罪推定指令》第四章是关于一般性规定与最后规定，其中第 10 条是关于救济的规定，其第 1 款规定，成员国应确保，如果《无罪推定指令》规定的被追诉人权利被侵犯，能够获得有效的救济。其第 2 款规定，在不影响关于证据可采性规则和制度的情况下，成员国应确保，在评估被追诉人陈述和侵犯其沉默权或不自证其罪权而获得的证据时，其辩护权和程序的公正得到尊重。

第 14 条规定，为了遵守该指令，成员国应于 2018 年 4 月 1 日之前实施法律、法规和行政规章，并立即通知欧盟委员会。实施这些法定措施时，应援引指令或者在官方出版物中附有对指令的引用。援引指令的具体方式应由成员国规定。

第 11 条规定的数据统计与第 12 条规定的报告，属于对成员国实施指令的监测措施。第 11 条规定，成员国应在 2020 年 4 月 1 日之前以及此后每三年向欧盟委员会提交相关的数据，说明如何实施《无罪推定指令》所规定的权利。第 12 条则规定欧盟委员会应在 2021 年 4 月 1 日之前向欧洲议会和理事会提交关于《无罪推定指令》实施情况的报告。

第 13 条更是规定"不倒退"，对《无罪推定指令》中的任何内容均不得解释为限制或克减《欧盟基本权利宪章》《欧洲人权公约》或国际法的其他相关规定或任何成员国的法律所保证的任何权利和程序保障，如果这些法规提供了更高水平的保护。

3. 关于《无罪推定指令》适用范围的判例

2018 年 9 月欧洲人权法院的判例认为，在刑事诉讼的庭审中，《无罪推定指令》必须将作出程序性预审裁决包括在内，不得将其排除在外。例如，司法机关基于怀疑或者基于指控证据作出应继续审前羁押的裁决，这没有问题，条件是：这类裁决不要指称被羁押人有罪。然而，法院认为《无罪推定指令》的规定并不涉及审前羁押的适用条件等。[1]

2008 年，保加利亚索菲亚的一家商店发生暴力抢劫案，在侦查期间，米列夫先生受到怀疑，但并未受到指控。2009 年 7 月该案未发现嫌疑人，因此侦查中止。彼时法院指出米列夫还可能涉嫌其他两项刑事案件。在与米列夫有关的这些案件中，第一起案件是暴力抢劫银行案，法院未将其审前羁押，理由是：控方的主要证人 BP 先生不可信，还未作出关于该案性质的司法

---

〔1〕 Judgment of 19 September 2018 in case C-310/18 PPU, Criminal proceedings against Emil Milev.

裁决。第二起案件涉及指控为暴力抢劫而成立的犯罪组织，BP先生仍是控方的主要证人。

移交法院指出，米列夫于 2013 年 11 月 24 日至 2018 年 1 月 9 日之间被羁押，当彼时的法院认为 BP 先生的证言不可信而对其宣告无罪时，米列夫先生却未被释放。2018 年 1 月 11 日，2008 年的案件重新启动，BP 先生再作证人。同日，米列夫被捕，其向负责决定是否继续审前羁押的法院提出异议。在一审中，控方主张继续羁押，得到法庭支持，理由是：初步印象是 BP 先生的证言是可信的。二审法院维持继续羁押的裁决，理由是 BP 先生的详细证言以及证人如作伪证会承担刑事责任。移交法院认为，两级法院分别审查了 BP 先生的证言，却并未将其与其他指控证据相对照。而且，两级法院并未对米列夫的律师提出的相关意见作出回应。

移交法院指出，第一审法院在审查审前羁押是否应继续时，认为不需要对证据进行详细分析，只审查了 BP 先生的证言，一审法院还认为，基于证据价值较低的指控证据，也能够在审判前继续羁押米列夫。一审法院非常简略地评估、审查了证人证言，认为证据"虽然简略……支持了被追诉人应被指控的主张……并且没有其他反驳证据"。第二审法院认为，根据保加利亚法律，对案卷中的陈述和证据应予以非常笼统而不是深入的审查，在这种情况下，只要足以发现存在米列夫参与了有关刑事犯罪的怀疑和一般的可能性就足够了。移交法院注意到，被告人的律师提出 BP 先生的陈述有偏见、缺乏可信度，但是二审法院在对抗式诉讼程序中对此并未进行审查，而且，法院也未对这些主张作出裁决。米列夫向移交法院提起诉讼，请求重新审查对其审前羁押的合法性。

移交法院指出，米列夫认为，对于保加利亚国内法中的规定，即满足"合理根据"标准、怀疑被追诉人犯有刑事犯罪是予以羁押和继续羁押的前提，必须根据欧洲人权法院 1990 年 8 月 30 日在福克斯、坎贝尔和哈特雷诉英国一案（Fox，Campbell and Hartley v. The United Kingdom）[1]的判决进行解释。米列夫认为该标准要求存在可令客观的观察者相信有关人员可能犯下有关罪行的客观证据，据此，米列夫还对 BP 作为证人缺乏可信度提出了具体的主张，其律师也提出了许多要求，要求收集证据以确定 BP 证言的可信度。法院认为，保加利亚关于"合理根据"的新判例已经发展，无论是在审前阶段还是在审判阶段，法院必须在具有"初步证据"之后方可作出裁决，而不要求对证据作详细了解。

移交法院认为，关于是否应予以继续审前羁押的决定，属于"程序性的初步决定"，在《无罪推定指令》第 4 条第 1 款的含义之内，但也显示了第 1 款第 1 句关于"有罪判决"的某些特征。因此，移交法院也不确定对主要指控证据的审查范围，以及在多大程度上必须对被追诉人依据《无罪推定指令》第 10 条以及《欧盟基本权利宪章》第 47 条第 1 款提出的主张作出明确、具体的答复。最后，还需要确定的是，关于《无罪推定指令》说明部分第 16 段是否表明程序性的初步决定"可能包含提及"指控证据意味着，该证据可能是法庭上对抗辩论的对象，还是说后者可能只是提到该证据？

在这种情况下，保加利亚特别刑事法院决定中止诉讼，并将以下问题转交欧洲人权法院作出预审裁决：①在被追诉人被

---

〔1〕　Fox，Campbell and Hartley v. The United Kingdom，Appl. No. 12244/86；12245/86；12383/86），Council of Europe：European Court of Human Rights，30 August 1990，available at https：//www. refworld. org/cases，ECHR，3ae6b6f90. html，last visited on 2020 - 9 - 20.

逮捕 4 个月后，继续采取该强制措施应具备 "合理根据"，这一国内判例被理解为仅仅是 "初步" 认定被追诉人可能犯下相关的刑事犯罪，是否与《无罪推定指令》第 3 条、第 4 条第 1 款第 2 句、第 16 段第 4 句和第 5 句、第 48 段及《欧盟基本权利宪章》第 47、48 条相符？或者如果不符合，那么是否国内判例法上的 "合理根据" 意味着被追诉人有很大的可能性犯有刑事犯罪，才与以上规定相符？②法院在决定是否改变审前羁押的强制措施时，必须说明其作出裁决的理由，而不需要比较指控证据和辩护证据，即便辩护律师已就此提出主张，而限制法官比较证据的唯一理由是，法官必须对分配给他进行实质审查的案件保持中立公正。——这样的判例法是否与《无罪推定指令》第 10 条、第 4 条第 1 款第 2 句、第 16 段第 4 句和第 5 句、第 48 段、《欧盟基本权利宪章》第 47 条相符？或者，如果不符合，那么，法院依据国内判例法，对证据进行更详尽而具体的审查并对律师提出的主张给予明确的答复，即使因此冒着风险不能本着实质审查之目的令其再审查案件或者对是否有罪作出最后的裁决，这意味着另一名法官将对案件进行实质审查，这样的判例法符合以上规定吗？

移交法院依据《法院程序规则》第 107 条规定的紧急预审裁决程序请求欧洲人权法院启动紧急预审裁决程序，事实方面的根据是米列夫先生目前已被还押并且根据法院的答复，法院将会裁定延长审前羁押为合法。

欧洲人权法院认为，首先，本案预审裁决涉及对《无罪推定指令》的解释，属于《欧盟条约》第三部分第五章关于自由、安全与公正领域，因此可以在紧急预审裁决程序之下进行审理。其次，关于紧急程度的标准，根据判例法，有必要考虑到主要程序参与人目前被剥夺自由以及是否继续羁押取决于主要程序争端的结果。[1]在本案中，从移交法院提供的信息来看，米列夫被剥夺自由，以及关于其是否可以继续被羁押的问题取决于法院的裁决，欧洲人权法院对移交问题的答复可能导致其立即释放。[2]在这种情况下，欧洲人权法院第一法庭于2018年6月5日根据法官兼报告员的提议，在听取了总检察长的意见后，决定准许移交法院的请求，适用紧急预审裁决程序。

在对所提出的问题进行审议时，欧洲人权法院认为，移交法院所提出的问题在本质上是在询问《无罪推定指令》第10条、第3条、第4条第1款、第16段、第48段以及《欧盟基本权利宪章》第47、48段是否必须被解释为：如果一国国内法院为了立法之目的，裁决是否有"合理根据"确信某人犯有刑事犯罪，并将其作为对某人继续审前羁押的先决条件，该法院应审查初步、表面上某人确实犯下罪还是应审查某人有很大可能犯下罪。另外，移交法院不确定是否必须将这些规定解释为：一国法院对变更审前羁押的请求作出裁决的，在陈述其裁决理由时，是对指控证据和辩护证据不予比较，还是应对证据进行更细致的审查并对被羁押人提出的主张作出明确回应。

欧洲人权法院认为，首先，应指出的是，《无罪推定指令》第2条规定，该文件适用于刑事诉讼中作为自然人的嫌疑人或者被告人，适用于刑事诉讼的所有阶段，从被怀疑或被指控犯有所谓的刑事罪行的那一刻起，到最终确定其是否犯有有关刑事罪行的判决确定时为止。由于移交法院基于有"合理根据"相信其已犯罪，必须对针对米列夫的刑事诉讼审前羁押的合法

---

〔1〕 Judgment of 28 July 2016, JZ, C 294/16 PPU, EU：C：2016：610, paragraph 29 and the case law cited.

〔2〕 Judgment of 22 December 2017, Ardic, C 571/17 PPU, EU：C：2017：1026, paragraph 59.

性作出裁决，因此，米列夫的案件和有关其国内法上的程序适用《无罪推定指令》。但是，从移交命令中并不能明显看出，主要诉讼程序中的案件是否存在《无罪推定指令》第10条第1款规定的有效救济，或者该文件第10条第2款所规定的内容，后者与本案中法院所寻求的答复无关。

欧洲人权法院认为，关于移交法院提到的《无罪推定指令》的其他规定，应注意的是，其第3条规定成员国应确保嫌疑人和被告人被推定无辜直到依法证明有罪。在这方面，《无罪推定指令》第4条第1款规定，成员国应采取必要措施，以确保只要没有依法证明嫌疑人或者被告人有罪，除了有罪判决之外的司法裁决不得称其有罪，这不影响司法机关根据怀疑或者指控证据作出程序性的审前裁决。

欧洲人权法院在其判决第44段及以下指出：

44. 对这款规定必须根据《无罪推定指令》说明部分第16段予以解读，遵守无罪推定不应影响审前羁押的决定，但前提是该决定不称嫌疑人或者被追诉人有罪。此外，在作出程序性预审决定之前，司法机关可能首先必须核实是否有足够的指控证据来证明有关裁决的正当性，该裁决中可能会提到该证据。

45. 而且，应当注意的是《无罪推定指令》的目的，从第1条及其引言第9段中可以清楚看出，它是对审判中的无罪推定以及出庭权的某些方面规定了共同的最低限度规则。

46. 此外，根据《无罪推定指令》引言第10段，其仅就保护嫌疑人和被追诉人的程序权制定共同的最低限度规则，以加强成员国对彼此刑事司法系统和组织的信任，从而促进对刑事案件裁判的相互承认。

47. 因此，鉴于《无罪推定指令》追求的是最低限度的统一，其不能被解释为旨在完整、详尽地规定所有审前羁押裁决条件的文件。

48. 从以上内容可见，在刑事诉讼中，《无罪推定指令》尤其是第3条和第4条第1款，并不禁止作出具有程序性质的初步裁决，例如，司法机关根据怀疑或者指控证据作出应继续予以审前羁押的决定，但前提是：该决定没有将在押人员称为有罪。此外，就其提出的问题而言，移交法院试图确定在什么情况下可以作出审前羁押的决定，特别是对以下问题存在疑问：关于某人有犯罪行为的确定性程度，关于审查各种形式的证据的规则，以及为回应所提出的辩护意见而必须提供的说理的程度，诸如此类问题不受《无罪推定指令》的管辖，而仅属于一国国内法的效力范围内。

49. 因此，对提交预审裁决的答复必然是：《无罪推定指令》第3条和第4条第1款必须被解释为：它们不影响作出程序性的初步决定，例如司法机关基于怀疑或者指控证据作出的应继续予以审前羁押的决定。但前提是此类决定不将在押人称为有罪。然而，《无罪推定指令》并不规定在何种情况下可以作出审前羁押的决定。

笔者认为，欧盟国家成员众多，由于历史原因，各国法治发展状况并不平衡，甚至可以说差距较大，为了兼顾各国法治现状，《无罪推定指令》设置的是最低标准，仅保护嫌疑人和被告人最低限度的程序权利，仅在最低限度上要求成员国对于无罪推定达成统一理解和适用，以增进互信互认。从米列夫案来看，到该案判决时为止，《无罪推定指令》的这些规定并不影响国内法上规定的审前羁押条件，不干涉法院作出审前羁押决定所依据的国内法上的证据规则和程序规定，只要相关的决定不将被羁押人称为有罪。

四、无罪推定与定罪认罪数据

本部分以英国的实践数据作为分析样本，从其实践中探讨无罪推定与认罪之间的关系。由于样本来源只有这样一个国家，有些结论可能仍然值得持续验证。

（一）无罪推定下很难达到高定罪率

在无罪推定之下，如果被告人不认罪，定罪率一般不会高，英国政府发布的 2006 年陪审团审判数据中，各类罪行的定罪率无一高过 80%。笔者观察到 2017 年英格兰与威尔士的定罪率显著高于 2006 年陪审团审判数据。英国总体定罪率及对成年人的定罪率在近年来呈现出由低升高的趋势，而对未成年人的定罪率由高降低。

表 1　2009—2017 年英格兰与威尔士区分种族的定罪率（单位：%）

年　份	亚　裔	非　裔	混　合	其他含华裔	白　人
2009	71.8	72.7	71.1	74.0	78.7
2010	76.4	76.0	75.3	81.9	81.3
2011	78.1	78.6	77.4	81.1	82.8
2012	78.3	79.1	78.4	82.8	84.0
2013	73.4	76.1	75.7	82.0	81.5
2014	74.3	76.7	75.8	79.8	81.6
2015	77.6	79.6	77.4	84.4	84.3
2016	80.5	80.6	81.2	81.3	86.0
2017	80.3	78.7	79.0	81.1	85.3

　　根据英国政府 2018 年公布、2020 年更新的起诉与定罪数据，[1] 在英格兰和威尔士，自 2009 年至 2017 年，被起诉的被告人与最终被定罪的被告人之间的比例从 79.8%上升至 83.7%。在 2017 年，白人被告人定罪率最高，达 85.3%，包括华裔在内的其他种族为 81.1%，亚裔为 80.3%，非裔为 78.7%，混合裔为 79%，成年人中非裔定罪率最低，为 80.1%。2009—2017 年英格兰与威尔士区分种族的定罪率可见上表 1。

　　在 2017 年，在各种族的各种罪行中，亚裔刑事毁坏/放火类犯罪定罪率最低，为 49.6%；白人公共秩序类案件定罪率最高，为 97.4%。综合看来，性犯罪平均定罪率最低，最高的白人为 64.8%，最低的亚裔为 52.2%；公共秩序类犯罪平均定罪率最高，其中对白人定罪率高达 97.4%，对含华裔的其他种族定罪率最低，为 87.3%。毒品类犯罪和欺诈类犯罪的定罪率也较高。在毒品类犯罪中，93.0%白人被告人被判有罪，混合种族为 86.6%，包括华裔在内的其他种族为 85.5%。2017 年区分犯罪类型、区分种族的定罪率可见下表 2。

表 2　2017 年英格兰与威尔士区分犯罪类型与种族的定罪率 （单位:%）

犯罪类型	亚裔	非裔	混合	其他含华裔	白人
刑事毁坏/放火	49.6	62.5	62.7	68.2	76.1
毒品	90.1	87.7	86.8	85.5	93.0
欺诈	86.2	85.8	92.4	86.7	90.8
反社会轻罪	81.2	75.0	73.5	87.7	77.9
持武器	83.7	80.5	80.0	78.2	82.5

----

　　[1]　Prosecutions and convictions, Ministry of Justice, published 10 October 2018, last updated 15 September 2020.

续表

犯罪类型	亚 裔	非 裔	混 合	其他含华裔	白 人
公共秩序	94.7	87.9	92.4	87.3	97.4
抢　劫	65.0	59.8	57.3	72.9	72.4
性	52.2	52.5	54.9	60.9	64.8
盗　窃	87.2	82.0	84.9	86.8	89.3
人身暴力	63.9	61.4	65.3	65.3	76.9

　　自 2009 年至 2017 年,在明确了被告人种族归属的案件中,未成年人的定罪率从 78.7% 降至 72.7%。自 2009 年至 2017 年,白人未成年人定罪率从 78.7% 降至 72.1%,仍高于其他种族。相关数据的年度变化可见下表 2009 年至 2017 年英格兰与威尔士未成年人案件定罪率(可见下表 3)。

表 3　2009—2017 年英格兰与威尔士未成年人案件定罪率 (单位:%)

年　份	亚 裔	非 裔	混 合	其他含华裔	白 人
2009	70.4	71.1	71.9	69.6	78.7
2010	71.4	68.9	71.7	72.5	77.4
2011	73.1	71.0	73.9	71.5	77.7
2012	75.0	72.3	72.0	75.9	76.8
2013	69.6	70.2	68.2	70.7	73.6
2014	70.1	69.3	68.6	64.7	71.7
2015	72.8	70.3	68.3	78.2	72.1
2016	73.4	69.2	71.3	71.1	72.3
2017	68.8	69.5	69.1	67.3	72.1

2017 年，从年龄看，成年人定罪率为 84%，未成年人的定罪率为 71%，对未成年人的定罪率比成年人低 13%。在未成年人中包括华裔在内的其他种族定罪率最低，为 67.3%，在青年人中混合裔的定罪率最低，为 77.2%（可见下表 4）。

表 4　2017 年英格兰与威尔士区分成年人、未成年人、
青年人的定罪率（单位：%）

类　型	亚　裔	非　裔	混　合	其他含华裔	白　人
成年人	81.2	80.1	81.2	82.2	86.2
未成年人	68.8	69.5	69.1	67.3	72.1
青年人	80.2	79.0	77.2	82.4	83.4

（二）定罪率与认罪率的关系

根据英国司法部发布的数据，[1] 2019 年第一季度，在刑事法院，约有 66% 的被告人对所有指控罪名认罪，自 2014 年四年以来认罪比例保持稳定。其中绝大部分被告人对所有罪名认罪，但是性犯罪被告人认罪比例显著低于其他犯罪，2019 年第一季度为 41%。盗窃和毒品犯罪的认罪率最高，为 79%。认罪率数据参见下图 2019 年第一季度英格兰与威尔士刑事法院区分犯罪类型的认罪率。

---

〔1〕 Criminal Court Statistics Quarterly, England and Wales, January to March 2019, Ministry of Justice, Published 27 June 2019.

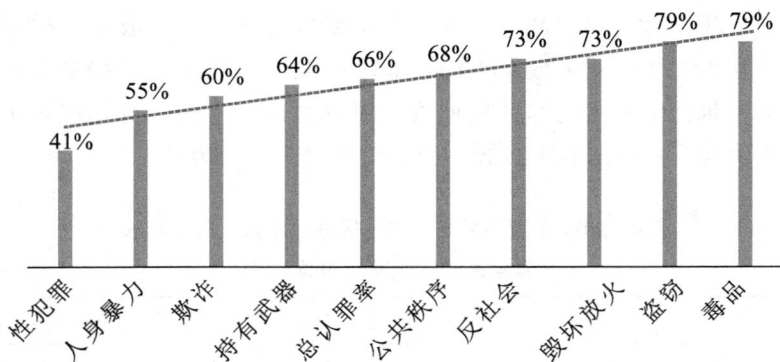

图 1   2019 年第一季度英格兰与威尔士刑事法院区分犯罪类型的认罪率

英国刑事法院的案件数量近年来有所下降，案件庭审排期时间缩短。根据英国司法部 2019 年 6 月发布的数据，自 2014 年至 2019 年，刑事法院的案件数量呈现显著下降趋势，2019 年第一季度治安法院的案件数量也比 2018 年同期下降。刑事法院 2019 年第一季度开庭前的等待时间中位数为 6.1 周，比上年同期的 7.3 周快了一周，比 2015 年第二季度的 13 周等待时间减半。2019 年第一季度，刑事案件自进入治安法院至刑事法院诉讼终结平均时间为 178 天。自 2003 年至 2018 年，陪审团审判终止的比例一直稳定在 37%~39% 左右。2019 年第一季度超过一半（59%）的终止审判是由于法庭接受了被告人认罪，被告人要么认罪较晚，要么对其他罪名认罪。

认罪案件不仅确实节约庭审时间，而且排期快，等待庭审时间短，快办快判，从而节省了司法资源。关于庭审时间的长短，2019 年第一季度刑事法院的平均庭审时间约 1.5 小时，不认罪案件的庭审时间约为认罪案件的 8 倍，平均约为 8.6 小时，多出的庭审时间花在因被告人行使无罪推定的权利，需要控方承担证明责任，让法庭排除合理怀疑地作出定罪裁决上；不认罪的欺诈案件平均庭审时间为 14.4 小时，首次超过性侵案件的 13.3 小时，分列时长前两位。性侵案件的庭审平均时长一直为 12~14 小时，曾长期位列庭审时长首位。关于等待庭审的时间，2019 年第一季度，不认罪案件等待庭审时间为 24.7 周，认罪案件为 5.4 周，二者差别高达 5 倍；欺诈案件等待庭审时间长达 24.5 周，超过性侵案件的 22.7 周。须知 2018 年第三季度性侵案件的等待庭审时间一度长达 25.9 周。性侵案件等待安排庭审的时间长、庭审时间也长，一般被认为是由于定罪率低。笔者也赞同这一观点。性侵案件非常复杂，定罪难、定罪率低，各方准备工作多、准备时间久，导致案件提交法院后，在案件排期上往后安排，等待庭审的时间长，笔者认为，这也体现了无罪推定的要求。

在笔者看来，英国性侵案总体上定罪率最低，各族裔低至 52.2%~64.8%，认罪率也最低，低至 41%。在性侵案件中，由于存在定罪率低的诱惑，被告人认罪动力不像其他定罪率高的案件那么强。由此似乎能够得出以下结论：定罪率低的案件，认罪率也会相应降低，被告人认罪动力下降。但是实际上，性侵案件定罪率低与案件性质有关，性侵发生在隐秘场合，私密性强，发现难、取证难，被害人受到被害人有罪论的迫害与压力，被害人陈述容易出现反复，多种原因造成性侵案件在法庭上难以排除合理怀疑，导致定罪率低的现实。究竟定罪率与认罪率关系如何，值得进一步研究。例如，定罪率第二低、第三低的抢劫罪、刑事毁坏放火罪却有较高的认罪率，为 73%，仅次于毒品罪和盗窃罪的 79% 认罪率，2019 年抢劫罪的认罪率甚至高于 2017 年的定罪率。参见下表"2017 年英格兰与威尔士区分犯罪类型与种族的定罪率与 2019 年第一季度认罪率"。

表 5　2017 年英格兰与威尔士区分犯罪类型与种族的
定罪率与 2019 年第一季度认罪率（单位：%）

犯罪类型	亚　裔	非　裔	混　合	其他含华裔	白　人	认罪率
刑事毁坏/放火	49.6	62.5	62.7	68.2	76.1	73
毒　品	90.1	87.7	86.8	85.5	93.0	79
欺　诈	86.2	85.8	92.4	86.7	90.8	60
反社会轻罪	81.2	75.0	73.5	87.7	77.9	71
持武器	83.7	80.5	80.0	78.2	82.5	64
公共秩序	94.7	87.9	92.4	87.3	97.4	68
抢　劫	65.0	59.8	57.3	72.9	72.4	73
性	52.2	52.5	54.9	60.9	64.8	41
盗　窃	87.2	82.0	84.9	86.8	89.3	79
人身暴力	63.9	61.4	65.3	65.3	76.9	55

　　但是，英国的认罪案件和认罪数据也有其特殊性。英国的认罪案件与美国有所区别，美国的认罪案件有几种：一种是被告人自己认罪，没有和检察官辩诉交易或者没有达成协议；一种是和检察官达成协议，通过辩诉交易认罪，控辩双方协商空间大。在英国的有些认罪案件中，被告人所能够取得的宽大与轻罚比例由其检察政策明确规定，量刑折扣清楚明确，控辩谈判空间受到限制。

第二节　认罪自愿性的权利义务与救济

　　本节建立在预设了无罪推定和自愿性之间关系的基础上，即无罪推定是认罪认罚自愿性的前提和基础。这一论断来自笔者前期研究,[1]在此不再赘述。笔者认为，必须对自愿性予以强制性的规定及强制性的保障，没有自愿性就意味着权利没有得到保障或者救济，就不能定罪。

由于美国辩诉交易已有较多经验教训，本节的许多内容以美国为例。美国辩诉交易是以无罪推定和有效辩护为基础建立自愿性，在案件中提出自愿性相关的问题，在判例中作出回应。美国辩诉交易长期以来受到严厉的批评，其中一个重要的原因就是由于其刑事司法对自愿性的保障令人疑虑，自愿性不能保障的认罪就是司法不公。须知，美国辩诉交易是建立在无罪推定、陪审团审判、控方证明责任、排除合理怀疑、有效辩护权、可采性证据、逮捕搜查的令状先行、保释权等权利保障制度基础上的，警方检方会见时被告人有权让律师在场，没有辩护律师就不得判处监禁刑，证据排除不仅基于合法性而且基于社会政策和伦理等。其理论界的部分学者仍然对其公正性忧心忡忡。

一、美国法院认定认罪自愿性具有决定性

从美国法院的实践来看，其对自愿性在认罪案件中的作用的认识非常明确，自愿认罪是辩诉交易案件中法庭对被告人定罪的基础。在被告人当庭认罪，法庭审查确认其认罪自愿性及事实基础之后，接下来的法庭审判不再适用以可采证据排除合理怀疑地证明被告人有罪的陪审团审判等程序。在法庭充分保障被告人认罪自愿性，充分告知其认罪法律后果的前提下，被告人在法庭当庭认罪，一经法庭接受，就此放弃了无罪推定之

---

〔1〕　祁建建：《无罪推定、排除合理怀疑与自愿性——对认罪认罚案件和普通程序庭审定罪正当性来源的思考》，载《人民检察》2018年第2期。

下的程序权利。

以《美国联邦刑事诉讼规则》第 11 条为例，其要求法官在接受有罪答辩之前，"必须在公开的法庭上亲自告诉被告人"，告知被告人定罪后可能判处的刑罚以及《美国联邦量刑指南》对法院最后量刑决定的潜在影响。法官必须确认被告人认罪是自愿的。《美国联邦刑事诉讼规则》第 11(e)(2)条明确规定，如果控辩双方之间有辩诉协议，被告人认罪时必须在公开的法庭上公开辩诉协议（如果有正当理由，可以秘密进行）。根据《美国联邦刑事诉讼规则》第 11(e)(1)条的规定，被告人可以通过认罪或者既不认罪也不申辩答辩换取检察官的让步。《美国联邦刑事诉讼规则》第 11(e)(3)条和第 11(e)(4)条规定法院可以接受或者拒绝辩诉协议或可以不作修改。而且《美国联邦刑事诉讼规则》第 11(e)(1)(c)条明确规定法庭"不得参与任何辩诉协商"。毫无疑问，《美国联邦刑事诉讼规则》第 11 条所规定的法官的任务是辩诉协商程序的独立审查人。确实，如果法官超越独立的界限去参加辩诉协商，被告人上诉获胜机会很大。[1]

理解《美国联邦刑事诉讼规则》第 11 条必须考虑《美国联邦量刑指南》的背景。美国在 1984 年《量刑改革法》[2]之下通过了《美国联邦量刑指南》，《美国联邦量刑指南》明确认可辩诉交易程序的合法性，严格限制此前存在的司法量刑裁量权范围。本质上，《美国联邦量刑指南》执行的是一个确定刑体制，

---

[1] Pan, Jason and Matthew G. Kaiser, "Thirtieth Annual Review of Criminal Procedure: Guilty Pleas", 89 *Georgetown Law Journal* 2001, pp. 1384 - 1437. United States v. Casallas, 59 F. 3d 1173 (11th Cir. 1995); United States v. Rodriguez, 197 F. 3d 156 (5th Cir. 1999); North Dakotav. Dimmitt , 665 N. W. 2d (N. D. Sup. Ct. 2003).

[2] Sentencing Reform Act, 18U. S. C. (1984).

"法官可以在一个有限范围的监禁刑期内量刑"[1]。法官只有在其有"合法的充分理由"时方可超越这一范围，上诉法院有权复审。[2] 就此而言，格外引人注意的是《美国联邦量刑指南》表明，希望法官积极调查检方提出的指控罪名是否公平地体现了案件中"实际发生了什么"。[3]

《美国联邦刑事诉讼规则》第11条在联邦法院系统建立了一个行之有效的、对辩诉交易进行独立司法审查的模板。

法院在认罪案件中居于关键地位，其享有审判权威，即使在美国辩诉交易联邦刑事诉讼规则C类协议之下，法官一旦接受协议就受到其中量刑条款的限制，但是否接受协议也仍是法官的独立裁量权范围之内的职权。法院还有审查事实基础的职责，有确保有效辩护权实现的职责，有确保自愿性的职责，这些职责都是无罪推定的要求。法院在认罪案件中的地位至关重要，认罪案件中的审判权担负着确保司法公正和维护被追诉人权利的职责，意义特别重大。尤其是法院通过确认和发展辩诉交易中的有效辩护权在认罪自愿性和定罪公正性中的关键地位，强调充分维护被告人认罪自愿性。笔者选取了具有代表性的判例，力图揭示美国法院对自愿性重要地位的认识及其保障的历

---

[1] Karle, Theresa W. and Thomas Sager, "Are the Federal Sentencing Guidelines Meeting Congressional Goals? An Empirical and Case Law Analysis", 40 *Emory Law Journal* 1991, pp. 393-444.

[2] Karle, Theresa W. and Thomas Sager, "Are the Federal Sentencing Guidelines Meeting Congressional Goals? An Empirical and Case Law Analysis", 40 *Emory Law Journal* 1991, pp. 393-444; Herman, G. Nicholas, *Plea Bargaining*, Lexis Law Publishing, 1997, p. 78.

[3] Ahmed E. Taha, "The Equilibrium Effect of Legal Rule Changes: Are the Federal Sentencing Guidelines Being Circumvented?", 21 *International Review of Law and Economics* 2001, pp. 251-269; Dick, John M., "Allowing Sentence Bargains to Fall Outside of the Guidelines without Valid Departures", 48 *Hastings Law Journal* 1997, pp. 1017-1057.

史沿革与发展。

(一) 1883 年: 基于自愿的有罪答辩经法庭接受后不可撤回

在 1883 年纽约南区巡回法院判决的美国诉贝傲德案 (United States v. Bayaud) 中, 被告人请求允许其撤回有罪答辩或者推迟量刑, 理由是被告人受检察官许诺的引诱作出了有罪答辩, 但检察官对被告人作出的许诺没有兑现。检察官发誓从来没有直接或者间接通过律师或者任何人邀请被告人作有罪答辩, 也没有建议、承诺或者引诱, 是律师向检察官提出了有罪答辩的建议。在案件开庭审判日前, 检察官准备了很多证人。被告人请求有罪答辩, 获得许可后正式提出有罪答辩。被告人从一开始就有律师, 被告人的这些诉讼行为是在理智而忠诚的律师的建议之下采取的。被告人作有罪答辩是基于相信他们能和华盛顿国税部达成和解, 但是没有证据表明检察官怂恿这个信念。检察官认为允许被告人撤回有罪答辩不是法庭的职责, 坚决反对法庭允许被告人撤回有罪答辩。检察官提出的理由是: 检察官虽然没有履行辩诉协议, 没有撤销对另外两项罪名的起诉, 但如果有罪答辩维持有效, 检察官愿意撤诉; 如果是由于检察官没有兑现自己的话, 法院管理和控制刑事起诉的职权足以强制驳回这两项起诉。[1]

"法院对有罪答辩的惯例是, 如果有合理根据相信有罪答辩是威胁或胁迫的结果或者是来自软弱、恐惧、无知的结果, 那么法院就永远不会接受这种有罪答辩。"[2] "但是还没有判例被引证或者被发现, 法院可以行使裁量权允许在本案情况下作出的有罪答辩予以撤回。本案中被告人是理智的人, 被起诉税务

---

〔1〕 United States v. Bayaud, 23 F. 721 (1883).

〔2〕 United States v. Bayaud, 23 F. 721 (1883).

诈骗，完全理解起诉罪名的性质，完全理解其有罪答辩的含义和后果。他们慎重地作出有罪答辩，理解如果其没有和国税部达成和解就会被判处刑罚；并且他们是在理智而忠诚的律师的建议下作出的有罪答辩，现在律师也没有主张他们或者被告人有错或者理解有误。"[1]"当被告人作出有罪答辩之时，面对的是彼时充分准备进行审判的检察官和一大群来自远方、花费不菲的出庭证人，但是检察官并未向被告人施加威胁、胁迫或者影响。相反，是被告人提议走有罪答辩程序。通过供述其罪行并以有罪答辩的形式将供述记录在案，被告人引诱检察官同意撤销其他指控罪名，并给其机会敦促国税部达成和解妥协。现在检察官同意了他们的提议，他们又主张撤回供述的权利，逼得控方重新召集证人并证明他们有罪。如果允许诉讼这样进行，在我看来，就是允许滥用法律。检察官许诺对其他罪名撤诉没有不恰当之处，其许诺也没有对有罪答辩构成引诱，法庭不能因此拒绝接受有罪答辩；如果当初法庭拒绝了他们提出的有罪答辩，对起诉罪名进行陪审团审判，被告人撤回供述就有了正当理由。如果当初接受有罪答辩是法庭的职责，那么现在不允许其撤回有罪答辩也是法庭的职责，证人已经四散，控方证明其指控的能力已经被削弱了。检察官对被告人没有不当的影响，检察官承诺延期进行量刑，以便被告人有机会与国税部达成和解。……法律允许这类罪行和解，……像本案这样作出的有罪答辩，这在性质上远远不是法庭允许撤回的正当理由。因此，我判决，被告人没有撤回有罪答辩的正当理由。至于其他的申请，也即进一步延期量刑以便被告人再一次努力与国税部达成和解，国税部已正式通知不再接受和解的申请，表明再延期也

---

〔1〕　United States v. Bayaud, 23 F. 721 (1883).

是无用。据此，驳回被告人的申请。"〔1〕

可见，早在一百多年以前的美国联邦最高法院判例中，就对认罪的自愿性十分审慎，至少从三个角度审查被告人认罪的自愿性。一是从被告人的角度，看其认罪是否出于受威胁、胁迫、不当影响或者出于软弱、恐惧、无知；二是审查被告人是否有理智、忠实的律师为其辩护；三是审查检察官是否威胁、胁迫、引诱了被告人，是否对被告人施加了不当影响，致使其认罪。联邦最高法院经过如上审查，认定被告人认罪是自愿的，原审法院对自愿认罪予以接受后，认罪不可撤回。

（二）1927 年：合适律师帮助下自愿有罪答辩就是对自己的有罪判决

1927 年美国联邦最高法院就曾在判决中认为只要被告人的有罪答辩是在合适的律师帮助下自愿作出、理解认罪的后果，就是对自己的有罪判决，法院只要据以作出判决书和量刑就行了，不用再做别的。"有罪答辩在目的和效果上都和纯粹的承认或者法庭外供述不一样；有罪答辩本身是一个有罪判决。像陪审团的有罪裁定一样，有罪答辩是确定性的、结论性的、最终的。没有更多要求；法庭只需要写有罪判决和量刑。出于对被追诉人公正的考虑，法院很谨慎：法院不应当采纳有罪答辩，除非被告人是在获得合适的律师咨询建议并且完全理解后果后自愿作出。当一个人这样答辩时，答辩对他是有约束力的。但是，如果及时提出申请，表明有罪答辩是不公正地获得的或者由于无知、恐惧或者疏忽大意，法院会撤销有罪答辩。这一申请并不涉及有罪或者无辜。法院会行使裁量权许可被指控人提出无罪答辩、享受审判权，如果有理由认为该许可是公

---

〔1〕 United States v. Bayaud, 23 F. 721 (1883).

平、公正的。"[1]

在这一时期，联邦最高法院明确表达了有罪答辩及自愿性的重要地位在于，自愿的有罪答辩就是被告人对自己的有罪判决，其具有确定性、结论性、最终性。法院对自愿性的审查认定，主要有以下方面，一是被告人是否有合适的律师为其提供咨询建议；二是被告人是否完全理解有罪答辩的后果；三是被告人认罪是否为不公正获得的或者出于无知、恐惧、疏忽大意。如果认罪不自愿，那么被告人及时向法院申请撤回认罪的，法院会撤销有罪答辩，准许无罪答辩。被告人撤回认罪的申请纯属对其不自愿认罪的救济途径，不涉及其是否真的有罪或者是否确实无辜的问题。完全不应因被告人认罪后反悔而在后续的审判中作出对被告人不利的推论，否则就违反了无罪推定。

（三）1970 年以来：律师有效辩护权是自愿性的重要保障和认罪后救济渠道之一

关于律师帮助是认罪自愿性的重要保障和认罪后救济渠道的详细论述，可参见笔者所著《论有效辩护权》一书，在此仅作简述。美国联邦最高法院于 1970 年通过布雷迪诉美国一案（Brady v. U. S.，以下简称"布雷迪案"）确立了辩诉交易必须自愿、明知、理智的三原则，[2]确立了辩诉交易的宪法基础，使其合法化。当时与布雷迪案类似的案件还有帕克案（Parker v. North Carolina）和麦克曼诉理查德森案（McMann v. Richardson，以下简称"麦克曼案"），三案被称为"布雷迪三部曲"或者"有罪答辩三部曲"。[3]其中，联邦最高法院在麦克曼案中确立

---

〔1〕　Kercheval v. United States, 274 U. S. 220, 224, 225（1927）.

〔2〕　See Brady v. U. S. , 397 U. S. 742（1970）.

〔3〕　See Brady v. United States, 397 U. S. 742（1970）, McMann v. Richardson, 397 U. S. 759（1970）, Parker v. North Carolina, 397 U. S. 790（1970）.

了有罪答辩中有效辩护的判断标准，即要求律师称职。1973 年，在托利特诉亨德森案（Tollett v. Henderson，以下简称"托利特案"）中再次申明"有罪答辩三部曲"确立的原则：有罪答辩代表了刑事程序中事件链的中断；当刑事被告人在公开的法庭上认罪之后，其对此前被剥夺的宪法权利，不得再提出独立的主张，只能以律师辩护不符合麦克曼标准[1]为由，对有罪答辩的自愿性和理智提出异议。[2] 1985 年，联邦最高法院将 1984 年史崔克兰诉华盛顿案（Strickland v. Washington，以下简称"史崔克兰案"）确立的无效辩护两步法标准用在有罪答辩案件中。作为有效辩护权受侵害的判断和识别标准，经无效辩护两步法标准验证为无效辩护案件的，法院启动救济被告人有效辩护权的程序，如发回重审。2010 年，在帕迪拉案（Padilla v. Kentuck）中，联邦最高法院要求辩护律师必须提示被告人移民法上的风险，否则就是不尽职，可能造成无效辩护导致判决被推翻。2012 年，在福来伊案（Missouri v. Frye）和库珀案（Lafler v. Cooper）中，联邦最高法院对辩护律师提出了新的要求，要求律师向被告人正确解释法律、尽职沟通检察官提出的辩诉交易提议，否则就可能是无效辩护导致判决被推翻。值得注意的是，福来伊和库珀经过法官法庭或者陪审团审判被定罪，判决仍被推翻，案件发回重审。更引人注目的是，福来伊在原审开庭前又犯新罪，即使发回重审，也未必有更好的结果。[3] 因此，联邦最高法院

---

〔1〕 麦克曼标准是早期的有效辩护权判断标准，将有效辩护定位为律师称职，将被告人权利与律师称职、被告人权利与律师错误、律师错误与律师称职相割裂。律师的错误并不意味着律师不称职。参见祁建建：《美国辩诉交易中的有效辩护权》，载《比较法研究》2015 年第 6 期。

〔2〕 See Tollett v. Henderson, 411 U. S. 268 (1973).

〔3〕 祁建建：《美国辩诉交易中的有效辩护权》，载《比较法研究》2015 年第 6 期。

五十年来的系列判例，为了维护被告人在辩诉交易中认罪的自愿性，不断提高辩护律师向被告人提供的法律帮助的要求，扩大律师法律帮助的义务范围，在律师履行辩护义务和诉讼结果、诉讼程序之间建立联系，对律师法律帮助权未获得充分保障的被告人进行识别，予以救济，从而确立认罪案件判决有罪的公正性，维护司法权威。

二、美国检察官选择性与报复性起诉影响认罪自愿性

美国检察官的起诉裁量权是其与被告人进行辩诉交易的制度基础。选择性起诉与报复性起诉是妨碍认罪案件司法公正的重要因素，值得深入研究和进一步探讨。

（一）不起诉与选择性起诉对认罪自愿性的影响

近年来美国对检察官自由裁量权的研究范围有所变化，以前人们关注检察官起诉条件、起诉哪些案件，现在越来越多地关注检察官对哪些案件不起诉，对于检察官不起诉裁量权的范围提出了疑问。在某种程度上，这样的问题似乎很容易回答。不符合起诉条件的案件就不起诉。但是，现实中检察官权衡案件的具体因素是复杂的，包括定罪的社会价值、控方投入的时间和费用、检察官自身的正义感、有罪判决的可能性等。

关于哪些案件应予起诉，依据《美国法典》第 28 编第 547 条第 1 款，检察官有对所在辖区内的犯罪提起诉讼的法定职责；美国司法部 2020 年更新的《联邦检察官手册》[1]《美国联邦刑事诉讼规则》[2]及美国联邦最高法院的判例[3]要求检察官或大

---

〔1〕　9-27. 200 & 9-27. 220 of U. S. Attorneys' Manual (2020).

〔2〕　Rule 29（a）of the Federal Rules of Criminal Procedure.

〔3〕　Kaly v. United States，134 S. Ct. 1090，1097-98（2014）. 美国联邦最高法院在该案中认为大陪审团对严重犯罪起诉的必要条件是合理根据。

陪审团起诉必须有合理根据，即认为可采证据能够在审判中使陪审团排除合理怀疑地相信被告人有罪。

检察官不起诉权有其根据。1983 年由美国律师协会通过的《法律职业道德示范规则》是大多数司法辖区职业道德准则的范本，其第 3.8 条规定，"检察官在刑事诉讼中应：（a）对检察官明知没有合理根据的案件不予起诉。……"[1] 2017 年第四版《美国律师协会刑事司法标准之检察官职责与职能标准》第 3-1.2 条规定检察官的职能和职责，第 3-1.2 条第（b）款指出检察官的主要职责是在法律的范围内寻求正义，而不仅仅是定罪；检察官为公共利益服务，并应公平正直地作出判断，通过提起适当的刑事起诉，以及行使裁量权在适当情况下不起诉，以维护公共安全……[2] 美国北卡罗莱纳州地区检察官的职责由州宪法和法律规定，《北卡罗莱纳州宪法》第 4 条第 18 款要求检察官为所在地区司法人员提供咨询意见，代表州政府起诉辖区内所有刑事犯罪。2019 年《北卡罗莱纳州法大全》（North Carolina General Statutes）7A-61 要求检察官"及时起诉所有需要在地方检察官辖区的上级法院和地方法院提起诉讼的犯罪行为和违法行为"。然而，判例法清楚地表明，地区检察官在履行其职责时可以行使很大的裁量权。

鉴于检察官有裁量权决定要起诉的案件，经常有被告人质疑检察官的裁量权，认为自己的行为通常不应被起诉，但竟然被诉了。依据判例法，为了证明这种选择性起诉违反了《美国联邦宪法》的平等保护，被告人必须证明检察官是根据种族、

---

〔1〕 Rule 3.8 of Model Rules of Professional Conduct (1983).

〔2〕 Standard 3 - 1.2 of Criminal Justice Standards for the Prosecution Function (2017).

宗教等不允许的分类标准来选定被告人起诉的。[1] 如果检察官没有不正当的动机，在决定起诉哪些案件时谨慎行使裁量权，那么就不会违反《美国联邦宪法》。北卡莱罗那州上诉法院曾判决下列起诉不属于选择性起诉：如果通常会根据控方证人的申请撤销起诉，却不顾控方证人的反对，执意起诉某被告人；[2] 如果其他地区的检察官并不起诉所有符合条件的重罪惯犯情节[3]，本地区检察官却起诉所有符合条件的重罪惯犯情节；[4] 通过集中资源，实行强硬的辩诉交易政策、更严格的审前保释以及更严厉的刑罚，来大力起诉以犯罪为业者。[5] 北卡罗莱纳州上诉法院认为检察官的裁量权必须考虑成功起诉的可能性、定罪的社会价值、时间和费用、检察官的正义感等因素和具体情况。[6]

（二）报复性起诉之下的认罪属于不自愿

如果案件缺乏真实的诉讼理由或者缺乏必要的证据，检察官仅仅是由于被告人此前的诉讼而对被告人提起新的诉讼，即为报复性起诉。对于行使权利的嫌疑人与被告人，检察官可能会提起报复性起诉。认定及禁止报复性起诉并对被告人予以救济，是认罪体制需要回应的重要课题。

美国辩诉交易的发展与报复性起诉联系密切。早在 1974 年，北卡罗莱纳州起诉被告人派瑞（Perry）殴打轻罪，当派瑞

〔1〕　Oyler v. Boles, 368 U. S. 448 (1962); State v. Spicer, 299 N. C. 309 (1980); State v. Blyther, 175 N. C. App. 226 (2005).

〔2〕　State v. Spicer, 299 N. C. 309 (1980).

〔3〕　重罪惯犯是《北卡罗来纳州法大全》14-7.1 规定的，对于成年后身负三次重罪判决的，为重罪惯犯。检察官需要在起诉本案重罪之外，单独起诉重罪惯犯情节。重罪惯犯情节会导致量刑加重。

〔4〕　State v. Parks, 146 N. C. App. 568 (2001).

〔5〕　State v. Rudolph, 39 N. C. App. 293 (1979).

〔6〕　State v. Rogers, 68 N. C. App. 358, 368 (1984).

依照州法行使权利在该州高等法院重新审理该案时，北卡罗莱纳州对其同一行为再次起诉重罪。派瑞认罪，然后申请人身保护令，理由是这次起诉是违宪的报复性起诉。控方认为派瑞的辩诉交易认罪禁止其提出违宪的主张，联邦最高法院否决了控方主张，支持了被告人的主张。[1]

2018 年，美国联邦最高法院在克拉斯（Class v. United States）案中认为，被告人通过辩诉交易认罪、被定罪之后，对于定罪所依据的法规违宪的，被告人仍有权提起上诉。[2]这再次为认罪被告人对检察官的报复性起诉寻求救济打开了通路。

2019 年美国联邦最高法院又审理了沃尔夫案（Wolfe v. Virginia）。沃尔夫因雇凶手巴伯（Barber）杀人，于 2002 年被定罪并判处死刑。2011 年，联邦地方法院法官雷蒙德·A. 杰克逊（Raymond A. Jackson）发现检方故意扣留了无罪证据，以死刑威胁杀手巴伯作为控方证人指控沃尔夫，巴伯被迫向陪审团提供了虚假证词。杰克逊法官认为本案中检方和警察的不当行为"对司法程序有害"。杀手巴伯作为沃尔夫案的主要证人，在 2005 年撤回了证言。他说："检察官和我自己的辩护律师让我进退两难，要么作伪证指控沃尔夫，要么自己被判死刑。"检察官截留隐瞒的无罪证据是一份警方报告，检方没有提供给辩护律师。警方报告记录了两项内容：一是警察建议巴伯举报沃尔夫，不然他会被判死刑；二是巴伯向室友坦白自己单独作案谋杀。检方想要说明其隐瞒无罪证据的行为是合理的，说是为了避免向沃尔夫提供可用于"编造辩护"的信息。2012 年，杰克逊法官下令弗吉尼亚州释放沃尔夫并禁止重审，法官提到

〔1〕　Blackledge v. Perry, 417 U. S. 21 (1974).

〔2〕　Class v. United States, 138 S. Ct. 798 (2018).

2012 年检方再次会见巴伯，威胁其如不合作，将判处死刑。6
个月后，美国第四上诉法院推翻了地方法院的裁决，并允许该
州重审沃尔夫。检察官不仅起诉重审沃尔夫，还增加了 6 项新
指控。沃尔夫为了不判死刑，接受了认罪协议，认罪后被判处
83 年监禁和 42 年缓刑。沃尔夫认为这是报复性起诉，对认罪的
有效性提出上诉，但弗吉尼亚州最高法院于 2018 年 2 月 5 日驳
回上诉，认为被告人对这些指控已经认罪，无权对检察官的起
诉行为提起上诉。沃尔夫向美国联邦最高法院请求复审，认为
应准许其上诉，根据就是 2018 年克拉斯案的先例。克拉斯案判
决主旨是，如果州提起的指控不合宪，对指控的认罪并不意味
着放弃违宪请求权。联邦最高法院在沃尔夫案件中确认，被告
人的认罪并不意味着对报复性起诉的合宪性问题弃权，进而推
翻了弗吉尼亚州最高法院的裁决，并将该案发回重审。[1]

　　报复性起诉对于被告人认罪自愿性有极为显著的破坏性，
使被告人失去行使权利自我救济的信心和机会。如果报复性起
诉的检方行为得不到有效的遏制，被告人认罪自愿性就可能受
到系统性的破坏。

三、警方对认罪自愿性的影响与保障

　　警方在认罪案件和辩诉交易中起着重要的作用，但是和起
诉、审判程序相比，更少被人关注、被人理解、被人探讨。笔
者认为，其中的原因是多方面的：首先，认罪认罚和辩诉交易
发生的主要诉讼阶段是起诉和审判，诉讼法规则也主要规定了
检察官和法院对认罪案件的特别规则，涉及了控辩关系、控审
关系、辩审关系等多重主体间的复杂关系，法官、检察官、被

---

〔1〕　Wolfe v. Virginia, Docket for18-227, 2019.

告人、被害人、辩护人各方都有明确的诉讼职能和角色、作用。这些关系之间的问题是显性的，已经受到了充分的关注和讨论。其次，警方属于控方，在检方背后支持检方，在其将证据和案卷材料移交检方时，其在诉讼中的地位已在消退，甚至隐形，除非出庭作为人证。再次，警方的职责和工作内容决定了其具有一定的保密性，可以拿出来公开探讨的内容不多。最后，警方和辩方之间的关系，尤其是其与嫌疑人之间的关系，在有律师在场权之下是诉讼平等的关系，而在没有律师在场权或者弃权的场合，很难构建诉讼法上的平等关系，尤其是考虑到双方在职业上、心理上、环境上、背景上、人身自由的风险上都是不平等的，这种不平等会对认罪自愿性有不可忽视的影响。

（一）美国辩诉交易认罪案件中的警方参与和警检关系

美国有研究认为，鉴于警方与辩方的不平等关系，对于警方参与辩诉交易，学界是像"膝跳反射"一样持明确的一致反对意见，这与实务界的观念一致：警方不能也不应在辩诉交易中发挥作用、有其角色。在美国，关于警方参与的问题，更多的是警检如何合作、怎样分工的问题。警检关系涉及政府与司法职能的分立。这一问题当然在警方和检方看来有不同的答案，这也是问题复杂性的原因。警方有侦查权，而检方决定案件是否符合起诉条件，换言之，警方收集证据，而检方判断证据是否足以在法庭上排除合理怀疑地定罪。如果警方对认罪案件的影响很大，错误的拘留逮捕就很容易变成错误的定罪，警方的影响也可能成为某些特定认罪案件的决定因素。如果警检双方对于罪名、量刑或者不经法庭审判定罪达成一致的观点，就更是如此。警方的参与也可能会改变辩护律师的辩护，可能成为改变律师辩护策略的重要因素。

在美国刑事诉讼中，警方的角色从街头到法庭，从各种临检、搜查、扣押，到出庭作证。在不认罪案件的陪审法庭和法官法庭的普通审判体制下，警方对检察官的影响并不那么重要。法庭对定罪和量刑拥有最终的决定权。但是在认罪体制下，控方向辩方提出认罪提议之时，只有律师帮助被追诉人审查可采证据是否可能排除合理怀疑的定罪以及控方的提议是否值得接受，这些提议实质上决定了被告人的定罪和量刑。警方在这个过程中的作用非常重要。因此，研究警方参与认罪案件的各种制度和规则，了解其对案件解决的影响很有必要。因为在认罪体制之下，不要说刑讯逼供、疲劳讯问、要挟亲属等非法取供方式，即使允许警方以专横、偏颇、任意、歧视的方式对被告人是否认罪施加影响，也很容易造成司法不公。研究警方参与问题的第一步是理解警方是否愿意参与认罪体制，为何愿意参与认罪体制及其原因。

有美国学者探讨了检察官和警官在辩诉交易中进行沟通，相互协作和相互冲突的关系。其研究方法是通过对来自全美国各地的刑事司法官员的访谈，探讨警察参与认罪谈判的机制以及这种介入对辩诉交易和维持治安的影响。长期以来，辩诉交易的影响力一直是检察官的专属领域，但警方在辩诉交易领域的影响力使人们对由谁控制起诉提出了质疑。[1]

在 20 世纪 70 年代和 20 世纪 90 年代早期，美国地区检察官协会调研过检察官是否经常咨询警方对案件处理结果的意见。在 1977 年，25%的检察官说从不和警方商议案件处理结果。[2] 1990 年，12%的检察官说通知警方案件结果不是日常工作惯例，

---

〔1〕　Jonathan Abel，"Cops and Pleas: Police Officers' Influence on Plea Bargaining"，126 *Yale Law Journal* 2017, p. 1787.

〔2〕　Patrick F. Healy, Nat'l Dist. Attorneys Ass'n, National Prosecutor Survey 116 (1977).

1992 年这个比例是 10%。[1] 可知少数检察官从不与警方商议辩
诉交易，严格贯彻警检分工和分权，但大多数检察官会与警方
偶尔商议辩诉交易。1990 年的调研表明，科罗拉多州 96% 的首
席检察官会通知警方案件处理情况，而全美范围内平均 93% 的
首席检察官会通知警方案件处理情况。[2] 新泽西州三县的研究
报告表明"警方认为他们对辩诉协商的建议或者贡献被忽视
了"。在 316 个警方调研对象中，约 50% "偶尔被检察官咨询关
于答辩的结果"，20% 的警官从未和检察官商议过，69% 的警官
"对与警官讨论案件之前就决定了公正处罚的检察官非常不
满"。[3] 对罗德岛警方的研究表明，60% 的人"认为自己在辩诉
交易中没有作用"，但只有 40% 的人认为这个程序"对执行逮捕
的警官来说是公平的"。[4] 北卡罗来纳州的研究发现检警商议的
频度差异很大，有的检察官办公室在 95% 的案件中和警方商量，
而有的仅在 25% 的案件中这么做。[5] 总之这一时期对警方参与
的研究加深了警方在辩诉交易中作用不大的观念，就算检方和
警方商量了也是如此，警方总体的立场是某种对辩诉交易的
反对。

从警方的视角看，警方反对辩诉交易的立场是合理的。首
先，警方侦破案件、抓捕嫌疑人是冒着生命危险的，如果检察

[1]　Nat'l Dist. Attorneys Ass'n, National Prosecutor Survey (1990). Nat'l Dist. Attorneys Ass'n, National Prosecutor Survey (1992).

[2]　Joan Crouch, Colo. Div. of Criminal Justice, Colorado Replication of the 1990 National Prosecutors Survey 34 (1992).

[3]　Alan F. Arcuri, "Criminal Justice: A Police Perspective", 2 *Criminal Justice Review* 1977, p. 16.

[4]　Alan F. Arcuri, "Police Perceptions of Plea Bargaining: A Preliminary Inquiry", 1 *Journal of Police Science and Administration* 1973, pp. 95-96.

[5]　Allen F. Anderson, "The Police, The Prosecution, and Plea Negotiation Rates: An Exploratory Look", 12 *Criminal Justice Review* 1987, p. 36.

官把案件辩诉交易了，惩罚仅是陪审团审判的零头，不难理解，警方为什么会难以接受、有所微词。亚利桑那州检察官也说过："疏忽大意或者经验不足的检察官可能会用本不应当达成的轻罪指控交易来处理刑事案件。"[1]这样做的结果是"警方数月的辛苦工作化为泡影"。[2]纽约警队的调研结果表明警方对喜欢交易的检察官有惶恐的感觉，"我常常听到同样的抱怨，'他们软了。如果他们看到案子有问题，就开始想办法摆脱。'"[3]有调研发现25%的警官对刑事司法系统不满，说考虑到辩诉交易，他们会少逮捕人。"辩诉交易影响我在街头的决定。我不那么专心投入了……我失去了合规逮捕的积极性、主动性。"[4]内布拉斯加州检察官也认为警方对辩诉交易的看法是负面的，约有一半的受访检察官认为"警方就是不喜欢辩诉交易"，20%的检察官认为"警方极不情愿地接受辩诉交易所具有的必要性"。这项研究发现，调研中检察官根本说不出警方喜欢、赞同辩诉谈判的看法。[5]

美国学者对辩诉交易认罪案件的关注是全方位的，除了有关警察参与的研究之外，还有警检关系使检察官面临的分权困境。当前美国大部分案件经由辩诉交易解决。有学者认为，应当把行政法的原则引入刑事诉讼，以防止同一个人同时行使行

---

〔1〕　Moise Beger, "The Case against Plea Bargaining", 62 *American Bar Association Journal* 1976, p. 622.

〔2〕　Moise Beger, "The Case against Plea Bargaining", 62 *American Bar Association Journal* 1976, p. 622.

〔3〕　H. Richard Uviller, *Tempered Zeal: A Columbia Law Professor's Year on the Streets with the New York City Police*, Contemporary Books, 1988, p. 22.

〔4〕　Alan F. Arcuri, "Criminal Justice: A Police Perspective", 2 *Criminal Justice Review* 1977, p. 16.

〔5〕　Fred Kray & John Berman, "Plea Bargaining in Nebraska - The Prosecutor's Perspective", 11 *Creighton Law Review* 1977, p. 126, n. 195.

政权力和司法权力，"应将作出侦查和起诉决定的人与作出裁决性决定的人区分开来，……后者包括现今一些最重要的决定，包括……接受有罪答辩。"[1]其理由是参与起诉案件的检察官无法客观评价被告人是否有罪以及适当的量刑，这种客观评估正是检察官在决定是否进行辩诉交易时的职责所在。参与侦查或者侦查监督的检察官，会感受到强大压力从而对其在侦查中的立场维持不变，不仅事关其在侦查中所运用的策略，而且事关其后对案件是否起诉以及以何种罪名起诉。[2]研究权力分立问题的学者担心，在案件的早期诉讼阶段参与进来的检察官存在对案情认识不全面、视野狭窄、偏见的可能性，而检察官订立辩诉协议时是准司法角色，无法就案件的处理作出公正的决定，因此就担心检察官在行使作为执行部门的职能包括监督侦查和刑事公诉时，可能会受到关于被告人方面的，严格来说，与案件并不相关的事实的影响，影响其作为准司法者作出的决定。有学者建议设立防火墙机制，阻断因参与案件侦查或者起诉而致使其独立性受到影响的检察官继续承担裁断、司法的职能。例如，有学者建议，除与证明有罪的要素严格相关的事实以外，不再给在认罪协议上签字的检察官裁决权，"基本的目标是防止产生了求胜意愿或者受到了法律上无关联性事实影响的检察官作出被告人是否有罪以及应受何种惩罚的关键决定"[3]。"负责侦查或者监督侦查的检察官或者在庭前程序以及法庭上支持公诉的检察官，与作出最终起诉决定的检察官，接受辩诉协议的

---

〔1〕 Rachel E. Barkow, "Institutional Design and the Policing of Prosecutors: Lessons from Administrative Law", 61 *Standord Law Review* 2009, p. 874.

〔2〕 Rachel E. Barkow, "Institutional Design and the Policing of Prosecutors: Lessons from Administrative Law", 61 *Standord Law Review* 2009, p. 896.

〔3〕 Rachel E. Barkow, "Institutional Design and the Policing of Prosecutors: Lessons from Administrative Law", 61 *Standord Law Review* 2009, p. 897.

检察官，判断被告人是否与控方充分合作构成实质性帮助值得量刑减轻的检察官，不能是同一个人，而应当由另一个不同的、没有参与过侦查的检察官或者检察官小组（检察官同事或者上级检察官）作出这些裁决性的决定。"[1] 当然，以上意见只是一家之言。

美国学者们也讨论了控制检察官不当行为的最佳方法，是在检察官办公室实行集中决策并使之规范化，使每个检察官与其同事使用一致的条款进行交易。但是即使一个检察官办公室的所有检察官的谈判方法都能完全同步，问题仍然存在，因为在某些情况下，警方仍然可以发挥影响力。这样就会颠覆检方实践的标准化、规范化，使检方平衡其控诉职能的努力化为泡影。

（二）我国警方参与认罪案件的规则

我国2018年《刑事诉讼法》在行文上直接规定的警方参与认罪案件主要有三个方面：一是讯问，二是侦查终结，三是强制措施。

首先，我国2018年《刑事诉讼法》第120条规定了警方讯问，其中第1款是关于嫌疑人和被告人的如实陈述义务："侦查人员在讯问犯罪嫌疑人的时候，应当首先讯问犯罪嫌疑人是否有犯罪行为，让他陈述有罪的情节或者无罪的辩解，然后向他提出问题。犯罪嫌疑人对侦查人员的提问，应当如实回答。但是对与本案无关的问题，有拒绝回答的权利。"第2款是关于告知权利和告知认罪认罚的规定："侦查人员在讯问犯罪嫌疑人的时候，应当告知犯罪嫌疑人享有的诉讼权利，如实供述自己罪

---

〔1〕 Rachel E. Barkow, "Institutional Design and the Policing of Prosecutors: Lessons from Administrative Law", 61 *Standord Law Review* 2009, p. 901.

行可以从宽处理和认罪认罚的法律规定。"

第 120 条规定的讯问值得分析：其一，其所规定的如实陈述义务与"不得强迫任何人证实自己有罪"的原则相矛盾。其二，知道并理解其有哪些权利是嫌疑人、被告人行使权利的前提条件，应有独立的权利告知条款。在权利告知和讯问二者的关系方面，权利告知应是讯问的前置程序。但从现行法来看，权利告知规定在第 2 款，而非第 1 款。按照现行法，警方讯问的时候不必"应当首先""告知嫌疑人享有的诉讼权利"，至少是从法律规定上来看，警方讯问的时候"应当首先"做的内容另有其事，即"应当首先讯问犯罪嫌疑人是否有犯罪行为，让他陈述有罪的情节或者无罪的辩解"。如果讯问结束后再告知权利，那么嫌疑人对权利后知后觉，在讯问中即使权利受到侵犯也无知无觉。尤其是嫌疑人在失去人身自由的被羁押状态下，如无同步录音录像或者无法取得讯问的音像数据，就难以证明并获得救济，除非将证明责任归于警方，否则遇到告知权受侵犯的情况将会无可奈何。其三，第 2 款的后半句话要求侦查人员告知嫌疑人"如实供述自己罪行可以从宽处理和认罪认罚的法律规定"，其中，告知"认罪认罚的法律规定"是 2018 年新增的内容，"如实供述自己的罪行可以从宽处理"强调供述，"认罪认罚的法律规定"则内容广泛，既包括程序法也包括实体法、量刑指导意见等，但这是一个非常复杂的问题，很难想象作为非专业人士的被告人能在瞬息之间记住并理解其内容。

其次，第 162 条第 2 款规定，公安机关侦查终结、移送同级人民检察院审查起诉的案件，犯罪嫌疑人自愿认罪的，应当记录在案，随案移送，并在起诉意见书中写明有关情况。

最后，根据第 66、67 条的规定，公安机关有权决定取保候审；根据第 81 条第 2 款的规定，批准或者决定逮捕，应当将犯罪嫌疑人、被告人涉嫌犯罪的性质、情节，认罪认罚等情况，作为是否可能发生社会危险性的考虑因素。因此，公安机关可以将嫌疑人认罪认罚作为取保候审条件，对认罪认罚的嫌疑人采取取保候审措施，不再提请人民检察院批准逮捕。这一规定对嫌疑人的影响难以估量，因为失去自由、身在樊笼的嫌疑人最想要的就是自由，这种诱惑是巨大的，而很多嫌疑人由于文化水平有限，根本难以理解取保候审的意思，分不清这种短暂的审前自由与真正的自由之间的区别，也不能了解认罪的后果。警方告知其认罪认罚有助于取保候审重获自由，同时警方有权决定对其取保候审，如果警方又未能将认罪的法律后果向其充分解释，如何避免无辜者认罪后被定罪，将是巨大的挑战。将认罪认罚作为社会危险性考虑因素之一，等于是在认罪认罚与取保候审之间建立了密切联系，当嫌疑人面对讯问他/她的警方人员时，其是否表示认罪认罚并作出供述直接影响警方取保候审，在继续被关押还是能与家人团聚之间艰难选择，嫌疑人的压力可想而知。如何能充分保障其认罪自愿性，需要进一步探讨。

2019 年 10 月，最高人民法院、最高人民检察院、公安部、国家安全部、司法部印发《关于适用认罪认罚从宽制度的指导意见》第六部分强制措施对认罪认罚与社会危险性之间的关系作出进一步规定，第 19~21 条规定，公检法应当将犯罪嫌疑人、被告人认罪认罚作为其是否具有社会危险性的重要考虑因素。犯罪嫌疑人认罪认罚，公安机关认为罪行较轻、没有社会危险性的，应当不再提请人民检察院审查逮捕。对提请逮捕的，人民检察院认为没有社会危险性不需要逮捕的，应当作出不批准逮捕的决定；已经逮捕的犯罪嫌疑人、被告人认罪认罚的，公检法应当及时审查羁押的必要性，经审查认为没有继续羁押必要的，应当变更为取保候审或者监视居住。

由于认罪成为社会危险性小的重要条件，成为不提请逮捕、不批准逮捕或在羁押必要性审查后认定没有羁押必要的条件，所以，审前羁押时间越久，对于嫌疑人而言，通过认罪获取与家人团聚的诱惑就越大。如果不考虑特别重大复杂的案件等特殊情形，我国强制措施中的法定审前羁押期间最长为 13.5 个月又 37 天 24 小时，按照《刑事诉讼法》的规定，分别为拘传最长 24 小时，拘留最长 7 天，多次作案等最长拘留 37 天，逮捕后的侦查羁押最长 7 个月，审查起诉期间羁押最长 6.5 个月。相较认罪的案件，不认罪案件所提出的辩护意见可能导致审查起诉阶段两次退回补充侦查，导致审前羁押时间超过 1 年。考虑到 3 年刑期以下的案件约占当前案件总量的 80%，审前羁押 1 年意味着八成案件刑期的 1/3。况且，不认罪案件的一审羁押时间也可长达 11 个月，如果考虑附带民事诉讼等特殊情形，则一审羁押时间可长达 20 个月。众所周知，我国目前公诉案件无罪判决率是很低的，随着羁押期间的不断增长，获取无罪判决的现实可能性越来越渺茫。在这种恐惧和诱惑之下，通过认罪获得取保候审和轻判对于嫌疑人的吸引力不言而喻。

四、有效辩护权是保障自愿性的基础性核心权利

在美国的辩诉交易案件中，庭审程序简化的本质是被追诉人因其当庭自愿认罪而放弃了相关程序权利，所以，在辩诉交易案件中，帮助被追诉人决定是否认罪、弃权的辩护律师的地位与作用格外重要。早在 1938 年，美国联邦最高法院就在判决中指出，"在联邦法院被起诉犯罪的人依据第六修正案为了他自己的辩护有权获得律师的帮助。……这项权利可以放弃，但是弃权必须是理智的，弃权是否理智，必须视具体事实和情形而定，包括背景、经验、被追诉人的行为。……联邦法院在刑事案件的审判中有责任保护被告人的律师权，如果其没有律师，要对其是否理智、有能力放弃这项权利作出决定。这项决定应记录在案。……如果被告人没有律师也没有能力和理智放弃这项宪法权利，第六修正案禁止对被告人作出有罪判决并判处刑罚剥夺其生命或自由。"[1]美国联邦最高法院于 1932 年、1963 年、1966 年、1972 年、1984 年分别作出了划时代的辩护权判例，在 1932 年鲍威尔案（Powell v. Alabama）中对死刑案件要求有辩护律师，在 1963 年吉迪恩案（Gideon v. Wainwright）中要求州对重罪案件提供辩护律师，1966 年在米兰达案（Miranda v. Arizona）、维格内拉案（Vignera v. New York）、韦斯托弗案（Westover v. United States）、斯图尔特案（California v. Stewart）四案中确认羁押下被讯问的嫌疑人有权要求律师在场，在 1972 年阿杰辛格案（Argersinger v. Hamlin）中要求对轻罪辩诉交易案提供辩护律师，在 1984 年史崔克兰案中对有效辩护权是否受侵犯提供了识别机制即两步法无效辩护标准。美国刑事司法尊重有效辩护权的传统一直延续，无论是陪审团审判还是辩诉交易案件，没有律师的有效辩护帮助就不得判被告人监禁刑。

（一）美国与中国对辩护律师要求的发展和展望

1927 年美国联邦最高法院就曾在判决中认为只要被告人在辩诉交易案件中的认罪是在合适的律师帮助下自愿作出、知道认罪的后果，就是对自己的有罪判决，法院只要据以作出判决书和量刑就行了，不用再做别的。1932 年，联邦最高法院开始将律师帮助权解释为有效帮助权。可见，律师有效帮助是认罪

---

[1] Johnson v. Zerbst, 304 U. S. 458 (1938).

自愿性的重要保障。20世纪70年代联邦最高法院在"布雷迪三部曲"中认为"有罪答辩代表了刑事程序中事件链的中断;当刑事被告人在公开的法庭上认罪之后,其对此前被剥夺的宪法权利,不得再提出独立的主张,只能以律师辩护不符合麦克曼标准(即早期的律师适格性标准)为由,对有罪答辩的自愿性和理智提出异议"。[1] 1973年,美国联邦最高法院在托利特案(Tollett v. Henderson)中对有效辩护权的救济进行了说明:有罪答辩的被告人"只能以其所接受的律师建议不符合麦克曼案确立的标准为由对有罪答辩的自愿性和理智提出异议"。[2] 其间的1972年,鉴于有的地方仍拒绝为轻罪辩诉交易案件的被告人指定律师,而律师是有效辩护的要求,联邦最高法院强调有效辩护权适用于轻罪案件辩诉交易。这些论断将有效辩护权突出出来。这意味着,在美国辩诉交易认罪案件中,嫌疑人或被告人在表明将当庭放弃无罪推定权利之后,法院认定其认罪系知情自愿、接受其认罪、对其定罪量刑的基础和前提是确认其有效辩护权获得保障、未受侵犯。

在我国,1979年《刑事诉讼法》、1980年《律师暂行条例》、1996年《刑事诉讼法》第一次修正、2007年《律师法》修正、2012年《刑事诉讼法》第二次修正、2018年《刑事诉讼法》第三次修正,从辩护制度初建,到走向抗辩式诉讼提高辩护地位,再到扩大法律援助及设立值班律师,稳步推进辩护立法。历经三次修正的《刑事诉讼法》承载了刑事辩护制度的主要进步。一是辩护律师可以介入刑事诉讼的时间不断提前,从1979年的审判阶段,到1996年案件移送审查起诉之日起,再到

---

〔1〕 See Tollett v. Henderson, 411 U. S. 268 (1973).

〔2〕 See Tollett v. Henderson, 411 U. S. 268 (1973).

2012 年第一次讯问或采取强制措施之日起。这使律师辩护介入阶段逐步实现全覆盖，从 1979 年覆盖审判阶段，到 1996 年覆盖审查起诉和审判两个阶段，再到 2012 年后覆盖侦查、审查起诉、审判，以及其后包括死刑复核和申诉的诉讼阶段。二是对于没有委托辩护人的被追诉人，必须提供法律援助的对象范围呈现扩大趋势，从 1979 年的聋、哑或者未成年被告人，扩大到 1996 年可能被判处死刑的被告人，这一时期对于经济困难的被告人也可以予以法律援助，再到 2012 年扩大到尚未完全丧失辨认或者控制自己行为能力的精神病人、可能被判处无期徒刑的嫌疑人、被告人，对于经济困难或有其他原因的，嫌疑人、被告人及其近亲属可申请法律援助机构提供辩护律师，再到 2018 年对于没有委托辩护人、没有指派律师为其提供辩护的，由值班律师为嫌疑人、被告人提供法律咨询、程序选择建议、申请变更强制措施、对案件处理提出意见等法律帮助，法院、检察院、看守所应当告知嫌疑人、被告人有权约见值班律师，并为犯罪嫌疑人、被告人约见值班律师提供便利。此外，2017 年最高人民法院、司法部《关于开展刑事案件律师辩护全覆盖试点工作的办法》第 2 条规定，对于被告人没有委托辩护人案件中，适用普通程序审理的一审案件、二审案件、按照审判监督程序审理的案件，法院应当通知法律援助机构指派律师为其提供辩护；适用简易程序、速裁程序审理的案件，法院应当通知法律援助机构派驻的值班律师为其提供法律帮助。2018 年最高人民法院、司法部《关于扩大刑事案件律师辩护全覆盖试点范围的通知》要求自 2019 年起将试点扩大到全国 31 个省（自治区、直辖市）和新疆生产建设兵团。2019 年 10 月最高人民法院、最高人民检察院、公安部、国家安全部、司法部发布的《关于适用认罪认罚从宽制度的指导意见》要求针对法律援助机构人员紧缺、经费保障困难等问题，司法行政机关要积极争取党委和政府支持，将值班律师补贴纳入法律援助业务经费开支范围并合理确定补贴标准。其第 10 条"获得法律帮助权"要求保障嫌疑人、被告人辩护权、获得有效法律帮助权："人民法院、人民检察院、公安机关办理认罪认罚案件，应当保障犯罪嫌疑人、被告人获得有效法律帮助，确保其了解认罪认罚的性质和法律后果，自愿认罪认罚。犯罪嫌疑人、被告人自愿认罪认罚，没有辩护人的，人民法院、人民检察院、公安机关（看守所）应当通知值班律师为其提供法律咨询、程序选择建议、申请变更强制措施等法律帮助。符合通知辩护条件的，应当依法通知法律援助机构指派律师为其提供辩护。" 2019 年《人民检察院刑事诉讼规则》第 267 条也要求："人民检察院办理犯罪嫌疑人认罪认罚案件，应当保障犯罪嫌疑人获得有效法律帮助，确保其了解认罪认罚的性质和法律后果，自愿认罪认罚。人民检察院受理案件后，应当向犯罪嫌疑人了解其委托辩护人的情况。犯罪嫌疑人自愿认罪认罚、没有辩护人的，在审查逮捕阶段，人民检察院应当要求公安机关通知值班律师为其提供法律帮助；在审查起诉阶段，人民检察院应当通知值班律师为其提供法律帮助。符合通知辩护条件的，应当依法通知法律援助机构指派律师为其提供辩护。"

可见，自 2018 年起，在立法上我国刑事案件首次实现了人人都能获得律师，都有权得到其法律帮助或辩护。律师被区分为三种：委托辩护律师、指定辩护律师、值班律师，其中后二者为法律援助辩护律师或法律援助值班律师。这是巨大的进步。但是只有对于符合指定辩护条件如盲聋哑人、未成年人、精神病人、无期徒刑以上的案件，以及最高人民法院、司法部《关于开展刑事案件律师辩护全覆盖试点工作的办法》试点时期和试点地区的适用普通程序审判阶段的案件，才通知辩护，提供法律援助辩护律师。

按照《刑事诉讼法》《关于适用认罪认罚从宽制度的指导意见》《人民检察院刑事诉讼规则》的要求，在我国不认罪案件和认罪案件中，都应向嫌疑人、被告人提供有效法律帮助。从法律条文可见，法律帮助与辩护被做了区分。但是，值班律师的法律帮助和律师辩护之间是否应有区别？笔者认为，从法理上讲，法律面前一律平等，《宪法》第126条规定的获得辩护权也应该是平等的，不应因其有钱或没钱聘请律师而获得有差别的辩护。对于有钱聘请律师的被追诉人而言，其自侦查阶段起一直可以获得律师辩护，对于没有钱聘请律师的被追诉人而言，值班律师提供的是法律帮助。那么，值班律师法律帮助不应该是一种被减损了的律师辩护，值班律师法律帮助应该像辩护律师一样负有对嫌疑人、被告人的全部帮助辩护义务。但是以上这些都有待通过法律法规进一步确认。

目前，最高人民法院、司法部《关于开展刑事案件律师辩护全覆盖试点工作的办法》要求在试点中为被告人在普通程序审判阶段提供律师辩护，简易、速裁程序中提供值班律师法律帮助。笔者认为，理论上在侦查阶段、审查起诉阶段、简易速裁程序中也应确保嫌疑人、被告人获得律师辩护，尤其是在拘留、逮捕后的诉讼早期阶段提供律师辩护特别重要，在讯问、辨认等警方、检方会见嫌疑人、被告人的场合让律师在场，否则，就难以保障被追诉人获得辩护权，难以保障其认罪的知情自愿。

另外，笔者认为应明确何为"有效""法律帮助"，并明确如果非"有效法律帮助"，会有什么法律后果。建议全国人大常委会可以通过立法解释的方式对有效辩护权或者有效法律帮助权予以界定和保障，或者出台司法解释，建立关于保护嫌疑人、被告人有效辩护权的细则，明确对职权机关和辩护律师的具体要求，并明确不能保障有效辩护权的救济途径和法律后果。例如，一是讯问时没有律师在场，供述就不可作为证据使用，认罪就不能成立；二是没有律师辩护就不得对被告人判处自由刑；三是可考虑建立无效辩护的标准，即确立有效辩护权未能实现、受到侵犯的识别机制；四是可考虑对辩护权未获保障的嫌疑人、被告人予以充分的救济，如发回重审等，确保其有效辩护权得到实现，以使其认罪建立在知情自愿的前提下。[1]

（二）辩护律师与被告人的关系

关于律师和委托人之间的关系，律师是独立于还是依附于委托人意志？在认罪还是不认罪的辩护目标选择上，律师可否不顺从委托人的辩护目标？自行辩护与委托辩护的目标之间是否有从属关系？现实中我国存在依附说、独立说、同意说三种不同的实践。依附说要求律师遵从委托人的辩护目标，独立说认为律师辩护不受委托人辩护目标的限制，同意说是指委托人认可辩护律师追求与己不同的辩护目标。笔者认为，从诉讼法理论上来说，独立说是错误的，委托人认罪还是不认罪都是委托人的权利，律师不服从委托人的辩护目标就侵犯了委托人的权利、违反了委托合同的辩护义务，也违反了《律师法》规定的律师维护委托人合法权益的职责；同意说是荒谬的，实际上体现了刑事诉讼中可能存在结构性的司法不公，以致委托人和辩护律师分头辩护；合理的答案应是依附说，否定律师独立于委托人的辩护目标，即只要委托人的辩护目标是合法、知情自愿的，律师与其充分沟通后，如委托人仍坚持，就不可不顺从

---

〔1〕 参见祁建建：《论有效辩护权——作为一种能够兑现的基本权利》，中国政法大学出版社 2018 年版，第 180~210 页。

委托人的辩护目标。这是源自辩护权乃专属于嫌疑人、被告人权利的刑事诉讼法原理，从而使得源自辩护委托合同法理或法律援助法理的律师履职行为、辩护行为受到委托人意志的限制，如果辩护律师违背委托人意志，那么这种律师辩护是无效辩护，如果是法律援助，应为其更换律师或应其要求自行辩护。当然，如果被追诉人拒绝律师辩护，选择自行辩护，自行辩护的质量在绝大部分案件中是不高甚至很低的，这正是被追诉人需要辩护律师提供专业帮助的理由之一。

对此，美国也认可自行辩护权，并认为律师应受委托人意志的限制。在美国，1975 年的法瑞塔诉加州案（Faretta v. California）中，联邦最高法院重申被告人有自行辩护权，后被称为"法瑞塔权利"，"第六修正案经由第十四修正案适用于州，确保被告人在州刑事审判中享有宪法上的独立的自行辩护权，并且在其自愿和理智的选择下，可以在没有律师的情况下自行辩护。在本案中，州法院的错误之处在于，违背被告人意愿强迫其接受州指定的公设辩护人，并拒绝了其自行进行辩护的请求。"[1] 联邦最高法院指出："我们被告知，许多自行辩护的被告人可能会利用法庭故意破坏其审判。但是联邦法律和大多数州从一开始就承认自行辩护权，因此没有发生过这种结果。此外，被告人故意进行严重破坏行为的，初审法官可以终止其自行辩护，这时，虽然被告人提出异议，州也可以指定'备用律师'帮助被告人辩护。如果被告人要求帮助或者如果有必要终止被告人的自行辩护，由备用律师帮助被告人进行辩护。自行辩护权不是侵犯法庭尊严的许可证。自行辩护权也不是违反程序法和实体法有关规则的通行证。因此，无论在上诉中是否

---

〔1〕　Faretta v. California, 422 U. S. 806, 819-820 (1975).

可以接受其选择，选择自行辩护的被告人以后都不能抱怨自行辩护的质量等同于被剥夺了有效的律师帮助权。"[1]

回到律师的辩护目标是否受委托人的限制，2018 年美国联邦最高法院在麦考伊诉路易斯安那州案（McCoy v. Louisana）中持肯定观点，如果辩护律师不顾被告人的明确反对，为其认罪，就侵犯了被告人享有的《美国联邦宪法》第六修正案的有效辩护权。被告人罗伯特·麦考伊（Robert McCoy）被诉谋杀分居妻子的母亲、继父和儿子。麦考伊对一级谋杀罪作无罪辩护，坚持说他案发时间不在本州，是腐败的警察在毒品交易出问题时杀害了被害人。虽然被告人大声疾呼坚称自己无辜，并坚决反对承认有罪，但初审法庭允许其辩护律师拉里·英格利士（Larry English）在陪审团审判的定罪阶段告诉陪审团麦考伊"犯有三项谋杀罪行"。辩护律师的策略是承认麦考伊犯下谋杀罪，但辩称麦考伊的精神状态使他无法形成一级谋杀罪的特定犯罪意图。辩护律师不顾麦考伊的一再反对，告诉陪审团麦考伊是杀手，在此争点上"卸下了检察官的负担"。麦考伊为自己辩护并作证，坚持其无罪辩护并提出了让人难以理解的不在场证明。陪审团裁定其犯有三项一级谋杀罪。在陪审团量刑阶段，辩护律师再次承认麦考伊有罪，但基于麦考伊的精神和情感问题强烈要求宽大。陪审团作出三项死刑裁决。路易斯安那州最高法院维持了初审法院的裁决，认为虽然麦考伊表示反对，但其辩护律师仍有权作认罪的辩护。

联邦最高法院撤销了路易斯安那州的判决，将案件发回重审。联邦最高法院认为，"第六修正案保障被告人选择其辩护目标的权利，并保障被告人坚持不让辩护律师承认有罪的权利，

〔1〕 Faretta, 422 U. S. at 422 U. S. 835, n. 46 (1975).

即使从律师的丰富经验来看，认罪会给被告人提供不被判处死刑的最佳机会。"[1]第六修正案保证向每一个刑事被告人提供"律师帮助其辩护"。据此，"被告人并不完全放弃对辩护律师的控制权，因为第六修正案'赋予被告人本人辩护的权利'，'至于律师的'帮助'和'助手'，虽然是专家，也仍然是助手。"[2]"律师的职权包括决定审判中的辩护事项"，[3]但有些决定是保留给委托人的，包括是否认罪，是否放弃陪审团审判的权利，是否代表自己做主以及是否放弃上诉。自主决定辩护目标是无辜不认罪，这属于委托人保留的权利。面对压倒性的指控证据拒绝认罪、拒绝辩护律师的帮助，并且在死刑案件审判的定罪阶段坚持无罪辩护，这不是战略选择；这是被告人关于其实际目标是什么的决定。[4]律师可以合理地评估认罪的妥协能够最好地避免死刑，就像麦考伊案的律师。但是委托人可能不会认可这个目标。被告人最最希望避免的可能是承认杀害自己家庭成员带来的骂名，或者可能是要避免在监狱中度过不值得的余生，而是更愿意冒着死刑的风险，去争取无罪释放的渺茫希望。[5]因此，当委托人明确表示"为自己辩护"的目标是对被指控的犯罪行为坚持无罪并追求无罪释放时，其律师必须遵守该目标，不得通过认罪改变委托人的决定。[6]

联邦最高法院回顾了 2004 年佛罗里达州诉尼克松案（Florida v. Nixon），认为该案与麦考伊反复否认律师的辩护目标和策略有所不同。被告人尼克松也是受到死刑指控。死刑审判

---

〔1〕　McCoy v. Louisana, 584 U. S. _ (2018) (Slip Opinion), at 5–13.

〔2〕　Faretta v. California, 422 U. S. 806, 819–820 (1975).

〔3〕　"The lawyer's province is trial management."

〔4〕　See Weaver v. Massachusetts, 582 U. S. _ (2017).

〔5〕　See Tr. of Oral Arg. 21–22. McCoy v. Louisana.

〔6〕　McCoy v. Louisana, 584 U. S. _ (2018) (Slip Opinion), at 5–8.

后果严重，审判程序又分为定罪和量刑两个阶段，这两个因素会严重影响律师的辩护策略。死刑案件律师在制定辩护策略时面临艰巨的挑战，当证据不胜枚举且犯罪令人发指时，检察官更有可能求判死刑，并拒绝接受辩方对终身监禁进行有罪答辩的请求。律师可能会合理地决定将重点放在审判的量刑阶段，此时律师的任务是说服量刑陪审团不判死刑，救当事人一命。辩护律师必须非常谨慎。如果律师在定罪阶段说"被告人没有犯罪"，那么就有可能破坏律师在量刑阶段的信誉，陪审团就不可能听信律师从而对被告人宽大处理。尼克松案就是如此。在死刑案件中，律师在确定最佳辩护策略时必须同时考虑定罪阶段和量刑阶段。当律师至少三次告知被告人辩护策略时，律师认为符合被告人最大利益的策略是认罪，而被告人尼克松没有反应，虽然有些规则要求被告人明确表示同意，但在这种被告人没有反应的情况下，律师选择策略不会受到同意规则的影响。联邦最高法院认为，辩护律师有义务与被告人讨论辩护策略，当律师告知被告人辩护策略，且告知被告人这是避免死刑的最好方式时，如果被告人既不肯定又不否定，那么辩护律师就有权采取这种辩护策略。[1] 被告人尼克松的律师没有否定尼克松期待的辩护目标，没有否定尼克松的自主权，因为在讨论审判策略时，尼克松"通常没有反应"，并且"从不口头赞同或者反对"律师提议的方式。被告人抱怨律师直到审判之后才认罪。[2] 麦考伊恰恰相反，在审判前、审判中、在律师会见时以及在公开庭审中，每一次有机会时都反对其辩护律师认罪的主张。

---

〔1〕 Florida v. Nixon, 543 U. S. 175 (2004).
〔2〕 Florida v. Nixon, 543 U. S. 175, 181, 185 (2004).

联邦最高法院认为 1984 年史崔克兰案的无效辩护法理学，在麦考伊案中不适用。麦考伊案中的争点是委托人的自主权，而不是律师的称职。如果要因律师错误而获得救济，被告人通常必须表明存在损害。[1] 但麦考伊案中，当法庭允许律师篡夺麦考伊对特权事项的专享控制权时，麦考伊应受保护的自主权就受到了侵犯且已既遂。违反第六修正案保障的被告人自主权的行为被列为"结构性错误"；如果存在此类错误，则无需进行无害错误审查，无需考察是否存在损害结果。结构性错误不是为了保护被告人免于错误定罪，而是为了保护某些其他利益。例如，"法律的基本原则是必须允许被告人就保护其自由的适当方式作出自己的选择。"[2] 辩护律师枉顾委托人的明确反对，承认委托人有罪，属于结构性错误，因为这阻碍了被告人就自己的辩护作出基本选择的权利。因此，麦考伊有权获得新的审判，而无需证明其受到损害。[3]

五、允许撤回认罪来保障自愿性

美国在对辩诉交易认罪案件长期的发展中，认为允许被告人撤回认罪，并且经法院允许撤回之后，不得将认罪作为有罪证据，这是确保被告人认罪自愿性的重要保障。撤回认罪问题包括两个方面的内容：一是允许被告人在适当条件下行使撤回权，二是撤回认罪消除认罪陈述的可采性。这些问题在美国都曾被广泛讨论过，并已有相当程度的共识，成为联邦及各州刑事诉讼规则或者证据规则的组成部分。

---

[1] Strickland v. Washington, 466 U. S. 668, 692 (1984).
[2] Weaver, 582 U. S. , citing Faretta, 422 U. S. , at 834.
[3] McCoy v. Louisana, 584 U. S. _ (2018) (Slip Opinion), at 11-12.

早在 1927 年，美国联邦最高法院判例就认定，[1] 法官允许撤回的有罪答辩不具有可采性，在随后无罪答辩争议事项的审判中不得用于指控被告人。该案被告人被指控使用邮件欺诈，违反《美国刑法》第 215 条，诉至阿肯萨斯地区法院。其作有罪答辩，地区法院判其 3 年监禁。其后被告人上诉至上诉法院，称检察官为引诱其认罪，承诺说建议法院判其入狱数月，罚金 1000 美元，并说法官会据此量刑。被告人称量刑过重，诉请撤销原判，判处原来承诺的刑罚。控方拒绝被告人的请求。上诉法院在听取该争议事项的证据后拒绝这样改判，但依照被告人的申请，撤销原判，允许其撤回有罪答辩，改作无罪辩护。

在随后的审判中，法院驳回被告人的异议，允许控方将与原件核对无异的有罪答辩副本作为控方证据。被告人辩护时援引了法院撤销量刑、同意撤回原有罪答辩的命令。然后控辩双方针对法庭考虑的事项提供了证据，法庭据以撤销有罪判决。法庭向陪审团说明："有罪答辩是控方提供的证据……如果你们认为 K 先生作出该答辩，且控方不是为了使其作出该答辩之目的而向其许诺，或者如果你们认为 K 先生在答辩之前，他已得知此前控方告诉他的许诺不会兑现，那么，答辩可以作为证据，与案件中的其他证据综合考虑。如果……你们认为他被骗了，答辩来自其与此有关的许诺，且他实际上无辜而作出了有罪答辩，那么你们不要采信这个答辩，采信案件中其他证词吧。"陪审团作出了有罪判决，法庭判其 3 年监禁。

被告人再次上诉后，上诉法院维持原判，"被告人在撤销原判的申请中，承认曾作有罪答辩。其目的是减轻处罚，但是如果不能达成目的，则他要求撤回有罪答辩，且撤销有罪判决。

---

〔1〕 Kercheval v. United States, 274 U.S. 220（1927）.

考虑到本案所有情形、采纳这个有罪答辩的价值所在，我们不知道为什么有罪答辩在这种情形下不可采。这个有罪答辩不是确定性的、结论性的有罪，法院也是这么告诉陪审团的。被告人可能比任何其他人都更知道他自己是否有罪。根据这个案件中的证据，来自被告人的有罪答辩本可以是非常合理的事。我们不认为采纳这些证据有实质性错误或者不公正的错误。"

以前确有地方法院对可采性予以认可，控方引用了法院在以前案件中关于可采性的论证，提出撤回的有罪答辩表明其行为和审判中所主张的无罪相矛盾；有罪答辩是有罪的陈述，和当庭陈述有相同的效果；采纳有罪答辩作为证据是基于这一原则，即允许将被告人在下级法院作的供述提供给上级法院指控他；这一有罪答辩并未被认为是决定性、结论性、最后的证据，且如庭外供述一样，没有关于犯罪事实的其他证据就不足以据以定罪。有罪答辩有时被拿来与被告人在庭外所作的有利于控方的证词相类比。

被告人的主张是，经法庭许可撤回的有罪答辩在审理随后无罪答辩中出现的争点事项时没有可采性。联邦最高法院认为其主张是合理的。有罪答辩在目的和效果上都和纯粹的承认或者法庭外供述不一样；有罪答辩本身是一个有罪判决。像陪审团的裁定一样，有罪答辩是确定性的、结论性的、最终的。其后对法庭没有更多要求，法庭只需写有罪判决和量刑。出于公正对待被指控人的考虑，法院很谨慎，除非被告人是在获得合适的咨询建议并且完全理解后果后自愿作出有罪答辩，否则法院就不应当采纳有罪答辩。当一个人这样答辩时，答辩对他是有约束力的。但是，如果被告人及时提出申请，表明有罪答辩是不公正地获得的或者由于无知、恐惧或者疏忽大意，法院会撤销有罪答辩。被告人的撤回申请并不涉及有罪或者无辜。如果法院有理由认为撤销有罪答辩是公平、公正的，法院会行使裁量权允许被追诉人提出无罪辩护、享有陪审团审判权。

上诉法院允许撤回有罪答辩的命令，其效力是判定认罪无效。随后在审判中将其作为指控证据的做法与上诉法院的撤回命令直接冲突。当有罪答辩被撤回、取消后，它就不再是证据。如果法院允许其作为证据，给予其证明价值，就恢复了其证据资格。法院给予撤回的有罪答辩任何证据资格，原则上都与先前的撤回命令不一致，因为这就可以保持先前认罪的结论性，而这与撤回命令是冲突的。

联邦最高法院认为，正如上诉法院所指出的那样，被告人比任何人都更清楚自己是否有罪，并且根据证据，认罪是合理的选择。这些可能与认罪作为证据的重要性有关，但它们与撤回认罪无关。法院经常允许撤回认罪答辩和撤回无罪答辩的请求。州和联邦都曾有裁判裁决了这里提出的问题，案件数量较少，这表明，在美国通常不把撤回的有罪答辩作为有罪证据。当时这个问题从未在英国法院审议过，律师没有提到任何案件，联邦最高法院也没有找到任何案件。

除判例外，美国联邦和各州刑事诉讼规则及证据规则也有关于撤回辩诉交易认罪的相关规定。此处仅以《美国联邦刑事诉讼规则》《美国联邦证据规则》为例。

《美国联邦刑事诉讼规则》第 11（d）条规定，被告人在以下情形下，可以撤回有罪答辩：

（1）在法院接受有罪答辩之前，可以有因或者无因撤回；或者

（2）在法院接受答辩后、量刑之前可以撤回：（a）法院根据第 11（c）（5）条拒绝认罪协议；或者（b）被告人表明有正当理由请求撤回。

在法院量刑后，被告人不可撤回有罪答辩，但可通过上诉等程序使有罪答辩无效。

《联邦证据规则》第 410 条规定了对于被告人撤回有罪答辩的证据可采性问题，原则上禁止使用，又有例外规定。

（a）禁止使用。

曾作有罪答辩或者曾参加辩诉协商的被告人，对其不利的以下证据在民事、刑事诉讼中不可采：

（1）撤回的有罪答辩；

（2）不认罪也不申辩的答辩；

（3）根据《美国联邦刑事诉讼规则》第 11 条或者根据类似的州规则，在以上两种答辩程序中的陈述；

（4）与检方律师在辩诉协商中作出的陈述，如果有罪答辩没有达成或者后来被撤回。

例外规定有两条：

（b）例外。

法院可以接受本规则第 410（a）（3）条或第 410（a）（4）条中所规定的陈述：

（1）在任何程序中，同一答辩或者辩诉协商中作出的另一陈述已被出示作为证据，为公平起见，应将这些陈述一并考虑；或者

（2）在被告人作伪证或虚假陈述的刑事诉讼中，如果被告人是在宣誓之下，经记录在案，并在律师在场的情况下作出的陈述。

相比较而言，2019 年我国《关于适用认罪认罚从宽制度的指导意见》第 11 部分第 51~53 条规定了认罪认罚的撤回，按照

撤回时案件办理状况区分为不起诉后的反悔、起诉前的反悔以及审判阶段的反悔。对于不起诉后反悔的处理方式之一是，排除认罪认罚因素后，符合起诉条件的，人民检察院应当根据案件具体情况撤销原不起诉决定，依法提起公诉。对于起诉前反悔的处理是，嫌疑人签署的认罪认罚具结书失效，人民检察院应当在全面审查事实证据的基础上，依法提起公诉。对于审判阶段反悔的处理是，人民法院应当根据审理查明的事实，依法作出裁判。因此，对于我国认罪认罚的被告人而言，反悔都是可以的，但是依据《刑事诉讼法》第15条之规定，认罪认罚的嫌疑人和被告人还需要"自愿如实供述自己的罪行"，这体现为我国的法定证据种类即犯罪嫌疑人、被告人供述。当被告人反悔时，具结书虽然失效，犯罪嫌疑人、被告人供述仍有效。这些供述不属于处理不起诉的反悔时，应被排除的"认罪认罚因素"，仍可作为人民检察院起诉或人民法院审判的证据。

在现实中，一方面，如何避免被羁押的无辜者出于恐惧，为了不判死刑、不判重刑或者仅仅为了获取取保候审，在面临从宽处罚的诱惑时，认罪并作有罪供述；另一方面，如何避免有的公安人员、检察人员为了追求定罪，以重罪重刑威胁认罪或者以从宽的量刑建议获得有罪供述后，不守承诺，未予从宽。面对不限于以上两种情形的有罪供述，如何在认罪案件中将其排除，以加强防冤纠错制度，避免无辜者认罪的风险，目前的法律法规有待进一步完善。

第二章

保障认罪案件被害人权利

　　本章所讨论的被害人是在刑事案件中受到犯罪侵害的人，被害人死亡的，其部分权利由被害人的法定代理人、近亲属行使。笔者认为，被害人可以提出量刑的观点和意见，但其在认罪认罚从宽中不应当有左右程序或者结果的权利。如果以赔偿、和解作为程序适用和从宽的前提，赔偿的数额以被害人满意为依据，那么有钱的被追诉人有更多机会享受认罪认罚带来的从宽，贫穷的、没有赔偿经济条件的被告人则难以获得被害人的谅解，从而使法律面前人人平等的基本规则受到挑战。

　　在许多案件中，被害人的关注点和利益点在刑事司法中的作用值得关注：其一，被害人及其家属要求严惩嫌疑人、被告人。被害人在许多案件中不知道公安司法机关擒获的是不是真凶，也并不知道是否证据确实充分。在刑事诉讼中应贯彻的是无罪推定，但如果诉讼由被害人左右的话，很难避免无辜者被追诉。对部分被害人而言，公安机关抓到的是谁，被害人就要求严惩谁。其二，被害人要求嫌疑人、被告人赔偿，对于部分被害人而言，尤其是对于被害人死亡案件的近亲属而言，嫌疑人是否真凶，其并不清楚，抓住的是谁就要求谁赔偿，不赔偿或者赔偿数额不满意就无法达成谅解。至于嫌疑人、被告人是不是真凶，因为被害人没有能力判断，因此也无法真正关心被追诉人是不是真凶，只要有人受罚、有人赔偿即可。如果认罪认罚案件中给予被害人其不应具有的影响力，迫使公安司法机关向被追诉人施压，就难以保障被追诉人的认罪自愿性。因此，准确界定被害人在认罪认罚案件中的参与权与参与度，是认识和解决认罪认罚从宽制度中被害人问题的关键，也是在认罪认罚案件中避免无辜者被迫认罪的重要制度保障。同时，讨论如何在立法上充分规定、司法中充分保障被害人的诉讼权利，也是非常有必要的。

第一节　被害人在公诉案件中的法律地位与法定权利

因自诉案件所涉及的问题相对没有那么复杂，笔者仅探讨在公诉案件中的被害人地位及其权利义务问题。

一、公诉案件被害人参与诉讼的权利

依据 2018 年《刑事诉讼法》的规定，被害人的诉讼权利有：第 46 条规定的自公诉案件移送审查起诉之日起 3 日内，由检察院通知获知委托诉讼代理人的权利；第 61 条规定的在法庭上对证人证言质证的权利；第 64 条规定的因作证致本人或者近亲属人身安全面临危险的，有请求司法机关采取保护措施的权利；第 101 条规定的由于被告人的犯罪行为而遭受物质损失的，有提起附带民事诉讼的权利；第 110 条规定的报案或控告的权利；第 111 条规定的报案或者控告的被害人及其近亲属，有获得司法机关保障安全的权利；第 112 条规定的控告后获知不立案原因并申请复议的权利；第 113 条规定的被害人认为公安机关对应当立案侦查的案件而不立案侦查，向人民检察院提出的权利；第 124 条规定的侦查人员询问时，要求其出示工作证件

或者侦查机关证明文件的权利；第 148 条规定的获侦查机关告知鉴定意见并申请侦查机关补充鉴定或者重新鉴定的权利；第 173 条规定的人民检察院审查起诉时听取被害人及其诉讼代理人意见，并将其书面意见附卷的权利；第 180 条规定的在人民检察院决定不起诉的案件中获送达不起诉决定书，并向上一级人民检察院申诉请求提起公诉的权利，以及向人民法院提起自诉的权利；第 187 条规定的参加庭前会议，提出对回避、出庭证人名单、非法证据排除等与审判相关的问题的意见，并获审判人员听取的权利，以及获人民法院开庭通知书的权利；第 190 条规定的申请回避的权利；第 191 条规定的被害人就起诉书指控的犯罪进行陈述的权利，经审判长许可向被告人发问的权利；第 192 条规定的对证人证言或者鉴定意见有异议，申请证人、鉴定人出庭作证的权利；第 194 条规定的经审判长许可，对证人、鉴定人发问的权利；第 195 条规定的辨认物证、听取宣读证言笔录、鉴定意见、勘验笔录及其他作为证据的文书的权利，以及向审判人员提出意见的权利；第 197 条规定的申请通知新的证人到庭、调取新的物证、申请重新鉴定或者勘验、申请法庭通知有专门知识的人出庭的权利；第 198 条规定的经审判长许可，对证据和案件情况发表意见，并且与被告人及其辩护人等互相辩论的权利；第 223 条规定的被告人与被害人或者其法定代理人就附带民事诉讼赔偿等事项没有达成调解或者和解协议的案件，不适用速裁程序的权利；第 229 条规定的不服地方各级人民法院第一审判决的，自收到判决书后 5 日以内，有权请求人民检察院提出抗诉并在人民检察院收到 5 日以内获得答复的权利；第 245 条规定的对司法机关查封、扣押、冻结的财产及其孳息中属于被害人的合法财产的，获得返还的权利；第 281 条规定的询问未成年被害人时，要通知其法定代理人等合适成年人到场的权利；第 282 条规定的人民检察院对未成年人作出附条件不起诉决定以前，听取被害人意见的权利，以及对附条件不起诉提出申诉的权利；第 288 条规定的被告人通过向被害人赔偿损失、赔礼道歉等方式获得被害人谅解，被害人自愿和解的，可以和解的权利；第 289 条规定的公安机关、人民检察院、人民法院对和解的自愿性、合法性进行审查并主持制作和解协议书时，听取被害人的意见的权利；第 300 条规定的对违法所得没收程序中的被害人的合法财产依法予以返还的权利；第 305 条规定的对强制医疗决定不服，向上一级人民法院申请复议的权利。

被害人在刑事诉讼中享有的以上权利主要可分为三种：第一种是作为犯罪行为的被害人，因犯罪行为遭受物质损失而请求民事赔偿和民事救济的权利，包括要求返还财产的权利；第二种是作为犯罪行为的被害人请求侦查机关、人民检察院、人民法院追究加害人刑事责任的权利，也有权基于和解向人民检察院、人民法院提出意见；第三种是提供被害人陈述作为证据的权利，本质上是人证。

二、公诉案件被害人法律地位与其法律权利的匹配

一个人所享有的法定权利决定了其法律地位。同样，被害人所享有的诉讼权利决定了其诉讼地位。在公诉案件中，1979 年《刑事诉讼法》第 58 条第 4 款规定，"诉讼参与人"是指当事人、被害人、法定代理人、辩护人、证人、鉴定人和翻译人员。可见 1979 年《刑事诉讼法》中的"当事人"并不包括被害人。1996 年《刑事诉讼法》修正时将原第 58 条第 2 款修改为第 82 条第 2 款并在 2018 年《刑事诉讼法》第 108 条予以保留，将被害人定位为当事人——"当事人"是指被害人、自诉人、犯

罪嫌疑人、被告人、附带民事诉讼的原告人和被告人。通过1996 年修法，被害人的诉讼地位从当事人以外的诉讼参与人提高到当事人。

被害人在人民检察院审查起诉时可提出意见，在开庭审判中对证人、鉴定人进行质证，对被告人进行发问，对证据和法律问题进行辩论等，这也是被害人与证人不同之处。被害人作为人证，尤其是当其作为人证需要出庭作证时，此时虽然法律规定被害人与证人不同，其享有回避、对被告人发问、对证人鉴定人质证等权利，但一旦被害人出庭作证，依据 2018 年《刑事诉讼法》第 124 条第 2 款规定"询问证人应当个别进行"，第127 条规定询问被害人适用于询问证人一节的各条规定，因此，出庭作证的被害人不得全程出庭听审。

从表面来看，《刑事诉讼法》第 124 条第 2 款、第 127 条的规定与第 61、191、194、195 条的规定是存在内在冲突的。对此，需要认识到的是，公诉案件刑事审判中需要确认检察机关是否能够以合法证据排除合理怀疑地证明被告人有罪，所有的程序规则和证据规则都是围绕这一需要设定的。被告人享有无罪推定的权利和利益，检察机关起诉被告人有罪，检察机关就要拿出合法的证据来，排除合理怀疑地证明其有罪。出庭作证的被害人所提供的被害人陈述是控方证据链上的一个环节，也需要符合证据规则和程序规则。不允许出庭作证的被害人全程出席审判，是为了避免被害人受到当庭出示的证据以及出庭作证的证人等的影响，以至于被害人陈述中混杂了其听来的情况，被害人所陈述的内容已不是独立回忆的情况，其真实性、可靠性受到影响，就不能再作为指控犯罪的证据，否则，就难以保障被追诉人无罪推定的权利。这是《刑事诉讼法》第 124 条第 2款、第 127 条规定的内在逻辑，也是在适用中优先于第 61、

191、194、195 条的原理，这是无罪推定的要求。

值得注意的是，《刑事诉讼法》规定被害人是当事人，但是，被害人作为被犯罪行为侵害的人，其本来在民事诉讼中应当享有的部分诉权在刑事诉讼中丧失掉了，这主要是指刑事案件中被害人的精神损害赔偿请求权。自 1979 年至 2018 年，《刑事诉讼法》虽未明文禁止对精神损害予以赔偿，也未剥夺被害人的精神损害赔偿请求权，但是相关司法解释事实上剥夺了被害人的精神损害赔偿请求权。如 2018 年《刑事诉讼法》第 101 条对附带民事诉讼范围的规定为："被害人由于被告人的犯罪行为而遭受物质损失的，在刑事诉讼过程中，有权提起附带民事诉讼。被害人死亡或者丧失行为能力的，被害人的法定代理人、近亲属有权提起附带民事诉讼。"其并未限制被害人一方在刑事诉讼、附带民事诉讼之外提起精神损害赔偿的民事诉讼。但 2000 年 12 月通过的《最高人民法院关于刑事附带民事诉讼范围问题的规定》（法释〔2000〕47 号）第 1 条第 2 款规定："对于被害人因犯罪行为遭受精神损失而提起附带民事诉讼的，人民法院不予受理。"2001 年 2 月通过的《最高人民法院关于确定民事侵权精神损害赔偿责任若干问题的解释》（法释〔2001〕7 号）第 1 条规定，"自然人因下列人格权利遭受非法侵害，向人民法院起诉请求赔偿精神损害的，人民法院应当依法予以受理：①生命权、健康权、身体权……"其第 9 条规定，"精神损害抚慰金包括以下方式：①致人残疾的，为残疾赔偿金；②致人死亡的，为死亡赔偿金；③其他损害情形的精神抚慰金。"这意味着在杀人、伤害等刑事案件中，被害人虽然无权在刑事附带民事诉讼中请求赔偿精神损害，但有权通过向人民法院提起民事诉讼获得精神损害抚慰金。从后续发展看，这显然并非最高人民法院本意。2002 年 7 月通过的《最高人民法院关于人民法院是否受理刑事案件被害人提起精神损害赔偿民事诉讼问题的批复》（法释〔2002〕17号）要求"对于刑事案件被害人由于被告人的犯罪行为而遭受精神损失提起的附带民事诉讼，或者在该刑事案件审结以后，被害人另行提起精神损害赔偿民事诉讼的，人民法院不予受理"。可见，《最高人民法院关于刑事附带民事诉讼范围问题的规定》和《最高人民法院关于确定民事侵权精神损害赔偿责任若干问题的解释》的相关内容，本质是剥夺刑事案件被害人对于精神损害的民事诉权。

这两个文件直至2015年1月才被《最高人民法院关于废止部分司法解释和司法解释性质文件（第十一批）的决定》废除，被废止的这两个司法解释文件从2015年1月19日起不再适用，但过去依据或参照这两个司法解释文件对有关案件作出的判决、裁定仍然有效。这两个文件被废止的理由是"已被《最高人民法院关于适用〈中华人民共和国刑事诉讼法〉的解释》及相关规定修改"及"已被《最高人民法院关于适用〈中华人民共和国刑事诉讼法〉的解释》的相关内容代替"。而2012年《最高人民法院关于适用〈中华人民共和国刑事诉讼法〉的解释》第138条第2款仍规定"因受到犯罪侵犯，提起附带民事诉讼或者单独提起民事诉讼要求赔偿精神损失的，人民法院不予受理"，这意味着还要继续剥夺刑事案件被害人对于精神损害的民事诉权。

以上这种剥夺被害人精神损害赔偿诉权的规定与既有民事法律存在法律冲突，我国精神损害赔偿的民事诉权早已于法有据。在2012年之前，精神损害赔偿问题已经经过立法程序获得《侵权责任法》的明文规定。2008年12月22日，全国人大法律委员会副主任委员李适时在第十一届全国人民代表大会常务委员会第六次会议上做《全国人民代表大会法律委员会关于〈侵权责任法（草案）〉主要问题的汇报》，指出："侵权行为在不少情况下既造成财产损害，又造成精神损害。我国现行法律没有明确规定精神损害赔偿，但审判实践中已有不少精神损害赔偿的案例。经同有关部门研究认为，草案应当对精神损害赔偿作出明确规定，但对精神损害赔偿的范围应当严格限制。草案规定：'侵害他人生命权、健康权，造成死亡的，被害人的近亲属可以请求精神损害赔偿；造成残疾的，被害人可以请求精神损害赔偿。''故意侵害他人人格权、身份权，造成他人严重精神损害的，被害人可以请求精神损害赔偿。'依照草案这一规定，精神损害的赔偿范围主要限制在严重侵害他人生命健康的情形。"2009 年发布的《侵权责任法》第 22 条规定："侵害他人人身权益，造成他人严重精神损害的，被侵权人可以请求精神损害赔偿。"2020 年《民法典》纳入了《侵权责任法》的内容，其第 1183 条规定了精神损害赔偿，"侵害自然人人身权益造成严重精神损害的，被侵权人有权请求精神损害赔偿。因故意或者重大过失侵害自然人具有人身意义的特定物造成严重精神损害的，被侵权人有权请求精神损害赔偿。"因此，在刑事诉讼中剥夺被害人精神损害赔偿诉权的司法解释罔顾上位法的明文规定，引发法律冲突，因其是下位法，又系旧法，最高人民法院应予及时废除。

从以上内容可见，被害人在公诉案件刑事诉讼中的法律地位和法律权利确有不同于证人之处，但其既无刑事案件的诉权，连民事诉权也被司法解释限制。

第二节　认罪案件中被害人的
法律地位与法律权利

在认罪认罚从宽案件中，被害人的法律地位与法律权利整体上得到了强化，主要是通过被害人与检察官之间对于认罪认罚的交流、刑事和解对于诉讼程序和强制措施等的影响来强化的。

一、被害人与检察官之间对认罪认罚的交流

《刑事诉讼法》第 173 条第 2 款规定审查起诉中人民检察院听取被害人及其诉讼代理人对于罪名、量刑、审理程序的三项意见并记录在案，具体为："犯罪嫌疑人认罪认罚的，人民检察院应当……听取……被害人及其诉讼代理人对下列事项的意见，并记录在案：①涉嫌的犯罪事实、罪名及适用的法律规定；②从轻、减轻或者免除处罚等从宽处罚的建议；③认罪认罚后案件审理适用的程序；④其他需要听取意见的事项。"第 4 项规定使条文具有弹性，能够适应现实的发展。从法条的规定看，存在许多可能的解释。就文字表述而言，以下解释都是合理的，但是对被害人权利特别是对被害人在认罪认罚案件中的参与权有着不同的影响。

（一）纯粹单向交流

第一种解释是被害人与检察官之间对被告人认罪认罚的交流是单向的，也即检察官与被害人会谈时，直接要求被害人向检察官表明己方意见并予以记录后附卷。对于检察官而言，这只是一个工作流程，既不需要告知关于被告人认罪认罚的进展和内容，也不需要对被害人提出的意见予以反馈。对于被害人

而言，其对案卷、检察官与被告人之间认罪认罚情况的进展一无所知，也无权要求检察官对被害人的意见和建议作出回应。这种做法的特点是，检察官义务少、责任轻，被害人权利小、要求低，只要双方会面、记录被害人的意见建议，流程即已完成。

（二）一次性双向交流

第二种解释是被害人与检察官之间对嫌疑人认罪认罚的交流是双向的，也即检察官在听取被害人意见之前，要告知被害人关于当前嫌疑人认罪认罚的进展情况，告知其嫌疑人所承认的指控罪名和所愿意接受的处罚。在这种前提下听取被害人对于定罪量刑和审理程序的意见。

（三）商议式双向交流

第三种解释是被害人与检察官之间对认罪认罚的交流是商议式的，也即检察官不但要告知被害人关于嫌疑人认罪认罚的进展情况，而且要随时告知被害人关于认罪认罚的变动情况，听取被害人的意见。但是对于是否采纳被害人的意见，检察官并不需要告知被害人。

（四）反馈式双向交流

第四种解释是被害人与检察官之间的交流是充分参与式的，检察官在第三种解释所述做法的前提下，要告知是否采纳被害人的意见及其理由。这种做法的好处在于被害人能够充分参与认罪认罚，有些被害人愿意充分知情并与检察官讨论案件的处理，这种做法可以满足这类被害人的需求。

笔者认为，要深入探讨在审查起诉程序中被害人与检察官之间对认罪认罚的交流，还要结合《刑事诉讼法》的其他规定，以2018年《刑事诉讼法》第289条关于公诉案件刑事和解的规定为例，在达成或者可能达成刑事和解的认罪认罚案件的审查起诉阶段，检察官与被害人之间的沟通交流可以区分为两种不同的情况，其中一种情况是对于已经达成和解的，检察官要听取被害人的意见，目的是对和解的自愿性、合法性进行审查，并主持制作和解书。《刑事诉讼法》第 289 条规定："双方当事人和解的，公安机关、人民检察院、人民法院应当听取当事人和其他有关人员的意见，对和解的自愿性、合法性进行审查，并主持制作和解协议书。"刑事和解是 2012 年《刑事诉讼法》修正案新增的规定，在 2012 年《人民检察院刑事诉讼规则（试行）》中有所解释，其第 514 条第 2 款规定："人民检察院……可以建议当事人进行和解，并告知相应的权利义务，必要时可以提供法律咨询。"2019 年《人民检察院刑事诉讼规则》第 496 条第 2 款保留了这一规定。

2019 年"两高三部"《关于适用认罪认罚从宽制度的指导意见》第 17 条进一步规定了检察院促进和解谅解的职责，要求对符合当事人和解程序适用条件的公诉案件，犯罪嫌疑人、被告人认罪认罚的，检察院应当积极促进当事人自愿达成和解；对其他认罪认罚案件，检察院可以促进犯罪嫌疑人、被告人通过向被害方赔偿损失、赔礼道歉等方式获得谅解，被害方出具的谅解意见应当随案移送；检察院在促进当事人和解谅解过程中，应当向被害方释明认罪认罚从宽、公诉案件当事人和解适用程序等具体法律规定，充分听取被害方意见，符合司法救助条件的，应当积极协调办理。2019 年《人民检察院刑事诉讼规则》第 276 条也作了相同规定。

在此还必须分析和解协商的内容范围，借以界定检察官和被害人之间的交流内容及双方之间的权力关系。2012 年《人民检察院刑事诉讼规则（试行）》第 513 条规定："双方当事人可以就赔偿损失、赔礼道歉等民事责任事项进行和解，并且可以就被害人及其法定代理人或者近亲属是否要求或者同意公安机关、人民检察院、人民法院对犯罪嫌疑人依法从宽处理进行协商，但不得对案件的事实认定、证据采信、法律适用和定罪量刑等依法属于公安机关、人民检察院、人民法院职权范围的事宜进行协商。"该规定在 2019 年《人民检察院刑事诉讼规则》第 495 条予以保留。可见，被害人和嫌疑人不能对事实、证据、定罪量刑等进行和解协商。

如果考虑到和解协议的内容，检察官和被害人之间在认罪认罚中的权利界限就更加明显。2012 年《人民检察院刑事诉讼规则（试行）》第 516 条与 2019 年《人民检察院刑事诉讼规则》第 498 条相同，即和解协议书的主要内容包括：①双方当事人的基本情况。②案件的主要事实。③犯罪嫌疑人真诚悔罪，承认自己所犯罪行，对指控的犯罪没有异议，向被害人赔偿损失、赔礼道歉等。赔偿损失的，应当写明赔偿的数额、履行的方式、期限等。④被害人及其法定代理人或者近亲属对犯罪嫌疑人予以谅解，并要求或者同意公安机关、人民检察院、人民法院对犯罪嫌疑人依法从宽处理。和解协议书应当由双方当事人签字，可以写明和解协议书系在人民检察院主持下制作。检察人员不在当事人和解协议书上签字，也不加盖人民检察院印章。和解协议书一式三份，双方当事人各持一份，另一份交人民检察院附卷备查。

可见，和解协议的核心内容是认罪、赔偿、谅解，被害人要求或者同意刑事司法部门对嫌疑人从宽。在见到人民检察院量刑建议之前，被害人签署的可谓是一份不再要求重判的文件。就此，2012 年《人民检察院刑事诉讼规则（试行）》第 517 条与 2019 年《人民检察院刑事诉讼规则》第 499 条都要求"和解协议书约定的赔偿损失内容，应当在双方签署协议后立即履行，至迟在人民检察院作出从宽处理决定前履行。确实难以一次性履行的，在被害人同意并提供有效担保的情况下，也可以分期履行"。切实履行和解协议，以免除检察院作出从宽处理后，遭被害人不服而申诉、信访等顾虑。但是，无辜被告人出于取保候审、避免长期羁押、免受重刑等目的，被迫认罪、和解，在此阶段已经支付赔偿金的，之后如何处理，面临巨大的挑战。

二、与被害人和解调解不成的不能适用速裁程序

2018 年《刑事诉讼法》第 223 条规定，"有下列情形之一的，不适用速裁程序：……⑤被告人与被害人或者其法定代理人没有就附带民事诉讼赔偿等事项达成调解或者和解协议的"，可见被害人可以通过附带民事诉讼的调解、和解协商过程，左右速裁程序的适用；如果没有达成调解、和解，就不得适用速裁程序。

速裁程序试点是认罪认罚试点的前身，2016 年《全国人民代表大会常务委员会关于授权最高人民法院、最高人民检察院在部分地区开展刑事案件认罪认罚从宽制度试点工作的决定》和最高人民法院、最高人民检察院会同公安部、国家安全部、司法部制定的《关于在部分地区开展刑事案件认罪认罚从宽制度试点工作的办法》直接将前期速裁程序试点的 18 个大城市转为认罪认罚试点。

需要注意的是，速裁程序仅仅是认罪认罚案件可以适用的审理程序之一，被害人与嫌疑人无法达成附带民事诉讼调解、和解的，仍可适用其他审理程序办理认罪认罚案件，只是嫌疑人会失去适用速裁程序的利益。

就速裁程序对犯罪嫌疑人、被告人的利益而言，主要是程序迅速推进、审限短带来的速决利益和诉讼期间利益。2018 年

《刑事诉讼法》第 225 条规定："适用速裁程序审理案件，人民法院应当在受理后 10 日以内审结；对可能判处的有期徒刑超过 1 年的，可以延长至 15 日。"这比适用简易程序的 20 日至一个半月和普通程序的 2 个月至 6 个月要迅速得多。

三、与被害人和解可以影响强制措施的适用

近年来，"全国普通刑事案件的批捕率逐年下降，从 2005 年的 91% 下降至 2016 年的 77.6%，审前羁押率从 2005 年的 90% 降到 2016 年的 59% 左右。"[1] 2018 年《刑事诉讼法》第 81 条规定："批准或者决定逮捕，应当将犯罪嫌疑人、被告人涉嫌犯罪的性质、情节、认罪认罚等情况，作为是否可能发生社会危险性的考虑因素。"对于侦查阶段的案件，嫌疑人只能笼统地表示愿意认罚，没有检察官的量刑建议可供其接受，但确实可能影响逮捕的适用，因为如果是与被害人和解的案件，此前的规范性文件已有规定。

依据 2012 年《人民检察院刑事诉讼规则（试行）》第 518 条及 2019 年《人民检察院刑事诉讼规则》第 500 条之规定："双方当事人在侦查阶段达成和解协议，公安机关向人民检察院提出从宽处理建议的，人民检察院在审查逮捕和审查起诉时应当充分考虑公安机关的建议。"侦查阶段的和解协议对于检察院的批捕和起诉决定的影响不是决定性的，人民检察院应当"充分考虑"公安机关的从宽建议，但未必遵循从宽建议。

2016 年《人民检察院办理羁押必要性审查案件规定（试行）》第 13 条规定："人民检察院进行羁押必要性审查，可以

---

[1] 孙谦：《司法改革背景下逮捕的若干问题研究》，载《中国法学》2017 年第 3 期。

采取以下方式：……③听取被害人及其法定代理人、诉讼代理人的意见，了解是否达成和解协议。"第 18 条也规定："经羁押必要性审查，发现犯罪嫌疑人、被告人具有下列情形之一，且具有悔罪表现，不予羁押不致发生社会危险性的，可以向办案机关提出释放或者变更强制措施的建议：……⑦与被害方依法自愿达成和解协议，且已经履行或者提供担保的。"

因此，被害人的意见，尤其是与被害人达成和解协议，是嫌疑人、被告人获得非羁押性强制措施候审的重要影响因素。对于嫌疑人、被告人而言，是难以抗拒的诱惑，如何避免嫌疑人、被告人在沉重压力和诱惑下的不自愿认罪，是必须面对的挑战。赔偿和解或认罪认罚不应是强制措施变更的决定性条件，还需考虑案件其他因素尤其是社会危险性。在实践中要谨防将赔偿与和解作为解除羁押措施必要条件的观念与做法。

四、与被害人和解可以影响认罪认罚案件的定罪量刑

在和解的认罪认罚案件中，被害人可能影响到案件的诉讼结局，具体而言，分别会影响案件在审查起诉阶段和审判阶段的处理。

（一）可以影响起诉与否及如何起诉的决定

2012 年《人民检察院刑事诉讼规则（试行）》与 2019 年《人民检察院刑事诉讼规则》对于被害人和解案件对审查起诉的影响作出了规定，主要可分为两种影响：

1. 和解及其履行可以影响量刑建议

第一种影响是关于检察院向法院提出从宽处罚的量刑建议，见于 2012 年《人民检察院刑事诉讼规则（试行）》第 520 条第 2 款和 2019 年《人民检察院刑事诉讼规则》第 502 条第 2 款，如果案件双方当事人达成和解协议，"对于依法应当提起公诉

的，人民检察院可以向人民法院提出从宽处罚的量刑建议"。

2. 和解及其履行可以影响不起诉

第二种是影响人民检察院作出不起诉决定。与和解有关的不起诉法律规定有 2018 年《刑事诉讼法》第 177 条所规定的"对于犯罪情节轻微，依照刑法规定不需要判处刑罚或者免除刑罚的，人民检察院可以作出不起诉决定"。第 177 条并未将和解作为不起诉决定的条件和考虑因素，但 2019 年《人民检察院刑事诉讼规则》第 520 条第 1 款规定："人民检察院对于公安机关移送起诉的案件，双方当事人达成和解协议的，可以作为是否需要判处刑罚或者免除刑罚的因素予以考虑。符合法律规定的不起诉条件的，可以决定不起诉。"此规定对 2012 年《人民检察院刑事诉讼规则（试行）》第 520 条第 1 款仅作微调，内容基本相同。对这一规定可以作不同的理解：第一种理解，笔者称之为增设附加条件说，将和解作为不起诉的考虑因素，原本可以不起诉的案件，现在以和解为条件才能不起诉，提高了不起诉的条件，缩减了不起诉的适用范围。第二种理解，笔者称之为另设独立条件说，《刑事诉讼法》第 177 条规定的酌定不起诉条件是《刑法》规定的"犯罪情节轻微，依照刑法规定不需要判处刑罚或者免除刑罚的"案件，2019 年《人民检察院刑事诉讼规则》第 502 条将当事人达成和解协议作为不需要判处刑罚或者免除刑罚的考虑因素，可能会削弱对"犯罪情节轻微"这一条件的理解和适用，或者将和解作为犯罪情节轻微的条件，从而使犯罪情节并不轻微的案件也可以因和解获得不起诉机会，结果是扩大不起诉的范围。

同样需要注意的是和解协议的履行对不起诉的影响。2012 年《人民检察院刑事诉讼规则（试行）》第 521 条及 2019 年《人民检察院刑事诉讼规则》第 503 条规定："人民检察院拟对当事人达成和解的公诉案件作出不起诉决定的，应当听取双方当事人对和解的意见，并且查明犯罪嫌疑人是否已经切实履行和解协议、不能即时履行的是否已经提供有效担保，将其作为是否决定不起诉的因素予以考虑。当事人在不起诉决定作出之前反悔的，可以另行达成和解。不能另行达成和解的，人民检察院应当依法作出起诉或者不起诉决定。当事人在不起诉决定作出之后反悔的，人民检察院不撤销原决定，但有证据证明和解违反自愿、合法原则的除外。"

2012 年《人民检察院刑事诉讼规则（试行）》第 522 条及 2019 年《人民检察院刑事诉讼规则》第 504 条规定："犯罪嫌疑人或者其亲友等以暴力、威胁、欺骗或者其他非法方法强迫、引诱被害人和解，或者在协议履行完毕之后威胁、报复被害人的，应当认定和解协议无效。已经作出不批准逮捕或者不起诉决定的，人民检察院根据案件情况可以撤销原决定，对犯罪嫌疑人批准逮捕或者提起公诉。"

关于和解协议履行对于不起诉决定的影响，同样可以适用上文达成和解对不起诉范围的两种影响的分析。

（二）可以影响案件审判阶段的定罪量刑

2017 年 4 月实施的《最高人民法院关于常见犯罪的量刑指导意见》（法发〔2017〕7 号）将刑事和解作为常见量刑情节："对于当事人根据刑事诉讼法第 277 条达成刑事和解协议的，综合考虑犯罪性质、赔偿数额、赔礼道歉以及真诚悔罪等情况，可以减少基准刑的 50% 以下；犯罪较轻的，可以减少基准刑的 50% 以上或者依法免除处罚。"2012 年《最高人民法院关于适用〈中华人民共和国刑事诉讼法〉的解释》第 157 条规定："审理刑事附带民事诉讼案件，人民法院应当结合被告人赔偿被害人物质损失的情况认定其悔罪表现，并在量刑时予以考虑。"2021

年《最高人民法院关于适用〈中华人民共和国刑事诉讼法〉的解释》第 194 条对以上规定予以完全保留。

2018 年《刑事诉讼法》第 290 条规定公诉案件达成刑事和解的可以从宽处理:"对于达成和解协议的案件,公安机关可以向人民检察院提出从宽处理的建议。人民检察院可以向人民法院提出从宽处罚的建议;对于犯罪情节轻微,不需要判处刑罚的,可以作出不起诉的决定。人民法院可以依法对被告人从宽处罚。"

2012 年《最高人民法院关于适用〈中华人民共和国刑事诉讼法〉的解释》第 505 条也规定了被害人和解对量刑的影响:"对达成和解协议的案件,人民法院应当对被告人从轻处罚;符合非监禁刑适用条件的,应当适用非监禁刑;判处法定最低刑仍然过重的,可以减轻处罚;综合全案认为犯罪情节轻微不需要判处刑罚的,可以免除刑事处罚。共同犯罪案件,部分被告人与被害人达成和解协议的,可以依法对该部分被告人从宽处罚,但应当注意全案的量刑平衡。"2021 年《最高人民法院关于适用〈中华人民共和国刑事诉讼法〉的解释》第 596 条对以上规定予以保留,仅修改了个别文字。2013 年 9 月,海淀区人民法院宣判李某某等五人强奸案,"庭审后,被害人杨某某与被告人魏某某 1、张某某、魏某某 2 及法定代理人自愿达成调解协议,接受三被告人及法定代理人的道歉和赔偿,同时申请撤回本案所提附带民事诉讼,要求对被告人李某某、王某依法从重处罚,对其余三名被告人依法从轻处罚。"法院对其中如实供述、认罪态度好、交纳赔偿款、对被害人道歉、积极赔偿被害人损失、悔罪表现明显、被害人亦建议对其从轻处罚的两名未成年被告人适用缓刑,另外两名未成年被告人中,对无悔过表现的判处 10 年有期徒刑,对另一名作用较大但道歉、赔偿、被害人建议从轻处罚的判处 4 年有期徒刑。法院对成年人王某判处 12 年有期徒刑。[1]

五、关于完善被害人参与认罪认罚的建议

(一) 完善被害人的知情权

知情是参与的前提。办案机关可考虑将相关的情况通知被害人，以使其更有效地行使其权利，被害人在刑事诉讼中的知情权体现在以下方面：一是在接触被害人的第一时间将被害人的联系方式和地址记录在案，通过电子邮件、短信、即时通信方式或者信函及时通知被害人有关情况。已经建立智慧司法系统网络的公检法机关，可以建立被害人进入系统的端口并告知被害人注册方式，存放并及时更新被害人有权获知的案情和信息，被害人登录即可更新其对案件进展的了解。二是负有通知义务的机构应通知被害人为了获知案件进展情况，可以向哪些人寻求帮助，告知其相关的联系人及其联系方式。三是诉讼阶段转换、程序变动时，建议及时通知被害人，如当前立法缺失的通知立案、通知移送审查起诉、通知提起公诉等。四是对于被害人的诉讼权利、其他权利及其行使方式，以及可从政府或者社区获得哪些帮助其行使权利的服务，建议及时通知被害人，或者将被害人转介至相关的服务机构。五是对于犯罪嫌疑人和被告人采取拘留、逮捕措施等强制措施、变更强制措施的，建议通知被害人。六是对于诉讼程序性决定，如回避、中止审理等，建议通知被害人。七是关于附带民事诉讼和解以及认罪认罚的情况，应依照法律规定通知被害人，听取被害人的意见并附卷。八是关于被害人死亡案件的诉讼结果，如判决书、裁定

---

〔1〕 https://news.qq.com/zt2013/ltyxpjieguo/，最后访问日期：2020 年 7 月 5 日。

书等，建议通知、送达被害人的近亲属。九是关于刑罚的执行及其变更、罪犯的收监及释放，建议通知被害人。以上通知及被害人反馈的情况均应附卷备查。

（二）加强对被害人的赔偿

我国的《国家赔偿法》并不赔偿刑事犯罪被害人的损失，仅提供生活困难救助或者紧急医疗救助，且与加害人的赔偿相斥。2014年中共中央政法委员会、财政部、最高人民法院、最高人民检察院、公安部、司法部印发《关于建立完善国家司法救助制度的意见（试行）》，指出一些刑事犯罪案件因案件无法侦破、被告人没有赔偿能力或赔偿能力不足，致使被害人及其近亲属依法得不到有效赔偿，生活陷入困境的情况不断增多。有的由此引发当事人反复申诉上访甚至酿成极端事件，损害了当事人合法权益，损害了司法权威，影响社会和谐稳定。各地积极探索开展刑事被害人救助、涉法涉诉信访救助等多种形式的救助工作。司法救助具有辅助性、一次性等特点，重点解决符合条件的特定案件当事人面临的急迫生活困难，提出国家司法救助申请的下列申请人应当予以救助：①刑事案件被害人受到犯罪侵害，致使重伤或严重残疾，因案件无法侦破造成生活困难的；或者因加害人死亡或没有赔偿能力，无法经过诉讼获得赔偿，造成生活困难的。②刑事案件被害人受到犯罪侵害危及生命，急需救治，无力承担医疗救治费用的。③刑事案件被害人受到犯罪侵害而死亡，因案件无法侦破造成依靠其收入为主要生活来源的近亲属生活困难的；或者因加害人死亡或没有赔偿能力，依靠被害人收入为主要生活来源的近亲属无法经过诉讼获得赔偿，造成生活困难的。④刑事案件被害人受到犯罪侵害，致使财产遭受重大损失，因案件无法侦破造成生活困难的；或者因加害人死亡或没有赔偿能力，无法经过诉讼获得赔偿，造成生活困难的。⑤举报人、证人、鉴定人因举报、作证、鉴定受到打击报复，致使人身受到伤害或财产受到重大损失，无法经过诉讼获得赔偿，造成生活困难的。不予救助的例外情况包括：被害人对案件发生有重大过错的；无正当理由，拒绝配合查明犯罪事实的；故意作虚伪陈述或者伪造证据，妨害刑事诉讼的等。赔偿数额最高为案件管辖地上年度职工平均月工资的 36 倍。

刑事被害人救助资金、涉法涉诉信访救助资金等专项资金，统一合并为国家司法救助资金。公检法等刑事司法部门均可作出司法救助决定，在 10 个工作日内作出是否给予救助和具体救助余额的审批意见，对批准同意的，财政部门应及时将救助资金拨付办案机关，办案机关在收到拨付款后 2 个工作日内，通知申请人领取救助资金。对急需医疗救治等特殊情况，办案机关可以依据救助标准，先行垫付救助资金，救助后及时补办审批手续。

现行的国家司法救助属于仅仅救助陷入紧急困难的部分人，难以起到充分赔偿的作用。首先，对于刑事犯罪尤其是暴力犯罪被害人的精神抚慰不足，精神损害赔偿尚未纳入法定救助范围。其次，36 个月平均工资的救助款仅能救助短期内的基本生存和基本医疗，尤其是对于失去劳动能力的被害人而言，可预计其仍要陷入困顿。最后，政府作为唯一掌握暴力机器的组织，取得了保卫自己、保卫社会、保卫个人并为此追究个人刑事责任的公诉权，个人通过守法、纳税支持政府并获得的保护，不仅应包括刑事司法的保护，而且应包括当受到暴力犯罪侵害时的经济赔偿。因此，建议对于国家司法救助，一是应适当扩大国家司法救助的范围；二是应区分情形，适当扩大支付金额；三是建议合理理顺国家司法救助和嫌疑人、被告人的赔偿之间的关系。多数嫌疑人、被告人赔偿能力有限，无力赔偿犯罪行为给被害人造成的损失，这是国家司法救助存在的必要性所在。可考虑国家在支付赔偿金后，向嫌疑人、被告人追偿，发现其有财产可供执行的，可执行其财产。

（三）合理界定检察机关与被害人权利之间的界限

2018 年《刑事诉讼法》所规定的速裁程序的适用条件之一是达成调解或者和解协议，这使认罪认罚而又没有赔偿能力或者无力满足被害人赔偿要求的被告人无法适用速裁程序，这极大地提高了被害人对刑事诉讼的影响力。公诉被害人对于刑事司法的影响除了作证、在诉讼的各个阶段向司法机关提交意见以外，具备了直接影响诉讼程序适用的能力。

然而需要注意的是，在我国刑事诉讼中，被害人在公诉案件中的追诉权包括启动诉讼、选择程序等权力本已转由公诉机关行使，《刑事诉讼法》规定速裁程序以调解或者和解为适用前提，乃是返还被害人追诉权的一种体现，其优势在于，它有助于被害人从有赔偿能力的嫌疑人、被告人处获取相对满意的赔偿；其缺点在于没有赔偿能力或者无法令被害人满意的被告人无法适用这一诉讼程序，可能会使贫富差异影响到诉讼程序。

第三节　被害人参与认罪案件及权利保障的国际趋势

在追究被告人刑事责任时赋予被害人某种法定权利，在国际上获得越来越多的关注，尤其是在存在辩诉交易或者类辩诉交易、通过控辩双方协商认罪解决刑事案件的国家和地区。

在国际社会，1985 年 11 月 29 日联合国大会通过《刑事被害人司法公正基本原则宣言》,〔1〕1998年联合国预防犯罪与刑事司法委员会制定了手册以帮助实施该宣言。被害人在检察官起诉阶段的权利受到重视。在检察官职责和角色中，手册第3.2.2条强调检察官有义务向被害人提供案件有关信息，包括通知案件在刑事司法系统中诉讼关键阶段的情况，在合适的司法辖区，与执行机构和审判机关协调将被害人影响陈述纳入法庭程序，包括辩诉交易、量刑调查报告和量刑。〔2〕2001年3月，欧盟理事会通过框架决议特别规定被害人获得刑事庭审程序中关于指控信息的权利。〔3〕此后被害人权利逐渐进入刑事司法的主流。有关被害人权利的各国立法一直在加强，形成一个国际化的趋势。

一、美国加强被害人权利

美国辩诉交易对美国刑事司法的影响非常显著。最显著的变化是辩诉交易已经成为刑事司法系统的常规方式，而非以往的陪审团审判程序。美国相关立法对辩诉交易予以规范。规定辩诉交易程序的《美国联邦刑事诉讼规则》第11条对于法官接到被告人的有罪答辩时，关于被害人怎么参与正式的庭审并未规定。在联邦法院系统，被害人的意见可以通过宣读被害人影响陈述直接提出，也可以通过量刑调查报告间接提出。但是在《美国联邦刑事诉讼规则》第11条，关于被害人的规定付诸阙如。关于被害人在辩诉交易案件的参与，规定在被害人权利条

---

〔1〕　Declaration of Basic Principles of Justice for Victims of Crime and Abuse of Power. GA Res. 40/34, UN GAOR, 40th Sess., Supp. No. 53, UN Doc. A/40/53.

〔2〕　Handbook for Victims: On the Use and Application of the United Nations Declaration of Basic Principles of Justice for Victims of Crime and Abuse of Power.

〔3〕　2001年3月15日欧洲理事会框架决定《关于刑事诉讼中被害人的地位》，文件号 No. 301F0220。

文或者专门的被害人权利立法中。

纵观美国被害人权利的发展，其主要经历了几次大的发展阶段，详述如下。

（一）辩诉交易中被害人权利发展的三波浪潮

美国 50 个州都认可被害人在刑事诉讼程序中的权利，以各种方式规定了被害人在辩诉交易案件中的参与。截至 2002 年，至少有 32 个州的宪法确立了被害人权利。[1] 联邦也自 1990 年《被害人权利和救济法》开始通过了一系列被害人权利法。2004 年《刑事被害人权利法》给予了被害人"参与刑事司法系统的权利"[2]，赋予被害人诉讼地位，给予被害人在法庭上表达对辩诉交易的意见的权利。[3] 当被害人的某些权利被侵犯时，法庭不得接受控辩双方的辩诉协议。[4]

首个重要权利是确认被害人有权获知其案件在刑事法院系统中的地位和进展。大部分州要求告知被害人关于辩诉协商的进行情况，在有些州，被害人的权利不止于知情，截至 2002 年至少有 22 个州"要求检察官在辩诉协商阶段与被害人会谈或者听取被害人的意见"。[5] 2000 年《联邦检察总长被害人和证人协助指南》[6] 以同样的方式要求联邦检察官有义务尽一切合理

---

〔1〕 Bandoni v. Rhode Island, 715 A. 2d 580 (R. I. Sup. Ct. 1998).

〔2〕 Crime Victims' Rights Act, Pub. L. No. 108 - 405, Title I, § 102 (a), 118 Stat. 2261 [codified as amended at 18 U. S. C. § 3771 (Supp. I 2006)].

〔3〕 18 U. S. C. § 3771 (a) (4) (2006).

〔4〕 Douglas E. Beloof, "The Third Wave of Crime Victims' Rights: Standing, Remedy, and Review", 2005 *Brigham Young University Law Review* 2005, pp. 350-354; Paul G. Cassell, "Treating Crime Victims Fairly: Integrating Victims into the Federal Rules of Criminal Procedure", 4 *Utah Law Review* 2007, pp. 865-870.

〔5〕 U. S. Department of Justice, Victim Input into Plea Agreements (Report no. 7), 2002. Washington, DC: Office for Victims of Crime; VA Code § 19. 2-11. 01 (2019).

〔6〕 U. S. Department of Justice, Attorney General Guidelines for Victim and Witness Assistance, 2000. Washington, DC: Office for Victims of Crime.

努力与被害人会谈，并在第一时间向其提供关于辩诉交易条款的通知。[1] 2019 年《弗吉尼亚州法典》19.2-11.01 规定："在重罪案件中，检察官应被害人的书面申请，应以口头或书面形式咨询被害人：(i) 将提议的认罪协议的内容通知被害人，以及(ii) 获得被害人对案件处理的意见，包括被害人对撤诉、答辩、控辩谈判和量刑的意见。但是，本条的任何规定均不限制检察官在处理刑事案件时代表人民行使自由裁量权的能力。除非法院认定检察官已遵守 (i) 和 (ii)，否则法院不应接受认罪协议。除非有正当理由，包括但不限于被害人因监禁、住院、在被传唤时未能出庭或在未通知的情况下更改地址而无法出庭。根据被害人的书面申请，应根据 A.3.b 将认罪协议提交给法院的程序通知受害人。"[2]

　　2002 年，美国司法部认为州法所确立的最有价值的被害人权利是与检察官商议辩诉协议。[3] 在有些州，被害人不仅有权接受关于辩诉协议条款的咨询，也有权参与在法官主持之下的答辩庭审。[4]《亚利桑那州刑法》规定被害人有权接受对于辩诉交易条款的咨询，虽然被害人无权否决，但是有权在任何关于辩诉协议的庭审中出席，在法官作出是否接受辩诉协议的决定之前充分表达其意见。[5] 所以，显然亚利桑那州立法框架之下的被害人不仅是控辩双方之间辩诉协商信息的被动接收者。

　　被害人权利在美国辩诉交易程序中的发展可被总结为三大浪潮：第一波是承认被害人在刑事诉讼中有其法律地位，其在

---

〔1〕　42 U.S.C. § 10606 (b) (5).

〔2〕　A.4.d, VA Code § 19.2-11.01 (2019).

〔3〕　U.S. Department of Justice, Victim Input into Plea Agreements (Report no.7), 2002. Washington, DC: Office for Victims of Crime.

〔4〕　佛罗里达州、明尼苏达州、罗德岛等。

〔5〕　S.13-4423.

辩诉交易中可以一定的方式进行参与，有一定的权利。第二波是认可其在刑事诉讼中可获得救济。第三波即对侵害被害人权利的案件予以复审复查的权利，如申请强制命令。被害人其他形式的参与也非常重要，如被害人的知情权。随着被害人权利的不断发展，被害人权利走向体系化。

（二）美国的被害人权利体系

下文以俄亥俄州为例，系统说明被害人权利，并简要说明联邦刑事案件中被害人权利的相关规定。

1. 俄亥俄州法中的被害人权利

俄亥俄州的被害人享有丰富的诉讼权利，其对诉讼程序的进展与结果有充分的知情权，有人身安全权、提交被害人陈述权等。具体可见于其《俄亥俄州法典》及历年修正版本中的相关规定。

（1）被害人的联系权及权利告知。1996年生效的第2930.04条规定：

执法机构应向被害人提供的信息如下：

（A）在与被害人初次接触后，负责侦查的执法机构应当以书面形式向被害人提供以下所有信息：

（1）解释被害人的权利；

（2）关于被害人可以获得的医疗、咨询、住房、紧急情况以及其他服务的信息；

（3）第2743.51~2743.72条中关于赔偿方案下被害人获得赔偿的信息，以及根据这些条款申请赔偿的联系机构的名称、街道地址和电话号码；

（4）关于被害人可获得保护的信息，包括法院发布的保护令。

（B）在与被害人初次接触后，负责侦查的执法机构应在切实可行的范围内尽快向被害人提供以下所有信息：

（1）指派侦查案件的执法人员的工作电话号码；

（2）本案检察官的办公地址和工作电话号码；

（3）说明如果被害人在合理的时间内未被告知逮捕嫌疑人，被害人可与执法机关联系，以了解案件的状况。

（C）如果根据第 109.42 条编写的小册子或根据第 2743.71 条编写的信息卡或其他材料中提供了本条所要求的信息，执法机构可以通过向被害人提供该小册子、信息卡或其他材料来履行本条规定的部分义务。

（2）获知逮捕和羁押的权利。1999 年生效的第 2930.05 条规定：

通知被害人关于逮捕和羁押：

（A）在被告人或被指控的未成年人被逮捕或拘留后的合理时间内，负责侦查的执法机构应通知被害人所有以下内容：

（1）逮捕或拘留；

（2）被告人或被指控的未成年人的姓名；

（3）被告人或被指控的未成年人是否有资格获得审前释放或被释放；

（4）执法机关的电话号码；

（5）被害人有权打电话给该机构，以确定被告或被指控的未成年人是否已被释放或被拘留。

（B）如果被告人或被指控的未成年人已经因保释或个人担保而被释放，并且该案的检察官已收到针对被告人或被指控的未成年人的被害人陈述，或如果某人在被告人或被指控的未成年人的指示下行事，已经或威胁要对被害人及其家属或被害人的代表实施一项或多项暴力或恐吓行为，检察官可以提出申请，要求法院重新考虑为被告人或被指控的未成年人提供保证或个人担保的条件，或考虑将被告人或被指控的未成年人送回拘留所。

（3）获知伤情的权利。2006年生效的第2930.062条规定：

通知被害人伤情：第2930.01（H）（2）条规定的被害人（涉机动交通工具案件中的被害人等）可以向检察官或者法院（检察官尚未介入的未成年人案件），随时提交书面的被害人伤情通知。如尚未通知被害人案件信息，接到被害人书面伤情通知的检察官或者法院应按照第2930.069（B）条的规定通知被害人所有信息。

（4）保护被害人信息与安全的权利。1999年生效的第2930.07条要求为被害人身份信息保密，2019年修正后内容如下：

（A）对案件中被告人或被指控的未成年人的暴力、威胁或恐吓行为，如果检察官认定被害人有合理的理由感受到威胁，检察官可以向法院提出申请，要求法院发布命令，指明在案件的任何阶段，如果作证会暴露被害人或其代表的地址、工作地点或类似的识别其身份的事实，未经被害人或被害人代表的同意，不得强迫被害人和其他证人在案件中针对犯罪行为作证。法院应就检察官的申请在办公室进行听证，法院书记员应予以记录。

（B）如果法院根据（A）的规定，命令被害人及其代表的地址、电话号码、工作地点或其他识别其身份的事实为秘密，则法院档案或文件不得包含这些内容，除非用于识别犯罪或特定的违法行为的地点。法院的听证应予记录，法院应命令对该记录予以封存。

1999年生效的第2930.09条规定了被害人在审判中出庭，除大陪审团程序外，被害人可以在案件的任何阶段出席记录在案的审判程序，并向法官请求，获准由一人陪同出席，除非法官为了保护被告人的公平审判权利而不允许被害人出庭或者不允许陪同。同年生效的第2930.10条规定了"尽量减少被害人与被告人之间的联系——分开等候区"：

（A）进行刑事诉讼或者未成年人诉讼的法院应作出合理努力，在所有法庭诉讼程序之前、期间和之后立即尽量减少案件中被害人及其家属、代理人或控方证人，与被告人及其家属、代理人、辩方证人之间的任何联系。

（B）如果切实可行，法院应为被害人及其家属、代理人或控方证人提供等候区，该等候区与为被告人及其家属、代理人、辩方证人提供的等候区相隔离。

（5）获知被告人定罪或者无罪的权利。2002年生效、2011年修正的第2930.12条规定了关于被告人无罪开释或定罪的通知：

在被害人提出请求时，检察官应向被害人发出被告人无罪开释或定罪的通知。……如果被告人被定罪，则应通知被害人以下所有内容：

（A）被告人被定罪的罪行；……

（F）属于以下情况的做法：

（1）对被告施加的任何刑罚及其任何后续的变更，包括被告人对量刑提出上诉而作出的改判；

（2）对被告人的任何处置以及随后对该处置的任何变更，包括假释、提前释放。

（6）准备与提交被害人影响陈述的权利。第 2930.12 条规定了被害人影响陈述的提供时机、联系人等，要求应通知被害人以下联系人、联系方式及其陈述的提交方式：

（B）依第 2951.03 条或"刑事规则"第 32.2 条准备量刑调查报告的缓刑办公室或其他人的地址和电话号码，根据第 2152.18（C）（1）条准备案件处分调查报告的人的地址和电话号码，以及根据第 2152.19（D）（1）条或第 2947.051 条准备被害人影响陈述的人的地址和电话号码（如有）。

（C）通知被害人可以向缓刑官员或其他准备量刑调查报告的人（如有）或准备被害人影响陈述的人（如有）作出关于犯罪行为的影响陈述。以上报告中包含的被害人陈述要提供给被告人，除非经法院豁免方可不提供给被告人，并且法院可以向被告人提供被害人影响陈述。

（D）通知被害人根据第 2930.14 条有权在量刑前就犯罪的影响作出陈述。

（E）量刑听证会或处分听证会的日期、时间和地点。

2006 年生效的第 2930.13 条规定了被害人影响陈述：

（A）如果法院命令某人根据第 2152.19（D）（1）条或第 2947.051 条准备制作被害人影响陈述，案件中的被害人可以就该犯罪的影响或未成年人犯罪行为的具体影响，向该人作出书面或口头陈述。被害人根据本条规定作出的陈述应包括在被害人影响陈述中。

（B）有关被告人或被指控的未成年人犯罪行为，如果缓刑官员或其他人根据第 2947.06 条或第 2951.03 条或"刑事规则"第 32.2 条准备制作量刑调查报告，或根据第 2152.18 条制作处分调查报告，被害人可以向缓刑官或者其他人就犯罪行为或具体的未成年人犯罪行为的影响作出书面或口头陈述。缓刑官员或其他人应当在准备量刑调查报告或处分调查报告时使用该陈述，并应被害人的要求，在量刑调查报告或处分调查报告中包含被害人提交的书面陈述。

（C）被害人根据本条（A）或（B）部分作出的陈述可包括以下内容：

（1）解释被害人因作为案件基础的犯罪行为或具体的少年犯罪行为而遭受的任何身体、心理或情感伤害的性质和程度；

（2）解释被害人因该罪行或具体的少年犯罪行为而遭受的任何财产损失或其他经济损失的程度；

（3）因犯罪行为或被指控的少年犯罪行为而造成被害人的损害，被害人需要在多大程度上恢复原状的意见，以及因该罪行或具体的少年犯罪行为而遭受的损失，被害人是否已申请或接受任何损害赔偿；

（4）被害人建议对被告人或被指控的未成年人就该罪行给予适当的制裁或处分。

（D）如果被害人根据本条（A）作出的陈述包含在被害人影响陈述中，那么关于被害人影响陈述的提供、接收、保留副本、使用、保密、不公开记录以及封存由第 2152.20（B）(2)条或第 2947.051（C）条规定。如果被害人根据本条（B）部分作出的陈述包含在根据"刑事规则"第 32.2 条或第 2947.06 条或第 2951.03 条或根据（C）部分处分调查报告编写的调查报告中，那么由第 2951.03 条规范包含被害人陈述的量刑调查报告或处分调查报告的提供、接收和保留、使用和保密、不公开记录以及封存。

1999 年生效的第 2930.14 条规定了被害人与被告人对彼此书面陈述的知情权以及防止突袭：

被害人陈述，（A）在对被告人或被指控的未成年被告人判处刑罚或对具体的少年犯罪行为作出判决或作出处分令之前，法院应允许被害人作出陈述。法院可以将被害人作出的任何书面陈述的副本提供给被告人或被指控的未成年人及其律师，并可以将被告人或被指控的未成年人作出的任何书面陈述提供给被害人和检察官。法院可以对法院认定与判决或处分决定无关联且不可靠的书面陈述中包含的任何信息进行编辑。被害人或被告人或被指控的未成年人的书面陈述是保密的，不是第 149.43 条中所指的公共记录。[1] 收到法院书面陈述副本的任何人应在判决或处分决定作出后立即将其退还法院。

（B）法院在量刑或决定处分令时，应考虑被害人根据本条（A）款作出的陈述，以及要求法院考虑的其他因素。如果被害人陈述中包含新的重要事实，法院不得相信新的重要事实并直接据以裁判，除非法院继续进行量刑或者处分令程序或者采取其他适当措施，以使被告人或被指控的未成年人有充分机会对新的重要事实予以回应。

---

　　〔1〕《俄亥俄州法典》第 149.43 条所指的公共记录是指政府或其他公共部门保存的文件、报告、记录，除非法律另有规定，公众可查阅、复制。此处被害人与被告人的书面陈述都不属于公共记录。参见 Ohio Rev Code § 149.43 (2016).

1999 年生效并经 2011 年修正的第 2930.17 条规定了"在假释或提前释放之前的被害人陈述":

（A）在被告人的监禁期满之前，当确定是否根据第 2929.20 条、第 2967.19 条释放被告人时，或决定是否根据第 2151.38 条假释或提前释放少年犯转到少年服务机构，除了被害人依法已经作出的任何其他陈述之外，法院应允许被害人就被告人或少年犯的犯罪行为或者未成年人犯罪行为对被害人造成的影响、该行为的情节与实施方式、被害人对被告人是否应予释放的意见作出陈述。法院可以决定被害人以书面或口头方式作出陈述。法院应向被告人或少年犯以及成人假释机构或少年服务部门提供被害人根据本条作出的任何书面影响陈述的副本。

（B）在决定是否给予被告人或少年犯假释或提前释放时，法院应考虑被害人根据本条（A）或第 2930.14 条或第 2947.051 条作出的陈述。

（7）被害人对上诉的知情权。1999 年第 2930.15 条"通知上诉"规定了被害人对上诉的知情权：

（A）如果被告人或者被指控的未成年人被判定犯有针对被害人的犯罪，如果被害人要求在被告人提出上诉时获得通知，则如果被告人或少年被告人提出上诉，检察官应将上诉及时通知被害人。检察官还应向被害人提供以下所有信息：

（1）上诉程序的简要说明，包括对案件的可能处理结果；

（2）被告人或少年被告人是否已被保释或提供其他担保或在少年法庭附加的条件下被释放以等待上诉的处理；

（3）上诉法院程序的时间、地点和法院地址以及随后的任何变更；

（4）上诉的结果。

（B）如果上诉法院将被告或被指控的未成年人的案件退回初审法院或少年法庭进行进一步的诉讼程序，被害人可以行使以前在初审法院或少年法庭中的所有权利。

（8）保护被害人免受雇主处分。1999 年生效的第 2930.18 条要求：

为保护被害人的权利，不得以员工纪律处分被害人。被害人在检察官的要求下准备诉讼程序，或者为了保护被害人的利益而合理地需要被害人按照传票要求出庭，被害人的雇主不得对被害人及其家属或代理人进行解雇、纪律处分或以其他方式进行报复。本条一般不要求雇主向雇员支付因参加刑事诉讼或未成年人诉讼而导致的工薪损失。故意违反本条规定的雇主构成藐视法庭罪。

（9）检察官保护被害人的权利。1999 年生效的第 2930.19 条要求"检察官保护被害人的权利"。

（A）检察官应以符合其所代表整体公众利益义务的方式，为了被害人及其家属或被害人代理人而努力遵守本条规定。

（B）公职人员或公共机构未能遵守本条要求的，不会产生对该公职人员或公共机构的损害赔偿请求权，但作为雇主的公共机构违反第 2930.18 条的可能要负责。

（C）任何个人或机构未能根据本条向被害人提供权利、特权或通知的，并不构成审判无效或重新审判的理由，也不构成撤销定罪、量刑或处分或者对被告人或被指控的未成年人定罪后、释放后的理由。

（D）如果本条的规定与涉死刑案件的特别程序规定之间存在冲突，则以特别程序规定为准。

（E）如果被害人被监禁在州或地方教养所，或被少年服务部门依法监管，则可以通过法院命令修改被害人在本条下的权利，以防给履行本条规定职责的公职人员或公共机构造成安全风险、困难或不应有的负担。

（10）获知监禁和释放日期的权利。第 2930.16 条规定了"监禁和释放日期的通知"，这一规定于 1999 年生效，历经 2005、2007、2008、2011、2013、2016、2019 年七次修改，主要内容如下：

（A）如果被告人被监禁，则应告知被害人被告人已被监禁。在被告人被判刑后，检察官应当将被告人被释放的日期或者最初有资格获释的日期，或检察官合理估算的释放日期通知被害人，检察官还应通知被害人关于被告人的监管机构名称，并告知被害人如何联系该监管机构。如果监管机构是康复和矫正部门，检察官应根据第 5120.60 条将被害人服务办公室提供的服务通知被害人。被害人应告知监管机构其当前地址和电话号码。

（B）（1）根据被害人的要求或按照本条的（D）部分，检察官应立即通知被害人根据第 2929.20 条对被告人进行的所有假释听证会，以及被害人根据这些条款作出陈述的权利。法院应通知被害人对每次听证会和每项申请的裁决。……

（C）在特定通知期间届满前或按照本条（D）款的规定，在被害人提出要求后，被告人或被指控的少年犯的监禁机构应向被害人提供以下所有通知：

（1）成人假释机构在被告人提出赦免或减刑或至少在就被告人获得假释的听证会之前至少 60 天，通知被害人有权根据第

2967.12 条提交关于被告人释放影响的陈述，以及被害人出席假释委员会全体听证会的权利（如果适用），以便按照第 5149.101 条的规定提供证词。在该部门根据第 2967.271 条的（C）或（D）（2）举行确定非终身监禁的重罪囚犯是否获释的听证会之前至少 60 天，通知被害人关于将就囚犯可能获释的问题举行听证会，关于可能批准释放的所有听证会的日期，以及任何人提交有关书面陈述的权利。

（2）在根据第 2967.26 条将被告人转为过渡监管之前至少 60 天，通知其未决的转移和被害人根据该条提出关于转送被告人影响的陈述的权利。

（3）在青少年服务部的释放机关对少年犯进行释放审查、释放听证或解除审查之前至少 60 天，通知被害人将审查或听证，被害人有权就罪行或可能释放或解除对被害人的影响的口头或书面陈述，以及（如果通知涉及听证会）根据第 5139.56 条被害人有权出席并在听证会上作出陈述或评论。

（4）被告人或者少年犯从被监禁或被押交的监禁机构中脱逃的，被告人或者少年犯未经许可擅自离开精神卫生机构或精神发育迟缓机构或者其他监管机构的，以及被告人或少年犯在逃跑或失踪后被捕的，立即通知被害人。

（5）被告人或少年犯在监禁期间死亡的，通知被害人。

（6）矫正机构负责人根据第 2967.19 条提出被告人提前释放的申请。

（7）被告人或未成年罪犯从监禁中被释放的通知以及释放的条款和条件。

（D）（1）如果被告人因犯有加重谋杀罪、谋杀罪或一级、二级、三级暴力罪而被监禁，或者是终身监禁，或少年犯被控犯有加重谋杀罪、谋杀罪或一级、二级、三级暴力罪，如果是成年人可判处终身监禁，除非如本部分另有规定，无论被害人是否已要求通知，均应给其本条（B）和（C）中所述的通知。如果被害人根据第 2930.03（B）(2) 条要求不向被害人提供通知的，则本条（B）和（C）中所述的通知不应根据（D）给予被害人。无论被害人是否要求提供或不提供本条（C）部分所述的通知，监管机构应给被害人以及要求通知的被害人的任何近亲属发出通知，该通知类似向案件的检察官、向原审法院、向逮捕被告人或少年犯的执法机构发出的通知，如果该执法机构的人员是该罪行的被害人。如果根据本部分向被害人发出的通知是关于 2013 年 3 月 22 日之前所犯的罪行，并且检察官或监管机构以前未成功按照（D）或（B）或（C）向该被害人通知该罪行及犯下该罪行的罪犯，那么还应通知被害人其可以要求不再向其提供与该罪行及罪犯有关的任何进一步通知，并应说明提出该请求的程序。如果根据（D）向被害人发出的通知属于关于被告人的假释听证会，那么还应通知被害人及其近亲属或代理人可以要求召开被害人会议，如本条（E）所述，并应提供对被害人会议的说明。

　　检察官或监管机构可以通过任何合理的方式，包括普通信件、电话和电子邮件，发出通知。如果检察官或监管机构无法找到被害人、无法确定信件邮寄地址、电子邮件地址、电话号码，因此无法通过其选择的方式提供通知，或者，如果通过信件发送的通知被退回，检察官或监管机构应再次尝试向被害人发送通知。如果第二次尝试不成功，检察官或监护机构应至少再尝试提供通知。如果是基于 2013 年 3 月 22 日之前所犯的犯罪行为的通知，则在每次向被害人发送通知的尝试中，通知应包括前一段所述的选择不接收通知的内容。检察官或监管机构应依照本条（D）(2) 的规定，记录所有提供通知的尝试，以及根据本条发送的所有通知。

本条（D）（1），以及第 2929.20（E）（2）条和第 2929.20（K）条的相关通知规定，第 2967.12（H）条、第 2967.19（E）（1）（b）条、第 2967.26（A）（3）（b）条、第 2967.28（D）（1）条以及第 5149.101（A）（2）条的规定，被称为"罗伯塔法"。

（2）检察官和监禁机构对于发出本条（D）（1）规定的所有通知的发送尝试应予以记录。记录应指明通知接收者、尝试发送的日期、发送的方式以及发送人。如果尝试成功并且发出通知，也应予记录。关于记录的保存方式，应允许给被害人以外的人对尝试和通知进行公开检查，而不泄露被害人的姓名、地址或其他识别信息。向被害人发出的尝试和通知记录不是公开记录，但检察官或监管机构应根据要求向检察官、法官、执法机构或议会成员提供该记录的副本。向被害人以外的人提供的尝试通知和通知的记录是公开记录。根据本规定保存的记录可以用罪犯姓名或检察官及监管机构确定的任何其他方式编入索引。每个检察官或监管机构要求按本规定保存记录的，应根据本规定的要求确定保存记录的程序及其保存方式。

（E）成人假释机构的规则应遵守第 119 条被害人会议的规定，在因犯有严重谋杀罪、谋杀罪或一、二、三级暴力罪或被判终身监禁的罪犯举行假释听证会之前，应被害人及其近亲属或被害人代理人请求，举行被害人会议。机构规则应规定但不限于以下所有内容：

（1）在符合本条（E）（3）的规定下，被害人及其近亲属或被害人代理人其他人员出席会议；

（2）会议约长一小时；

（3）规定本条（E）（1）所指明的参会人员的人数，他们可以出席任何一个被害人会议，如果人数受到本条（F）的限制。

（F）可以限制本节条（E）（1）所指明的人数，但不得少于 3 人，如果该部门限制可能出席任何单一被害人会议的人数，该部门应根据被害人及其近亲属或被害人代理人的要求，允许并为其安排举行多次被害人会议。他们可以出席所有的被害人会议。

（G）如本条所述，"被害人的近亲属"与第 2967.12 条中的含义相同。第 2967.12（J）条规定被害人的近亲属包括父母、配偶、子女，前者是嫌疑人、被告人的除外。

2. 联邦刑事案件中的被害人权利

《美国联邦刑事诉讼规则》对于联邦刑事案件中的被害人权利，集中规定在第 60 条，该条于 2008 年 4 月新增，2008 年 12 月生效。

第 60 条　被害人的权利

（a）一般规定。

（1）诉讼通知。警方、检察官必须尽最大努力向被害人合理、准确和及时地通知任何涉及犯罪的公共法庭诉讼程序。

（2）参加诉讼。法院不得将被害人排除在涉及犯罪的公开法庭诉讼程序之外，除非法院通过明确且令人信服的证据确定如果被害人在该诉讼中听到其他证词，被害人的证词将发生重大改变。在决定是否排除被害人时，法院必须尽一切努力允许被害人尽可能充分出庭，并且必须考虑排除的合理替代方案。任何排除的原因必须在记录中明确说明。

（3）在获释、答辩或量刑时被听取意见的权利。在地区法院的任何公开诉讼中就涉及犯罪的释放、答辩或量刑，法院必须允许被害人意见得到合理的听取。……

（b）效力和限制。……

（5）救济的限制。只有在以下情况下，被害人才能申请重新答辩或量刑：

（A）被害人要求在诉讼程序之前或期间发表意见，但请求被拒绝；

（B）被害人在被拒绝后 10 日内向上诉法院申请执行令状，并获准；和

（C）在认罪案件中，被告人没有对指控的最高罪行认罪。

（6）不会重新审判。未能向被害人提供这些规则中所述的任何权利不是重新审判的理由。

此外，联邦还通过了 2004 年《刑事被害人权利法》。在联邦刑事案件中，如果被害人认为司法部员工未能保护 2004 年《刑事被害人权利法》规定的权利，被害人可以向被害人权利监察员办公室提交投诉表格。该办公室的成立是为了接收和调查被害人对司法部员工的投诉并促进其遵守保护被害人权利的义务及程序。投诉程序的宗旨不在于纠正对特定被害人的侵权行为，而是对未能依法履职的司法部员工采取纠正措施或纪律处分。

联邦刑事案件中被害人的权利还可见于《美国法典》第 18 编 "犯罪与刑事诉讼" 第二部分 "刑事诉讼" 第 237 章 "刑事被害人权利" 之第 3771 条。刑事被害人的权利有：①受到合理保护的权利；②涉及犯罪或被告人被释放或脱逃的所有公开法庭程序或所有假释程序，被害人有获得合理、准确、及时通知的权利；③被害人有权参加所有此类公开法庭诉讼程序，除非法院收到明确和令人信服的证据，表明如果被害人在该程序中听取了其他证词，会影响到被害人的证言，将导致该被害人的证言重大改变的，才可将被害人排除在外；④被害人有权参加

地区法院的所有公开诉讼程序，法院要在释放、辩护、定罪量刑或所有假释程序中合理地听取其意见；⑤被害人有权在案件中与控方律师协商；⑥被害人享有法律规定的及时获得充分赔偿的权利；⑦被害人的诉讼权利不受无理拖延；⑧公平对待并尊重被害人的尊严和隐私的权利；⑨被害人有权及时获知任何辩诉交易或延期起诉协议；⑩被害人有权获取司法部被害人权利监察员办公室的联系信息。

在联邦司法系统，为了通知被害人相关的案件信息，司法部建立了刑事被害人通知系统。1984 年美国司法部根据《刑事被害人法》设立了刑事被害人基金，被害人通知系统由该基金资助，其资金来自联邦罪犯被定罪后的罚金，不是源自纳税人的款项。刑事被害人通知系统由联邦调查局、美国邮政检查服务局、美国检察官办公室、联邦监狱局合作成立。该系统自动免费向被害人提供案件信息，被害人会收到系统寄送的信件或者邮件，通知联邦案件确定的法庭开庭日期，重要的法庭事件的结果，被告人被羁押、监禁、释放的情况。如果案件有多个被害人，那么可能发给被害人一封信或者邮件，指示其如何在线获得案件信息。被害人进入系统查询需要使用联邦执法系统如联邦调查局发给被害人的被害人身份号码和个人身份号码，可据以使用在线或者电话中心两种方式进行查询。

（三）美国加强被害人在辩诉交易中的权利

美国加强被害人在辩诉交易中的权利，有几种不同的做法或者建议，详述如下。

第一种较为和缓的做法是要求检察官必须征求被害人的意见，公诉指南文件中作此规定以作为被害人权利保护措施。

第二种较为激进的建议是将被害人作为辩诉交易的一方当事人，有权否定辩诉协议。此建议的问题在于：一是其是否会模糊私人复仇与公共利益之间的界限；二是更重要的是，检察官有权为国家利益作出决定，被害人的需求与检察官的决定未必一致，可能会影响到检察官的决定；三是会导致被害人承受其压力。

第三种折中的建议被称为微调理论，既不改变被害人的法律地位，也不对检察官的公诉裁量权作出限制：一是检察官在辩诉协商的早期阶段就书面记录被害人的所有联系方式，借以引起相当程度的注意力和关注。二是检察官应记录其与被害人之间的沟通交流。三是检察官向法庭提交书面证明，这份文件包括五个方面：①本案所涉嫌犯罪是否有被害人；②是否已尽力告知被害人辩诉协议以及表达意见的权利；③辩诉协议达成之前是否听取了被害人的意见，如果没有的话，理由是什么；④如果被害人表达了其意见，具体是什么意见，有几个州要求法院在接受有罪答辩之前，由检方证明其与被害人商议过或者作过这种努力；⑤当作出辩诉协议决定时，是否考虑了被害人的意见。这些书面记录的方式，即使是通过书面填表的简单工作，也将使程序更加慎重。它不仅在后续阶段中促进被害人参与，而且被害人的意见更容易影响初步的辩诉交易谈判。

被害人权利在辩诉交易谈判早期阶段的行使特别重要。被告人和检察官也可能会在协商辩诉交易的时候考虑被害人的意见。

有研究表明被害人参与辩诉交易将提升被害人的满意程度，有意义的被害人权利最终导致考虑被害人与被告人双方利益的、更均衡的辩诉交易，在法庭上并不必然引发更多争议。四十多年前，已经有研究表明，相当多的被害人参与辩诉交易之后，对结果满意。实际上，要求检察官向法庭提交证明文件，会使检察官努力通知被害人关于辩诉谈判事宜并听取被害人的意见。

因此不仅有助于在辩诉交易中实施被害人权利，而且也大致定义了被害人与"检察官会谈"并"受到公平对待"的权利。由于美国大部分刑事案件通过有罪答辩结案，检察官和被害人之间关于答辩的会议在大部分案件中十分关键。许多州的法律指导检察官听取被害人的意见，已经承认了这一点，以下举例说明。

［例1］ 检察官听取被害人意见以及法院向被害人发出诉讼通知[1]

《俄亥俄州法典》规定：

（A）在可行时，检察官应当在对被告人进行审前分流之前，在变更或者撤回起诉之前，在同意被告人进行协商认罪之前，在法官或者陪审团对被告人进行审判之前，在少年法院对未成年被告人进行裁决听证之前，听取被害人意见。如果少年法院在检察官介入案件之前处理案件，法院或者法院人员应当通知被害人针对未成年被告人的起诉将会变更或者撤诉，未成年被告人将会获准审前分流，或者法院将举行未成年被告人的裁决听证。如果检察官未能听取被害人意见，如果法庭知悉此事，应当将检察官未能听取被害人意见以及检察官的理由在记录中注明。

检察官未能依照规定听取被害人意见的，不影响检察官与被告人之间协议的效力，不影响对被告人审前分流的效力，不影响变更起诉或者撤诉的效力，不影响被告人有罪答辩的效力，

---

〔1〕 根据2004年生效、2013年修正的第2930.03条，通知的方式，根据本章规定的要求或授权向被害人提供信息的个人或机构应当采取合理计算过的方式及时地实际通知到被害人。除非有要求以特定方式通知的规定，可以以口头或者书面方式通知。所通知的信息发生重大变化的，应立即通知被害人。

不影响被告人承认犯罪的效力，不影响案件任何其他处理的效力。法院不得仅在被害人申请以及负责起诉的检方律师、乡村法务律师、市政法务主任或者其他法律官员的反对之下，驳回刑事起诉。

（B）在案件开始起诉后，检察官或者检察官指定的人员，除法院或者法院人员外，在切实可行的范围内，应立即向被害人提供以下所有信息，除非少年法院在检察官介入之前处理案件，则法院或者法院人员在切实可行的范围内应当立即向被害人提供以下所有信息：

（1）罪名或者未成年人被诉行为、被告人姓名；

（2）案件的档案号；

（3）关于刑事诉讼或者涉嫌犯罪或类似犯罪的未成年人司法程序的程序步骤的简要陈述，被害人有权在案件起诉期间的所有程序中都在场；

（4）被害人依法所享有权利的概要；

（5）如果被害人受到被告人、被诉未成年人或者任何其他人威胁或者恐吓，被害人或者检察官可以遵循的程序；

（6）联系人的姓名和工作电话号码，以获取案件进一步信息；

（7）依据第 2930.02 条和指定代理人的程序，被害人有权让代理人[1]行使相关权利；

（8）关于案件的有些情况，只有在被害人要求收到通知的情况下才向被害人发出通知。例如，为了保护被害人，检察官

---

　　[1] 1999 年生效的第 2930.02 条规定，此处被害人的代理人是指未成年人、无行为能力人、死者等被害人的家庭成员，或者被害人指定的其他人，作为被害人的代理人行使本条下的权利。如果代理人多于一人，则法院将指定其中一人为代理人。如果被害人不想要任何代理人，法院应当命令只有被害人可以行使本条下的被害人权利。

提请法官作出命令，未经受害人或受害人代表的同意，不得强迫被害人提供可识别其身份、地址、工作地点或类似事实的证词。关于案件的另外一些情况，除非被害人要求不提供通知，否则将向被害人发出通知，如罪犯刑满释放和假释等情况。[1]

［例2］ 被害人与检察官会议

亚利桑那州法规定：

被害人与检察官会议：

（A）应被害人申请，检察官应当听取被害人对刑事案件处理的意见，包括被害人对以下决定的意见：不起诉、撤诉、辩诉交易或者量刑的谈判，以及审前分流项目。

（B）应被害人申请，检察官应当在审判开始前听取被害人的意见。

（C）被害人与检察官会谈的权利不包括指导案件追诉的权力。

（四）被害人遭受犯罪后的赔偿

被害人遭受犯罪后，有权通过提起民事诉讼的方式向犯罪嫌疑人、被告人提起赔偿诉讼，此外，对于符合条件的案件，有权申请政府的被害人赔偿计划的赔偿。

1. 被害人赔偿计划

《美国法典》规定，刑事被害人赔偿计划由州管理运行，对符合条件的暴力犯罪被害人予以补偿，包括酒驾犯罪和家庭暴力

---

〔1〕 Ohio Rev. Code Ann. § 2930. 06（2013），俄亥俄州 2004 年生效、2013 年修正、2019 年再次修正的"第 29 编'犯罪—诉讼'之第 2930 章'被害人的权利'"；Ariz. Rev. Stat. § 13-4419（2016），亚利桑那州 2016 年修正案生效的"第 13 章'刑事法'之第 13 节'被害人与检方律师的会议'"。

犯罪等，其内容包括：

（1）赔偿的补助金费用范围包括三项：医疗费用，包括精神医疗咨询和护理费用；人身伤害导致的工薪损失；丧葬费。

（2）此计划能够促进被害人配合执法机关的合理要求。

（3）根据被害人赔偿计划收到的补助金不能取代被害人获得其他国家赔偿金。

（4）对于非本州居民在本州受到犯罪侵害的，根据本州居民的赔偿标准予以赔偿。

（5）对于州内发生的联邦犯罪的被害人提供赔偿，与对于州犯罪的被害人提供赔偿的基础相同。

（6）遇有以下情况，该计划对州居民在该州辖区外受到的犯罪侵害提供赔偿：①如果罪行发生在该州境内，属于应予赔偿的类型；②犯罪发生地所在州没有合适的被害人赔偿计划。

（7）除非根据该计划发布的防止罪犯不当得利的规定，否则该计划不会因为被害人与罪犯之间的家庭关系或同一住所而拒绝给予被害人赔偿。

（8）该程序对曾因违反关于拖欠罚金或者其他金钱处罚的联邦法律而被定罪的人，不予赔偿。

（9）该计划提供合理的其他资料及保证。

被害人通过赔偿计划获得的赔偿金，在对其进行经济状况调查时，不计入被害人的收入、资源和资产。通过刑事被害人赔偿计划获得的任何补偿，不应包括在被害人的收入、资源或资产中。除非被害人从赔偿计划中获得的援助总额足以完全补偿被害人遭受的损失，否则不会减少联邦、州或地方政府计划使用联邦资金向由于犯罪遭受损失的被害人提供的援助金额。

关于被害人赔偿计划所用的术语，有以下限制：一是"财产损失"一词不包括对假肢装置、眼镜或其他矫正镜片或牙科装置的损坏；二是"医疗费用"一词，在符合条件的犯罪被害人赔偿方案规定的范围内，包括眼镜或其他矫正镜片、牙科服务和设备及假肢装置的费用，以及按照法律规定提供的康复服务；三是可赔偿的犯罪，是指符合被害人赔偿条件的犯罪，包括因犯罪如酒驾和家庭暴力致死或者受到人身伤害的被害人。

州被害人赔偿计划排斥某些联邦计划，如果符合州刑事被害人赔偿计划的条件，所支付的赔偿金将被用于支付联邦赔偿计划的费用，那么州刑事被害人赔偿计划不予支付此类赔偿金，其他赔偿计划应支付该款项。

2. 被害人赔偿基金

关于被害人赔偿基金的案例，有些是专项基金，通过立法的方式设立和拨款。此处以美国9·11空袭被害人赔偿基金为例。据美国媒体报道，2001年9·11恐怖袭击造成近三千人死亡。2001年9月22日，国会通过立法并于同年11月19日修正，为事件中的被害人及其家属提供赔偿、对事件现场进行清理等，截至2004年6月分配了约70亿美元，其中的部分资金赔偿了2880名死亡被害人的家属和2680名受伤被害人，这被视为9·11事件被害人赔偿一期项目。二期项目始于2010年美国国会通过的《詹姆士·泽德罗格[1]法》（James Zaderoga Act），据

---

[1] 《詹姆士·泽德罗格法》，全称 James Zadroga 9/11 Health and Compensation Act，该法扩大了粉尘区的范围，使生活在附近、因9·11致病、致死的被害人、幸存者、志愿者、救援者都能获得赔偿。詹姆士·泽德罗格是纽约警局的警察，9·11前身体健康、非烟民、无呼吸系统病史。9·11期间在世贸大楼附近执勤450小时，数周后咳嗽，数月后长距离行走（100米）后需停下喘息。其肺病经三次鉴定，两次认为是粉尘所致，但1915年成立的纽约市首席法医鉴定办公室（New York City Medical Examiners Office）所作的第二次鉴定意见认为"毫无疑问，肺内的异物绝非来自世贸大楼或者任何地方的粉尘"，这导致舆论大哗，纽约市长公开表示遗憾。泽德罗格是首个被认为因粉尘致病的警员。2004年泽德罗格获赔100万美元。纽约市警局准许其病退，其后泽德罗格在2006年死于呼吸系统疾病。

此于 2011 年在司法部创设 9 · 11 被害人赔偿基金会，拨款 27. 75 亿美元，申请赔偿的截止日期延至 2016 年 10 月。2015 年国会通过立法授权将《詹姆士·泽德罗格法》延至为期 90 年，但对被害人赔偿基金的拨款授权仅延期至 2020 年 12 月，增加拨款 46 亿美元，使二期拨款总额达 73. 75 亿美元。[1]

在二期项目基金成立的最初 5 年仅发放 9000 份赔偿金，其后每年约发放 8000 份。截至 2019 年 6 月，基金余额仅为约 20 亿美元，且因暴露在纽约、华盛顿、宾夕法尼亚三处现场剧毒环境中致病而死的人数很快就会超过当年在现场死亡的人数。截至 2019 年 5 月底，基金会已赔偿 2252 份因 9 · 11 致病死亡的申请；已认定 8800 余名被害人的癌症符合赔偿条件，其中已赔偿 7750 人。[2]这是因为 9 · 11 事件导致的癌症等病症潜伏数年才会爆发，目前仍有 21 000 份赔偿申请等待批准。基金会已将单个案件的赔偿数额削减了约 70%，[3]原因是资金不足，预计到项目结束的 2020 年，资金缺口为 46. 16 亿美元，这意味着基金会的总额需要约 120 亿美元。[4]

赔偿申请的处理按照先来后到的顺序，从递交申请到作出

〔1〕 Statement of Rupa Bhattacharyya, Special Master, September 11th Victim Compensation Fund U. S. Department of Justice, Before the Committee on the Judiciary Constitution, Civil Rights and Civil Liberties Subcommittee United States House of Representatives, June 11, 2019.

〔2〕 Statement of Rupa Bhattacharyya, Special Master, September 11th Victim Compensation Fund U. S. Department of Justice, Before the Committee on the Judiciary Constitution, Civil Rights and Civil Liberties Subcommittee United States House of Representatives, June 11, 2019.

〔3〕 Bailey Vogt, Jeff Mordock, "9/11 Victim Compensation Fund Claims on Record Pace as Funds Dwindle: DOJ Official", *The Washington Times*, June 11, 2019.

〔4〕 Statement of Rupa Bhattacharyya, Special Master, September 11th Victim Compensation Fund U. S. Department of Justice, Before the Committee on the Judiciary Constitution, Civil Rights and Civil Liberties Subcommittee United States House of Representatives, June 11, 2019.

赔偿决定，约需要 16~18 个月，2018 年 6 月处理的是 2017 年底前递交的申请。对于特别紧急的情况或者特别困难的境遇，可以紧急处理。2019 年 6 月之前处理了 183 个紧急申请，紧急处理可三周获赔。在赔偿标准方面，法律规定了 9·11 被害人赔偿基金的封顶赔偿金额。非经济损失赔偿封顶金额为 9 万美元，如罹患癌症，封顶金额升至 25 万美元；如被害人丧失全部或者部分劳动能力，也会赔偿收入损失，包括工薪、养老金及其他福利金，封顶金额为每年 20 万美元。[1] 截至 2019 年 5 月 31 日，基金会现有工作人员 173 人，共收到赔偿申请 4.7 万余件，决定赔偿约 2.8 万件。总共支付赔偿金额 51.74 亿美元，件均约 18.2 万美元。其中 2019 年 5 月决定赔偿 322 件，2019 年 5 月支出赔偿金额约 3700 万美元，件均约 11.5 万美元。[2] 此外，基金会每月接听帮助热线电话 3000 人次，回复邮件信件约 10 000 件，收到邮件信件约 3000 件，收到新申请约 700 件。截至 2018 年 12 月 31 日，行政管理费用占赔偿金额的比例为不足 3%。[3]

美国有组织和议员致力于推动两党组成的国会将 9·11 被害人赔偿基金永久化，2019 年 6 月 11 日，特别专家就 9·11 被害人赔偿基金会在众议院司法委员会的宪法、公民权利与自由小组委员会上作证。2019 年 7 月 12 日、24 日，美国众议院以

---

〔1〕 Statement of Rupa Bhattacharyya, Special Master, September 11th Victim Compensation Fund U. S. Department of Justice, Before the Committee on the Judiciary Constitution, Civil Rights and Civil Liberties Subcommittee United States House of Representatives, June 11, 2019.

〔2〕《2019 年 5 月 911 被害人赔偿基金报告》，载 https://www.vcf.gov/pdf/VCF-MonthlyReportMay2019.pdf，最后访问日期：2020 年 7 月 2 日。

〔3〕 Statement of Rupa Bhattacharyya, Special Master, September 11th Victim Compensation Fund U. S. Department of Justice, Before the Committee on the Judiciary Constitution, Civil Rights and Civil Liberties Subcommittee United States House of Representatives, June 11, 2019.

402 : 12、参议院以 97 : 2 的压倒性多数先后通过议案，对 9 · 11 被害人赔偿基金的拨款授权延期 73 年至 2092 年，帮助成千上万的救援者和幸存者支付 9 · 11 恐怖袭击造成的医疗费用，被害人及其家属可以在 2090 年前提出申请，最迟获赔日期为 2092 年，国会预算办公室预计将在未来 10 年支出 102 亿美元赔偿款。参议员兰德·保罗（Rand Paul）和迈克·李（Mike Lee）以需要节省开支为由，试图阻止法案通过，未遂并引发批评。在重新授权立法过程中，超过 200 名消防员和救援者死于与 9 · 11 恐怖袭击有关的癌症。[1]

几乎从来没有犯罪像 9 · 11 一样向全世界直播，高塔上跳下的绝望身影和遮天蔽日的烟尘成为所有人的梦魇，为被害人及其家属带来长期的、无法弥补的伤害。长达 80 年的赔偿项目，将保障两到三代人的物质生活，在一定程度上减少 9 · 11 恐怖袭击造成的医疗费用的拖累，并获得精神上的抚慰。毕竟，美国不像英国，医疗保障体系并不完善。

二、加拿大的被害人权利

被害人角色在加拿大的重要性不断提高，加拿大 90% 的刑事案件通过认罪予以解决，其中很多认罪案件是控辩双方协商成功达成协议、进行有罪答辩的结果。被害人在认罪案件中的地位也在加强。

（一）加拿大被害人在认罪案件中的参与权

2000 年前后，加拿大的立法和政策加强了被害人在刑事诉讼中的地位。当时在加拿大较有影响力的立法是 1999 年刑法修

---

〔1〕 Emily Tillett, Grace Segers, "After Hundreds of First Responder Death, Senate Finally Votes to Reauthorize 9/11 Victim Compensation Fund", *CBS News*, July 24, 2019.

正案，允许被害人在公开开庭时口头陈述犯罪对被害人的影响，在《矫正和附条件释放法》的假释听证程序中也有类似规定。被害人影响陈述在诉讼中的使用越来越多，被害人在刑事诉讼程序中的地位也得到提高，比以前更受尊重。

辩诉交易对被害人的权利和利益有相当复杂而深远的影响。鉴于控辩双方的协商最终决定了指控案件事实，被害人的权利和利益所可能受到的影响就更加直接。截至 2004 年，加拿大被害人仅在刑事案件的定罪量刑程序中享有法律承认的参与权利，在辩诉交易的协商阶段，被害人的权利未获得法律的认可。这与当时辩诉交易本身的法律地位未获加拿大刑事司法有关法律的认可有关。

被害人参与认罪案件的模式也经历了一个发展变化的过程。2004 年前北美被害人参与辩诉协商有四种模式，两种是加拿大的模式，两种是美国理论与实践模式。前两种是较为被动的角色，后两者则体现了被害人较为积极地参与辩诉协商。

1. 模式一：知晓辩诉交易之外的信息

2004 年左右，大部分加拿大的省和地区在被害人提出要求后，有权获取关于被告人被追诉的信息。警方和检方如认为适当时，有义务考虑被害人的意见。但并不要求告知被害人关于辩诉协商的信息。所以，检察官对于其与辩方、辩护律师之间的辩诉协商，不必告知被害人，也没有要求检察官将正在开展的辩诉协商告知被害人。

2. 模式二：获知辩诉交易信息

第二种模式也要求检方告知被害人模式一中的信息。但是模式二之下的被害人有权要求获知正在进行的辩诉协商，即是对被害人权利的显著加强。这是 2004 年左右曼尼托巴和安大略省的规定。模式二还要求检察官要与被害人商议辩诉协议的条款，曼尼托巴彼时是有此规定的唯一一个地区。

虽然被害人有权与检察官商议，但被害人无权参与到检察官与辩护律师之间进行的辩诉协商的任何阶段。

3. 模式三：被害人影响陈述

模式三中被害人有权知悉模式一和模式二中的权利。但是，与前两个模式不同的是，辩诉交易必须在公开的庭审中获得法官的认可。而且，模式三还要求法官在决定是接受还是拒绝辩诉协议之前，一般应当从独立机构制作的量刑调查报告中获取独立的信息——这由《美国联邦刑事诉讼规则》第 11 条和《美国联邦量刑指南》的规定之合力所致。

模式三的核心特征是，在决定是否接受控辩双方辩诉协议的庭审中，允许被害人向法官作出书面或者口头的被害人影响陈述。这是 2004 年左右亚利桑那州立法所确立的模式。模式三也要求检察官告知法庭，其已告知被害人参与辩诉交易庭审的权利，如果被害人不出庭，那么检察官要转达被害人的意见。模式三允许被害人参与辩诉交易庭审，以及其后的量刑庭审。模式三使被害人获得一定程度的积极参与机会，使得有权接受或者拒绝辩诉协议的法官能够听取被害人的意见。[1]

有加拿大学者认为加拿大应采取模式三，为此需要立法机关推进修法，借此也让辩诉交易获得正式化的法律地位。[2] 首先，法官在公开的法庭上审查辩诉协议；其次，被害人在法庭的辩诉交易庭审中向法庭作出书面或者口头的被害人影响陈述；

---

〔1〕 美国司法部 2003 年的研究报告指出："对于被害人及其家属来说，在刑事司法程序中在场的权利非常重要。被害人想看到司法在运转。"

〔2〕 Simon N. Verdun - Jones, Adamira A. Tijerino, "Four Models of Victim Involvement during Plea Negotiations: Bridging the Gap between Legal Reforms and Current Legal Practice", 46 *Canadian Journal of Criminology & Criminal. Justice* 2004, p. 471.

最后，法官直到收到独立机构制作的量刑调查报告之后才能作出决定，因此作出决定的时间可能会推迟、拖延。此外，检察官还应负有通知被害人案件追诉信息、与被害人商议辩诉协商的有关问题的义务，也应对被害人提供相应的协助，便于其准备辩诉交易庭审中的陈述，确保其理解在这个复杂的过程中有哪些选择。确实，对于法律外行来说，辩诉交易和法庭程序过于复杂，经常产生误解。

4. 模式四：否定辩诉协议

模式四在模式三基础上增加了一种重要的权利，即被害人有权否定辩诉协议。这种特殊的权利给被害人对刑事案件结局施加影响的相当权利。目前，模式四仅是一种理论上假设的模式，在北美各国各地的辩诉交易程序中均无此实践。在理论上，模式四无疑是当时所能够想象、设计出来的、被害人参与辩诉交易的最积极的方式。被害人在各国辩诉协商中的这种积极参与需要根本性立法革新，但对此立法尚无先例。

前四种模式是立足于 2004 年之前加拿大和美国辩诉交易程序及被害人权利的发展阶段及其展望而划分的，是对被害人权利在辩诉交易程序中的不同程度的保护方式。当时加拿大辩诉交易程序的发展尚不充分，立法空间极大；实践中辩诉交易普遍存在，加拿大最高法院等司法机构对辩诉交易均予以认可，对辩诉交易重要性及其在刑事诉讼中的重要地位也有明确的认识，各种专项委员会和法律改革委员会的研究报告也对辩诉交易有所推进，但是在成文法上并未确立辩诉交易程序。与加拿大相比较而言，美国辩诉交易的发展时间较久，在加拿大考虑立法的 30 年前，其联邦最高法院和立法机构就对辩诉交易程序予以规制，辩诉交易逐步向着成为一个高度规范的制度方向发展。美国各司法区比如亚利桑那州能够给予辩诉交易中的被害人更多地参与辩诉协商的权利，需要注意的是，被害人没有否决辩诉协议的权利。

（二）认罪体制的发展阶段影响被害人权利及其参与模式

和美国辩诉交易不同的是，20 世纪 80 年代以前，辩诉交易在加拿大官方是被批判的，大部分刑事司法人员都不愿意承认加拿大已经有了辩诉交易案件。到了 1987 年，加拿大量刑委员会公开建议认可辩诉交易作为合法的审前程序并接受司法审查。1989 年加拿大法律改革委员会断言"本质上辩诉协商并不可耻"，建议将其制度化并受独立的司法规章规范。这一趋势很快在加拿大最高法院的判决中得到体现，1991 年的斯丁康比案（R. v. Stinchcombe）为加拿大辩诉交易实践的合法化铺路，该案中最高法院判决被告人享有要求检方披露案件信息的宪法权利。[1]"控方在诉讼早期完整地披露案件信息会在根本上鼓励不通过审判解决刑事案件，而是通过撤诉和有罪答辩。"加拿大最高法院明确地认为辩诉交易是检方行使公诉裁量权的日常要素。比如在 1994 年鲍尔案（R. v. Power）中，最高法院法官清楚表明将辩诉交易包含在控方合法地有权作出的裁量决定中，"因为检察官决定是起诉后审判还是辩诉交易、上诉等要受到很多因素的影响，法院在正确评估这些决定方面的手段有限"。[2] 1995 年最高法院在伯林厄姆案（R. v. Burlingham）中更进一步赞同以下观点：辩诉交易是加拿大刑事司法系统运转所必不可少的。"考虑到辩诉交易是加拿大刑事程序不可或缺的要素，检方及其工作人员参与辩诉交易程序必须行事正当、坦诚。"[3] 最高法院对辩诉交易所采取的容忍立场被上诉法院和初审法院所接受。

---

〔1〕 R. v. Stinchcombe, [1991] 3 S. C. R. 326.

〔2〕 R. v. Power, [1994] 1 S. C. R. 601.

〔3〕 R. v. Burlingham, [1995] 2 S. C. R. 206.

1993年成立的马丁专项课题组对此有所影响，其时需要解决的紧急要务是安大略省的法庭审判拖延。为此，适当时应常规性地鼓励被告人接受量刑减轻的提议，作出有罪答辩。同时也鼓励法官在庭审前会议中对量刑建议的适当性表态。有学者认为马丁课题组的报告是强力证据，表明安大略的辩诉交易不再是躲藏在法庭走廊的秘密，而是在法官办公室公开进行的。另外一个能够表明辩诉交易已经成为刑事司法程序合法组成部分的事实是，加拿大法院经审查可以认可检方和辩护律师共同提出的量刑意见。

2004年前加拿大并无正式的辩诉交易程序法，所带来的问题是，没有法律程序强制要求法官审查辩诉交易，就无法确保所有参与方的权利和利益获得充分保护，包括检方、被告人、被害人以及社会公众。《加拿大刑法》第 s.625.1 条规定由法官主持正式的庭前听审，有些事项在审判程序开始之前解决或者作出安排能够更好地促进公正、迅速审判。但是，《加拿大刑法》并不要求在庭前听审中告知存在辩诉交易，也没有加诸法官积极调查辩诉交易背景情况的义务。2004年的《加拿大刑法》修正案为法庭创设了一项义务，即要求其确定被告人有罪答辩的自愿性，对潜在的后果全部知情，并要告知被告人，法官不受控辩双方达成的任何协议的约束。[1] 但是该修正案并不要求法官审查辩诉协议条款并决定被告人的利益是否获得了充分保护。

在当时的情况下，对被害人而言，如果加拿大规定了法官对于接受或者拒绝辩诉协议的审查程序，那么被害人影响陈述就有助于法官审查。法官对辩诉交易的审查程序不是一个追求

---

〔1〕　R. v. Hallam, [2003] B. C. J. No. 1366 (B. C. Prov. Ct.).

报复、复仇的追诉平台，而是向有权决定是否接受辩诉协议的法官提供信息。被害人的参与有助于法官判断检察官指控的罪名与被害人所陈述的案件事实、被告人认罪事实以及警方、证人等所陈述的事实相比，是否合理、相称，就此而言，被害人仍然是证人的角色。而且，不应假定被害人总是希望施压检察官尽可能提出最严重的指控，不应假定被害人总是希望检察官不与被告人进行任何形式的辩诉交易。量刑程序的被害人影响陈述实践表明，被害人对量刑程序的参与并不必然导致量刑加重。实际上，某些情况下恰恰相反，被害人参与的有些案件的处理更加宽大。因此只要辩诉协议的结果是被害人能够接受的，那么有些被害人实际上会接受或者支持相对宽大的辩诉协议，也是有现实基础的。

　　加拿大顺应越来越重视被害人权利的国际潮流，认可刑事司法程序中的被害人权利。各地区都实施被害人权利法案。到2004年为止，这些权利法案的核心特点是告知被害人刑事案件法庭程序的情况和进展，只有少数地区较为特殊：一是《安大略省被害人权利法案》第 s. 2（x）条要求告知被害人"关于被指控人可能在审判中认罪的审判前协议"；[1] 二是曼尼托巴省要求在辩诉协商中与被害人商议，《曼尼托巴省被害人权利法案》规定被害人有权获知关于检方指控被告人的罪名等各方面情况，尤其是其第 s. 14（e）条规定检察官应当听取被害人"关于处置指控的任何协议"的意见。[2] 曼尼托巴省的立法代表了被害人权利的扩展，被害人可参与对刑事案件的指控。尤其是立法承认听取被害人对潜在的辩诉协议的意见的权利，将被害人在辩

---

〔1〕　Victims' Bill of Rights〔Ontario〕, S. O. 1995, c. 6.

〔2〕　Victims' Bill of Rights〔Manitoba〕, S. M. 2000, c. 33, C. C. S. M. c. V55.

诉协商中的地位提高到新的水平。但是被害人在辩诉协商中的地位和权利并不是很强大，也没有决定性和强制性。首先，从法律术语上看，被害人有权充分地提出意见，但是是否采纳其意见由检察官决定。立法者通过谨慎选择术语表达了对推进被害人权利的谨慎，这揭示了立法者责成检察官等司法官员告知被害人案件关键信息时的慎重态度。事实上，各省立法并未对刑事司法官员课以义务，要求其为被害人权利采取具体行动，而更接近于劝他们尊重被害人的权利。其次，对于警方、检方在刑事诉讼中没有维护被害人权利，被害人权利受到侵犯的，法律也没有规定正式的救济机制。从以上情况来看，省级的和地区性的立法只有象征性的意义，对被害人权利缺乏强制执行效力。例如，在万斯科伊诉安大略案（Vanscoy v. Ontario）中，被害人主张应有权获知审判程序的情况，这也是《安大略省被害人权利法案》所要求的，但是检察官并未通知被害人其已经与被告人达成了辩诉协议。虽然法律明确规定被害人有权获知控辩协商，但是法官裁决该法并未赋予被害人实质性的权利，换言之，其裁定《安大略省被害人权利法案》仅概述了"原则"而并没有确立"权利"。法官详细论证了判决理由："我认为立法机构的意图并不是要在被害人权利法案第 s. 2（1）条中规定刑事被害人权利。该法是对原则和社会政策的声明。该法并不为刑事被害人确立任何成文法上的权利。"[1] 其结果是，在加拿大大部分司法区，被害人在刑事司法中被动的角色像顾客一样，而非决策程序的积极参与者，肯特·罗驰（Roach Kent）认为："警方和检察官对待新顾客彬彬有礼，告知其发生的事。然而，被害人仍感到挫败，因为缺乏对最终产品的控制权，也

---

〔1〕　Vanscoy v. Ontario，〔1999〕O. J. No. 1661（Ont. Sup. Ct.）.

因为作为刑事司法顾客的不情愿的地位。"[1]

在量刑和假释阶段引入被害人影响陈述是 20 世纪 90 年代加拿大联邦被害人法律方面最令人瞩目的改革。1999 年《加拿大刑法》修正后允许被害人出庭口头提供影响陈述,1992 年《矫正和附条件释放法》中的假释听证程序也有类似规定。[2] 2001年 7 月,联邦政策允许被害人直接参与刑事司法系统的决策程序,允许被害人在国家假释委员会听证程序中作出口头影响陈述。[3]

国会的系列政策使得在许多关键性决策的时间点上,被害人获得了使其意见被倾听的机会,尤其是在量刑和假释程序中。这反映了被害人作为刑事诉讼的利害关系人,在刑事司法程序中的地位不断加强的国际趋势。但是这些规定都没有涉及被害人在辩诉协商中的权利问题,甚至辩诉交易案件量刑中的被害人影响陈述的作用也需要再研究,因为辩诉交易案件的结果往往是控辩协商的结果。有学者指出:"虽然有的检察官在辩诉交易中会与被害人商议,但是并无职业规范或者政策要求他们这么做。辩诉协商是闭门进行的并常常是仓促匆忙的程序,且不经法院调停介入。"[4]

因此,为了将被害人权利纳入加拿大辩诉交易程序,必须采取的第一个步骤就是将此程序正式化。美国为建构法律框架

---

[1] Roach Kent, *Due Process and Victim's Rights: The New Law and Politics of Criminal Justice*, University of Toronto Press, 1999, p. 287.

[2] Correctionsand Conditional Release Act, S. C. 1992, c. 20.

[3] Canada Solicitor General, Victims to Speak at National Parole Board Hearings, May 9, 2001, available at www. sgc. gc. ca/releases/e20010509. htm, last visited on 2020-9-20.

[4] Anne McGilliveray, "R. v. Bauder: Seductive Children, Safe Rapists, and Other Justice Tales", 25 *Manitoba Law Journal* 1997, pp. 359-383.

将辩诉协商置于有效的司法规范下提供了经验。

（三）加强专门的被害人权利立法

2017 年生效的加拿大《曼尼托巴省被害人权利法案》规定其立法目的在于：除了社会的整体利益之外，还要关心犯罪被害人的需要、关切和利益；所有被害人都应得到礼遇、同情和尊重；被害人应获得适当的保护和援助，并应获得有关侦查、起诉、处置罪行及其他信息；为司法人员提供关于应当如何对待被害人的指导符合公共利益；司法人员考虑被害人的权利和观点时，应当采取不会不合理拖延或损害侦查或起诉的方式，这符合法律和公共利益，并且在每个案件中都是合理的。

曼尼托巴省刑事被害人赔偿项目由曼尼托巴省司法局的刑事被害人服务部负责，为因犯罪而受身体或者精神伤害的被害人或者证人提供赔偿，被害人死亡的，家庭成员有权要求赔偿，赔偿需在犯罪发生后 1 年内提起，犯罪行为需已经向警方报案。以下情况不符合赔偿条件：犯罪不是在曼尼托巴省发生的；被害人或者证人有严重犯罪记录；被害人的死亡是由于交通事故造成的；对财物损失和被盗财物不予赔偿。对于以下被害人的赔偿金额可能会减少：一是有权从其他渠道为其身体或者精神伤害获取福利金的；二是 5 年内有 2 次以上犯罪记录的被害人。被害人如有以下情况的，可能会被拒绝赔偿：犯罪发生后未向警方报案；被害人的行为直接或者间接致使自己受伤或者死亡；被害人受伤或者致死时正在参与犯罪活动；被害人未向警方提供协助或者未在法庭上作证指控被告人；被害人或者证人在过去 10 年内曾被判严重犯罪。被害人不服赔偿决定的，可以在 60 日内申请该机构复议；不服复议决定的仍可继续申诉。

赔偿范围和金额情况如下：精神治疗或者咨询费用上限为 2000 加元；医疗服务和医疗器械、医生开的处方药、牙科服务、康复医疗、居所维修费、案发现场清理、工作能力培训、犯罪中损毁的物品、交通费、护理照料费、工薪损失每两周支付一次，最高为毛收入的 55% 或者每周 486 加元；对于因犯罪而降生的儿童，如其需要经济补助，每月赔偿上限为 270 加元；对永久性身体或者精神伤害的予以一次性赔偿。[1]

三、英格兰与威尔士的被害人权利

多年来，英国刑事被害人权益保护组织一直呼吁加大被害人在刑事诉讼程序中的参与度，这些倡导获得了立法与司法实践的回应。

（一）被害人在刑事案件中的参与

1990 年代，英国制定《刑事被害人法典》，规定刑事司法系统要为受到犯罪侵害的人提供基本服务。在被害人死亡的案件中，其近亲属包括配偶、伴侣、父母，其他直系亲属、兄弟姐妹、被害人抚养或赡养的人也能获得有关服务。2004 年英国又制定了《家庭暴力及犯罪与被害人法》。经过 2015 年、2020 年的修订，新的《刑事被害人法典》于 2021 年 4 月生效。其中规定被害人在刑事诉讼中的权利主要有 12 项：

1. 能够理解和被理解

您有权以易于理解的方式获得信息并获得帮助，以帮助您理解，包括在必要时获得口译和笔译服务。

2. 及时记录犯罪细节

您有权在案件发生后尽快获得警方记录的犯罪详情。如果您需要提供证人陈述或接受面谈，您有权获得额外支持以帮助

---

[1] https://www.gov.mb.ca/justice/crown/victims/pubs/supportforvictims.pdf，最后访问日期：2020 年 7 月 1 日。

您完成此过程。

3. 报案时提供信息

您有权在控告犯罪时收到书面确认，有权获得有关刑事司法程序的信息，并有权了解针对被害人的计划或服务。这可能包括您可以与嫌疑人或罪犯会面的服务，这被称为恢复性司法。

4. 被转介到支持被害人的服务处，并提供适合您需求的服务和支持

您有权被转介到支持被害人的服务，包括直接与他们联系的权利，以及评估您的需求以便定制服务和支持，以满足您的需求的权利。如果符合条件，您有权被转介至专家支持服务，并被告知在法庭可获得的额外支持，例如作证的特殊措施。

5. 提供有关补偿的信息

在符合条件的情况下，您有权被告知如何对因犯罪造成的任何损失、损害或伤害要求赔偿。

6. 提供有关侦查和起诉的信息

您有权获得有关您案件的最新信息，并有权在作出重要决定时被告知信息。在司法程序的某些阶段，您也有权要求相关服务提供者再次审查决定。

7. 作出被害人个人陈述

您有权作出被害人个人陈述，通过该陈述告诉法庭犯罪对您有何影响，并在对罪犯量刑时予以考虑。您将获得有关该过程的信息。

8. 获得有关审判、审判过程和您作为证人角色的信息

如果您的案件进入法庭，您有权被及时告知任何开庭的时间、日期和地点以及这些庭审的结果。如果您被要求作证，您有权在审判前获得适当的帮助，并在可能的情况下，如果法院允许，在作证前会见检察官。

9. 获得有关案件结果和任何上诉的信息

您有权被告知案件的结果，如果被告被定罪，您有权得到对判决的解释。如果罪犯对其定罪或判刑提出上诉，您有权获知上诉及其结果。

10. 需支付费用并归还财产

如果您被要求出庭作证，您有权要求支付某些费用。如果您的任何财产被用作证据，您有权尽快取回。

11. 在定罪后获得有关罪犯的信息

在符合条件的情况下，您有权被自动转介到被害人联系计划，该计划将为您提供有关罪犯及其在监狱中的进展以及他们是否及何时有资格获得假释或释放的信息。在符合条件的情况下，您还有权作出新的被害人个人陈述，您可以在其中说明犯罪如何继续影响您。

12. 投诉您的权利未得到保障

如果您认为您的权利没有得到保障，您有权向相关服务提供者提出投诉。如果您仍然不满意，您可以联系议会和卫生服务监察员。

几乎所有普通法国家的被害人都有权利参与刑事诉讼，尤其是量刑程序，通常是通过提供有关其受到犯罪影响的陈述，英格兰和威尔士也不例外。被害人可以以被害人影响陈述或被害人个人陈述的形式将其书面陈述提交量刑法庭。2009 年至 2010 年，英国司法部对被害人进行的调查结果表明，43% 的被害人提供过类似陈述；而在 2007 年至 2010 年，42% 的被害人表示有机会作出个人陈述；45% 的被害人明确表示没有机会作出个人陈述。此外，在英国出现了显著的地区差异，被告人提供个人陈述的比例从伦敦的 29%到诺森比亚的 63%不等。[1] 这些调查结果表明，被害人影响陈述在英国刑事案件中的使用仍不普及，不同司法区域的实施情况也不一致。

（二）对被害人的赔偿

英格兰和威尔士对被害人的赔偿有多种方式：

第一种方式是向刑事法庭求偿。被害人可告知警方求偿的需求并提供详细情况，警方转告检方，检方向法院提出，法院在被告人被判有罪后可命令其赔偿人身和精神伤害、被盗或者受损财物、被诈骗的损失、误工费、医疗费、交通费、精神痛苦或者身体疼痛、机动车被盗造成的损失等，被告人向法院支付，然后由法院转交被害人。刑事法庭判决的赔偿数额往往限于被告人的支付能力和量刑等因素，如果赔偿数额可能不足以弥补损失，被告人可能还要分期付款；另外，如果被告人被判在监狱服刑的，刑事法庭可能不再判决赔偿。

第二种方式是提起民事诉讼。民事诉讼需要原告举证证明，即使胜诉也需要被告有足够的赔偿能力才能获得充分赔偿。对于担心在民事诉讼中不能胜诉以及被告人没有足够赔偿能力的暴力犯罪被害人，均可申请第三种赔偿方式，即刑事被害赔偿。

刑事被害赔偿是由被害人向刑事被害赔偿局求偿。1996 年英格兰与威尔士在司法部设立刑事被害赔偿局，运行刑事被害赔偿计划，每年约为 30 000 被害人提供每人 1000 镑~50 万镑不等的赔偿金。2012 年司法部和刑事赔偿局发布《刑事被害赔偿计划》并于 2019 年 6 月修正，2014 年司法部和刑事被害赔偿局

---

〔1〕 Julian V. Roberts, Marie Manikis, "Victim Personal Statements in England and Wales: Latest (and Last) Trends from the Witness and Victim Experience Survey", 13 *Criminology & Criminal Justice* 2013, pp. 245-261.

发布的《刑事被害赔偿计划指南》也于 2019 年 6 月修正，以指导被害人向刑事被害赔偿计划提出申请并获得刑事赔偿。

在英格兰与威尔士，在遭受暴力犯罪侵害之后的两年之内，被害人可以请求刑事被害赔偿局给予赔偿，如果冒着"合理但额外"的风险即见义勇为制止犯罪而受伤的，也有权请求赔偿。条件是：暴力犯罪案件已经向警方报案，被害人受伤，或者近亲属因受暴力犯罪侵害而死亡，目睹对亲人或者所爱之人的犯罪或者案发后立刻到场，为被犯罪侵害致死的人支付了丧葬费用。即使嫌疑人没有找到或者没有定罪，被害人也有权申请刑事赔偿。被害人申请刑事赔偿是免费的，需提交医疗方面的证据。

一般的赔偿时效为两年，超出两年时效仍可申请赔偿，但附有条件：因儿童时期遭受的性虐待或者身体虐待而申请赔偿的，或者因早期精神或者身体健康而不能申请赔偿的。

此外关于申请赔偿的特殊时效规定是：如果是自 1964 年 8 月 1 日至 1979 年 10 月 1 日之前（不含本日）发生的犯罪，且案发时与犯罪行为人作为家庭成员共同居住的，不受两年赔偿时效的限制，在 2021 年 6 月 12 日之前随时可申请赔偿。这是英国法上的"同一屋檐"规则。

对被害人而言，便利的赔偿申请方式非常重要。在英国，启动赔偿申请的方式包括：其一，在线提供姓名和联系方式，工作人员将在两个工作日之内或者被害人在线选定的工作日上门处理赔偿事宜；其二，在官网公布的工作时间段内给其公布的刑事被害赔偿局号码打电话，约定商谈处理赔偿事宜的通话时间。

申请英国刑事被害赔偿的主体受到限制。有权申请赔偿的有：英国公民或者欧盟公民及其近亲属；有权在英国的欧盟国民的家庭成员；军人或者与其共同居住的近亲属；申请前为人口贩卖的潜在被害人的，这种情况必须经英国人口贩卖中心和英国签证与移民局证实；此外，被害时"常居"英国的人也有权申请赔偿，比如在英国居住、工作或者读书的人及其家庭成员。

被害人可以申请的赔偿范围包括：身体伤害、精神伤害、性虐待或者身体虐待、近亲属死亡、丧葬费、工薪损失。其中，精神伤害是会严重影响在工作或学校的人际关系或性关系中的日常表现的损伤，精神损伤必须由精神科医生或临床心理学家诊断。工薪损失包括收入的损失或者用于支付以下费用：护理费、助行器械；假肢、手杖、眼镜等辅助设备；工作能力受限超过28周的。无法工作的首个28周，不予赔偿；被害人必须在犯罪发生之时或者之前3年内有工作，全日制学生、退休或者照料他人的人除外。

根据刑事被害赔偿局2012年发布并于2019年6月修正的《刑事赔偿费率表》，身体伤害和精神痛苦的赔偿金额从1000~200 000镑不等；因伤可能失去未来预期工作收入的赔偿金为10 000~400 000镑，因伤失去工作收入的赔偿金为50 000~500 000镑，如原从事高薪工作也可能超出400 000镑或500 000镑；面部损伤破相、疤痕不太严重的赔偿金为23 000~36 000镑，面部损伤破相留下严重疤痕的赔偿金为36 000~74 000镑等，致人怀孕的性侵案赔偿金为5500镑，猥亵的赔偿金为1000~33 000镑，非自愿性交的赔偿金为11 000~44 000镑，不严重的精神痛苦赔偿金为1170~4450镑，中等的精神损害赔偿金为4450~14 500镑，中等严重的精神痛苦赔偿金为14 000~41 000镑，严重精神损害赔偿金为41 000~88 000镑，受到死亡威胁或者被强奸后被威胁不能告发所导致的精神痛苦赔偿金为3550镑，未成年人父母死亡的抚养费为每年 2000 镑一次性支付至 18 周岁，丧葬费为 2500 镑不超过 5000 镑等。因性侵导致性病或者性传播类疾病（不包括艾滋病）的赔偿金为 5500~22 000 镑等。

对于受到多种伤害的被害人，赔偿计划只能赔偿三类伤情，此外还可附加怀孕、流产、患上性传播疾病三类伤情。被害人可以获得最严重伤害的 100% 赔偿金，同级或者次一级伤害的 30% 赔偿金，同级或者再次一级伤害的 15% 赔偿金。

按照 2012 年刑事赔偿计划，受到较轻伤害的被害人不能再申请刑事赔偿。如果伤害并不严重，按照《刑事赔偿费率表》不予刑事赔偿的，因受犯罪侵害而暂时（至少连续 7 天）不能工作的低收入被害人（周薪低于 111 镑，单位无法定病假薪金）可申请困难基金的临时补助，需在犯罪发生后 48 小时内向警方或者案发后 8 周内向刑事被害赔偿局申请赔偿。被害人需提交警方刑事案件号、医生证明、收入证明或工资单、自雇人员的退税证明。

需要注意的是，在几种情况下被害人可能会失去赔偿资格或者被削减赔偿数额：一是被害人不愿向警方报案或者告发，比如担心报复等。由于刑事被害赔偿计划是公共财政资金，如果被害人不帮助警检两方将实施犯罪行为的人绳之以法，不与警方合作或者在后续的案件起诉中不与检方合作，被害人将失去刑事赔偿请求资格。二是如果被害人与刑事被害赔偿局合作不够，也可能被拒绝或者减少赔偿金额，比如未告知个人地址或者情况的变更；多次无正当理由对发往个人邮址的通信不予答复，包括信件和电子邮件；隐瞒实情；受伤害情况为虚假或者被夸张；未进行为了证实伤情而安排的医疗检查等。三是被害人有犯罪记录的案件中可能丧失赔偿权或者被削减赔偿额度。

被害人可能在申请后 4 周内就获得赔偿，也可能耗时 12~18 个月，对此并无期限限制，但期间可获得中期赔偿金以缓解被害人的困境。

被害人如不服刑事被害赔偿局的决定，可在收到决定后 90 日内向刑事被害赔偿法院起诉，法院可以维持原决定、可以增减赔偿金额、可以不予赔偿，也可以发回刑事被害赔偿局重新决定。

另外需要注意的是，遭受犯罪伤害之后的英国被害人所享受的英国国民医疗服务，在全英范围内都是免费的，包括医疗、护理、饮食住院费用等，这些费用并不计入国家赔偿，而是福利制度的组成部分，是对符合国民医疗条件的人的生存权的保障。

四、澳大利亚的被害人权利

澳大利亚刑事司法系统在过去的 50 年见证了被害人在司法程序中作用的重大变化。绝大多数刑事案件通过认罪解决，其中许多是通过控辩谈判解决的。被害人作为是诉讼的参与方，其参与认罪案件的程度是重要的法律和实践问题。

以维多利亚州 1991 年《量刑法》为例，其要求法官在量刑时考虑犯罪对被害人的影响。为此，法院必须考虑罪行对被害人的影响、被害人的个人情况、直接因违法行为造成的任何伤害、损失或损害，以及被害人影响陈述。法院可据以认定犯罪对被害人的影响的重要方式是通过被害人影响陈述。在量刑时，被害人可以宣读或向法庭提交书面的被害人影响陈述，被害人影响陈述可以包括与犯罪对被害人的影响有关的照片、图表、文字和其他材料。

澳大利亚各省各州有其被害人帮助法，如塔斯马尼亚州

1976 年《刑事被害人帮助法》（Victims of Crime Assistance Act 1976)，维多利亚州 1996 年生效并历经 1997、2003、2007、2010 年修改的《刑事被害人帮助法案》（Victims of Crime Assistance Act 1996) 等。以维多利亚州法律为例，根据《刑事被害人帮助法案》予以赔偿是政府的工作项目或计划，向遭受暴力犯罪侵害的被害人提供金钱或者其他帮助。暴力犯罪包括身体或性侵犯、强奸、严重入室盗窃、抢劫、家庭暴力、虐待儿童、威胁杀人、跟踪等，不包括盗窃和诈骗案件。在维多利亚州，被害人死亡的，可获得总额最多 10 万澳元赔偿；主要被害人即直接受犯罪行为侵害的人，可获得总额最多 7 万澳元赔偿；次要被害人是指因目睹犯罪行为而受到伤害的人，或者是被害儿童的父母或者监护人，可获得最多 6 万澳元赔偿；相关被害人是指被害人死亡的案件中，被害人的近亲属、有抚养关系的人、亲密关系人。赔偿金包括：工薪收入最多赔偿 2 万澳元，医院、救护车、牙医、康复治疗、脊柱按摩治疗、验光、外科手术包括整容整形、精神和心理咨询治疗、衣物、安全相关费用以及任何其他相关的自付费用，以上总额为 6 万澳元。此外还有特别经济帮助，旨在表达社会对被害人的同情与关心，金额为 1 万澳元。在特殊情况下，被害人也有权获得其他任何可以帮助其从犯罪的影响中恢复的赔偿内容，例如改善家庭安全、参加自卫课程、职业培训、专业辅导、搬迁费用、健身房会员资格、康复治疗或假期。为此，经验丰富的心理学家能够在适当时代表被害人提出建议，以帮助其从犯罪的影响中恢复。刑事赔偿案件可以考虑被害人与警方的合作程度、被害人对犯罪行为的任何行为以及被害人本人的犯罪记录等。如果是危险驾驶或交通事故罪的被害人死亡的，家庭有权提出高达 10 万澳元的经济补偿申请。

　　除刑事赔偿外，被害人也可以通过"量刑法"和"普通法"向罪犯寻求赔偿并获得赔偿。根据"量刑法"，一旦被告人被判有罪，被害人有权在定罪后的 12 个月内向罪犯寻求赔偿。被害人可联系负责案件的警察或检察官并告知他们希望提出此类索赔。被害人也可以通过"普通法"寻求民事赔偿，并且自受伤之日起 6 年内提出此类索赔。

　　被害人经济补助法庭（VOCAT）判给的最高经济援助总额为主要被害人 6 万澳元，次要被害人或相关被害人 5 万澳元。在犯罪造成一人死亡的案件中，所有相关被害人可获得的赔偿最高累计金额为 10 万澳元。获得的特别经济援助金额从 130 澳元到 1 万澳元不等。如果被害人受到伤害，则应在超过 6 万澳元的额度之外支付咨询、医疗和其他费用作为特别经济援助，对主要被害人的最高援助金额是 7 万澳元。

五、欧盟的被害人权利

　　欧洲每年有 15% 的人口也即 7500 万人成为刑事犯罪被害人，平均每天 20 万人；1/3 的女性遭受过身体伤害或者性侵害；1/5 的 18 岁以下未成年人遭受过性暴力，70%~85% 的加害人来自熟人圈；2016 年发生 5200 余起故意杀人案、130 万起入室盗窃案；2000 年以来受恐怖活动犯罪影响最大的国家包括西班牙（马德里恐袭案死亡 203 人）、法国（巴黎恐袭案死亡 151 人）、英国（伦敦恐袭案死亡 67 人）；20 532 人在 2015 年、2016 年成为人口贩卖案被害人，其中 68% 是女性，统计出来的被害人人数少于实际的被害人人数，因为许多犯罪并未被告发，如 10%

的儿童虐待案从未报警。[1]欧盟立法规定被害人有获得赔偿的权利，这有助于被害人在其居住国以外的欧盟国家遭受犯罪侵害后获得赔偿。

1983年欧洲理事会通过了《欧洲赔偿暴力犯罪被害人公约》，在被害人赔偿方面走在前列。1985年联合国大会通过了《犯罪和滥权被害人司法公正基本原则宣言》，首次在国际社会认可被害人有权获得赔偿。2001年，欧洲《反人口贩卖指导意见》从人的权利、性别两个视角出发对人口贩卖案件中的被害人权利予以保护，包括对被害人的赔偿，并要求2013年4月6日之前由成员国本国法律法规确认。

2004年欧洲《关于对刑事被害人赔偿的指导意见》（2004/80/EC）允许在外国受到犯罪侵害的被害人申请国家赔偿。该文件要求所有欧盟国家都要建立国家赔偿计划，为故意暴力犯罪的被害人提供公平和适当的赔偿。

2012年10月欧盟通过全文32条的《欧盟被害人权利指导意见》（2012/29/EU）以取代2001年制定的《理事会框架协议》（2001/220/JHA），制定了在欧盟国家受到犯罪行为侵害的被害人权利、支持和保护的最低标准，规定被害人有权获得由罪犯赔偿其损害，还鼓励欧盟国家建立向罪犯追偿赔偿金的机制。此外，被害人有对其权利、案情、相关服务和协助的知情

---

[1] J. Milquet, "Strengthening Victims' Rights: From Compensation to Reparation. Report of Special Adviser to the President of the European Commision", *Jan-Claude Juncker*, March 2019. 2017年10月4日，欧盟委员会主席荣克（Jean-Claude Juncker）任命若埃尔·米勒盖（Joëlle Milquet）为其刑事被害人的特别顾问，其任务包括编写一份关于如何改善刑事被害人获得赔偿的报告。2019年3月11日由若埃尔·米勒盖撰写的关于"加强受害者权利：从赔偿到修复"的报告发表。该报告是特别顾问与被害人支持协会、负责赔偿的国家机构及其他参与被害人权利工作的人员（在非正式指导委员会内协助特别顾问）举行的多次会议的成果。负责被害人权利的委员会工作人员还协助特别顾问开展工作。

权、获得支持权、参与刑事诉讼权、获得保护和个人财产权等，当案件未予起诉时必须通知被害人，被害人有权要求审查该决定。该文件要求 2015 年 11 月 16 日之前通过所有成员国的法律、法规、行政规定等对此予以实施，其中对被害人的赔偿是重要的内容之一。2015 年以来，欧盟被害人权利保护和赔偿已经发生了较大的变化。

2017 年欧盟通过《反恐指导意见》［（EU）2017/541］规定了恐怖活动犯罪中被害人的权利、获得的保护及支持等，成员国必须为恐怖袭击案被害人提供必要的、保密的、免费的、便利的服务，2018 年 9 月之前纳入各国法律法规开始实施。

第三章
避免实体化不当导致认罪认罚冤假错案

所谓认罪案件中的实体化问题，在我国的语境下，大致意思是，能不能以刑事实体法的方式推进、完善甚至完成认罪认罚从宽改革，在实体法中规定从宽的幅度，认罪的案件就按照这个明确的从宽幅度来处罚，认罚就是认得刑事法所规定的从宽以后的处罚。在我国，认罪认罚从宽是刑事诉讼法的原则，不是刑法的原则，也不是刑法的量刑原则。

2013 年，最高人民法院公布《关于常见犯罪的量刑指导意见》，对于 15 种常见犯罪的量刑予以指导，这是量刑规范化的努力。2017 年，最高人民法院公布修订后的《关于常见犯罪的量刑指导意见》，修订版对接认罪认罚从宽制度，力图建立完善量刑规范化长效工作机制，促进量刑规范化工作制度化、常态化，确保罪责刑相适应。随后，最高人民法院又公布《关于常见犯罪的量刑指导意见（二）（试行）》，增加了对 8 种常见犯罪的量刑指导。其中，对于认罪和从宽的具体规定见于《关于常见犯罪的量刑指导意见》"三、常见量刑情节的适用"第 4~10 条，具体规定有：

（1）对于自首情节，可以减少基准刑的 40% 以下；犯罪较轻的，可以减少基准刑的 40% 以上或者依法免除处罚。

（2）对于坦白情节，①如实供述自己罪行的，可以减少基准刑的 20% 以下；②如实供述司法机关尚未掌握的同种较重罪行的，可以减少基准刑的 10%～30%；③因如实供述自己罪行，避免特别严重后果发生的，可以减少基准刑的 30%～50%。

（3）对于当庭自愿认罪的，可以减少基准刑的 10% 以下。依法认定自首、坦白的除外。

（4）对于立功情节，①一般立功的，可以减少基准刑的 20% 以下；②重大立功的，可以减少基准刑的 20%～50%；犯罪较轻的，减少基准刑的 50% 以上或者依法免除处罚。

（5）对于退赃、退赔的，可以减少基准刑的 30% 以下。其中抢劫等严重危害社会治安犯罪的应从严掌握。

（6）对于积极赔偿被害人经济损失并取得谅解的，可以减少基准刑的 40% 以下；积极赔偿但没有取得谅解的，可以减少基准刑的 30% 以下；尽管没有赔偿，但取得谅解的，可以减少基准刑的 20% 以下；其中抢劫、强奸等严重危害社会治安犯罪的应从严掌握。

（7）对于当事人根据《刑事诉讼法》达成刑事和解协议的，可以减少基准刑的 50% 以下；犯罪较轻的，可以减少基准刑的 50% 以上或者依法免除处罚。

依据《关于适用认罪认罚从宽制度的指导意见》第 9 条"从宽幅度的把握"的规定，认罪认罚的从宽幅度一般应当大于仅有坦白，或者虽认罪但不认罚的从宽幅度。对犯罪嫌疑人、被告人具有自首、坦白情节，同时认罪认罚的，应当在法定刑幅度内给予相对更大的从宽幅度。认罪认罚与自首、坦白不作重复评价。鉴于坦白情节的从宽幅度为 20%～50%，从中可见认罪认罚的从宽幅度。

此外，我国现行法还规定了对于认罪案件的两种不起诉：

一是《刑事诉讼法》第 182 条第 1 款的规定："犯罪嫌疑人自愿如实供述涉嫌犯罪的事实，有重大立功或者案件涉及国家重大利益的，经最高人民检察院核准，公安机关可以撤销案件，人民检察院可以作出不起诉决定，也可以对涉嫌数罪中的一项或者多项不起诉。"二是《关于适用认罪认罚从宽制度的指导意见》第 30 条的规定："……对认罪认罚后没有争议，不需要判处刑罚的轻微刑事案件，人民检察院可以依法作出不起诉决定。人民检察院应当加强对案件量刑的预判，对其中可能判处免刑的轻微刑事案件，可以依法作出不起诉决定。"

在英美法语境下，所谓认罪案件中实体化问题，各有不同的含义。在美国法上，认罪有几种不同的方式，由此也在实体法和诉讼法上有不同的法律后果。第一种认罪，是辩诉交易之下的认罪，被追诉人通过辩护律师与检察官之间的协商达成认罪协议，认罪协议中规定了定罪和量刑的处置，检察官获得定罪判决，被追诉人获得宽大的定罪处罚或者不予定罪处罚。因此，定罪和量刑，是协商的结果，不是基于实体法的规定，无法予以实体化。反倒是实体法尤其是实体法规定的强制性最低刑及强制性量刑指南，被控辩审三方通过辩诉交易撕开了口子。这导致在辩诉交易中的实体化问题是个假问题，在辩诉交易的现实中难以存在所谓的实体化问题。第二种认罪，是无协议认罪，是在无辩诉交易的情况下认罪，被追诉人没有通过辩护律师与检察官之间的协商达成认罪协议，而是直接向控方认罪或者向法庭认罪，在这种案件中，法官可能会受到旨在限制法官量刑裁量权、对法官有指导意义的量刑指南的引导，因此无协议认罪的案件可能在从宽之后仍然被判处重刑及死刑。因此，无协议认罪案件的实体化问题由实体法处理，在联邦司法系统，相关的处理规则规定于《美国联邦量刑指南》中。在英国法上，无协议认罪案件中的实体化切实存在，其量刑指南将认罪作为量刑情节。在特殊案件中才存在协议认罪和认罪协议，如重大复杂诈骗案件。综合英美法的规定，协议认罪不存在实体化问题，而无协议认罪才存在实体化的问题。换言之，协议认罪的实体化问题，实质上是实体法能不能够约束认罪案件的定罪量刑的问题。

如果认罪案件的定罪量刑体现出脱离实体法的从宽，可能会导致权力滥用，从而使坚持不认罪的被告人感受到极大的重罚压力，甚至被迫认罪求轻。因此，如何在一定程度上平衡认罪案件的从宽与不认罪案件的公正处罚，值得研究。

第一节　美式辩诉交易
与实体化从宽的分离模式

美国联邦量刑委员会是司法部门的一个独立机构，由 7 名有表决权和 2 名无表决权的成员组成。其主要目的是为联邦刑事司法系统制定量刑政策，约束实践，通过颁布详细的指导方针，确保对被判犯有联邦罪行的罪犯适当量刑，从而达成司法公正。刑罚的重要目的是控制犯罪，此外的其他目的众说纷纭，教育刑、矫正刑等理论层出不穷，刑罚的目的已不再单一化，而是众多目的的集成。如果按照罪责刑相适应原则确定刑罚，刑罚就应与罪责及危害相当。如果按照犯罪控制的目的来确定刑罚，就要求通过威慑他人或者使被告人丧失犯罪能力来有效地减少未来的犯罪。对于量刑立法与实践而言，选择刑罚的单一目的理论并无必要，任何一种理论的应用都会在大多数案件的量刑中产生相同或者相似的结果。按照 1984 年《量刑改革法》，法院量刑必须在《美国联邦量刑指南》的范围内选择量刑，除非有例外的情况，否则不得超出《美国联邦量刑指南》

的范围。这使《美国联邦量刑指南》对法官量刑具有一定的强制适用色彩，事实上自 20 世纪 80 年代直到 2005 年布克案（United States v. Booker）之前，《美国联邦量刑指南》对联邦法官量刑具有强制性。[1] 联邦量刑委员会于 1987 年向国会提交《美国联邦量刑指南》，同年生效。量刑委员会有权每年向国会提交修正案，除非另行通过法案，否则修正案经 180 天后自动生效。笔者撰稿时最新发布的是 2018 年修正版《美国联邦量刑指南》。由于联邦量刑委员会认为《美国联邦量刑指南》的编写是渐进式的，其与相关法规都认为，通过持续的研究、经验积累和分析，向国会提交修正案，能够促进对《美国联邦量刑指南》的修订和修改。因此，联邦量刑委员会是一个常设机构，负责监督联邦法院的量刑实践。

一、辩诉交易认罪的非实体化模式

2018 年，联邦最高法院重申《美国联邦量刑指南》没有强制效力，再次援引 2005 年布克案对于《美国联邦量刑指南》没有强制效力的判决，"1984 年《量刑改革方案》授权美国量刑委员会制定并有追溯效力地修正《美国联邦量刑指南》。虽然《美国联邦量刑指南》仅仅是建议性质的，地区法院量刑时必须查阅。……当修正案具有溯及力时，对于罪犯的量刑是'基于后来被量刑委员会减轻量刑范围'的，地区法院可以减轻罪犯的量刑。"[2]《美国联邦刑事诉讼规则》第 11（c）（1）（C）条所规定的辩诉协议被联邦最高法院称为 C 类协议，允许被告人和控方"将具体的量刑或者量刑范围作为案件的适当处理方案达成

---

〔1〕 United States v. Booker, 543 U. S. 220 (2005).

〔2〕 United States v. Booker, 543 U. S. 220, 264 (2005).

一致","法院一旦接受辩诉协议,关于量刑的协议就对法院产生约束力。"这意味着 C 类协议的内容是关于具体量刑或量刑范围,而法院接受协议就必须按照协议来量刑。2018 年联邦最高法院在判例中指出:"联邦地区法院在作出决定时,必须考虑《美国联邦量刑指南》。除非协议的量刑是在《美国联邦量刑指南》规定的范围之内,或者因符合具体列举的正当理由而超越《美国联邦量刑指南》范围,否则不得接受辩诉协议。"[1]

《美国联邦量刑指南》第 6 章规范依据《美国联邦刑事诉讼规则》第 11(c)条接受辩诉协议案件的量刑。《美国联邦刑事诉讼规则》对辩诉交易的规定旨在确保辩诉协商实践促进量刑的法定目的,结束量刑的失衡。量刑是司法职能,由法官作出量刑判决,并确保偏离《美国联邦量刑指南》的量刑判决的基础都记录在案。

(一) 关于辩诉协议

当被告人答辩时,必须在公开的法庭上展示辩诉协议,除非法庭有正当理由允许当事人以秘密方式向其展示辩诉协议。这是《美国联邦量刑指南》§6B1.1(a)和《美国联邦刑事诉讼规则》第 11(c)(2)条的共同要求。

如果辩诉协议的内容是控方建议或同意不反对被告人关于特定量刑或量刑范围,或者内容为是否适用《美国联邦量刑指南》或政策声明或量刑因素的特定条款(此类建议或请求不约束法院),那么法院必须告知被告人,如果法院不遵守协议的内容,被告人无权撤回认罪。《美国联邦量刑指南》§6B1.1(b)和《美国联邦刑事诉讼规则》第 11(c)(3)(B)条均有此规定。

如果辩诉协议的内容是被告人对起诉的罪名或者减轻的罪

---

〔1〕 Hughes v. United States, 584 U. S. _(2018)(Slip. Op.).

名或者相关的罪名认罪，检察官不起诉或者撤销起诉其他罪名，或者检察官同意具体的量刑或者量刑范围是案件的适当处理方式，或者是否适用《美国联邦量刑指南》的特定条款、政策声明、量刑情节，那么一旦法庭接受辩诉协议，这样的量刑建议就约束法官。法官此时可以决定接受辩诉协议、拒绝辩诉协议，或者推迟到读取量刑调查报告后再作决定。

（二）接受认罪协议的标准

《美国联邦量刑指南》§6B1.2 规定了关于接受认罪协议的标准政策，区分了认罪协议中的约束性量刑建议和非约束性量刑建议。

如果认罪协议包括撤回罪名或不追究潜在指控的内容［《美国联邦刑事诉讼规则》第 11（c）（1）（A）条］，如果法院认为，出于记录在案的理由，其余指控充分反映了实际犯罪行为的严重性，并且接受协议不会破坏量刑或《美国联邦量刑指南》的法定目的，法院可以接受该协议。

对于认罪协议包括非约束性量刑建议的，如果法院认为具备以下情形的，可以接受该建议：

（1）所建议的量刑在适用的指南量刑范围内；或者

（2）由于正当理由，建议的量刑超出适用的指南范围；这些正当理由均记录在案。

对于认罪协议包括特定量刑的，如果满足以下条件，法院可以接受该协议：

（1）约定的判决在适用的指南范围内；或者

（2）出于记录在案的正当理由，约定的判决超出了适用的指南范围。

（三）拒绝辩诉协议的程序

《美国联邦量刑指南》§6B1.3规定了法庭拒绝认罪协议的程序（政策声明），如果法院驳回包含撤销起诉罪名或非约束性量刑建议的认罪协议，法院必须在公开的法庭上作出以下事项并记录在案（或者有正当理由时不公开进行）：

（a）通知当事人，法院驳回认罪协议；

（b）亲自告知被告人，法庭无需遵从认罪协议，并让被告人有机会撤回认罪；

（c）亲自告知被告人如其不撤回认罪，则法院可以对该被告人的量刑比认罪协议更严厉。

这一条是为了实施《美国联邦刑事诉讼规则》第11（c）（5）条的规定，当法庭拒绝辩诉协议时，确保被告人有机会撤回认罪。

（四）辩诉协议条款约定的量刑事实

《美国联邦量刑指南》§6B1.4规定了协议条款的内容，即控辩双方约定的内容，这是一项政策说明，可分为四个方面：其一，认罪协议可附有与量刑有关的事实的书面约定。除非一方有权不披露某些信息，否则该约定应：①列出实际犯罪行为和犯罪人特征的有关事实和情节；②不得含有误导性事实；③有意义地具体阐述拟协议适用的量刑范围为何适当的原因。其二，如果当事人对与量刑有关的任何事实不同意，则该约定应确定为有争议的事实。其三，联邦地区法院可以根据当地规则确定案件类型，辩诉双方有权在提出认罪协议时在记录上口头提出所需约定的案件类型。其四，法院不受该约定的约束，但可以在量刑调查报告的帮助下，确定与量刑有关的事实。

按照该规定的要求，当认罪协议包含对事实的约定时，该约定必须充分准确地披露与量刑判决有关的所有因素。该条款并未规定辩诉双方必须就争议问题达成协议，或就未达成一致的问题向法院提出表面上已达成协议。相反，最重要的原则是充分披露实际犯罪的情况和当事人达成一致的情况。该约定应确定可能与量刑判决有关的所有协议、分歧和不确定领域。同样，控辩双方也不宜约定误导性的或不存在的事实，即使控辩双方都愿意为达到诉讼目的承认此类"事实"的存在。相反，当事人应充分披露实际情况，然后向法院解释案件处理方式与《美国联邦量刑指南》通常要求的处理不同的原因。

由于控辩双方的约定的重要性以及可能影响量刑的因素、情节的潜在复杂性，双方的约定通常应采用书面形式。但是，地方性的规则可能允许例外。出于制定《美国联邦量刑指南》的经验，联邦量刑委员会特别注意认罪协议程序方面的问题。

《美国联邦量刑指南》§6B1.4(d)明确规定，法院没有义务接受辩诉双方在这一方面的约定。法院虽然期待控辩双方约定的内容准确和完整，但法院不能仅仅依赖双方的约定来确定与量刑判决有关的因素。相反，在确定量刑判决的事实依据、事实基础时，法院将考虑双方的约定、量刑调查报告以及所有其他相关信息。

（五）不守指南的特殊情况

根据《美国联邦量刑指南》§5K2.0(d)(4)的规定，法院不得因认罪或者认罪协议而不遵守《美国联邦量刑指南》规定的量刑范围。对于被告人决定认罪的或者达成认罪协议的，不得仅仅因为被告人决定认罪或者达成认罪协议而违背《美国联邦量刑指南》，但是法院可以基于合理的、《美国联邦量刑指南》不禁止的理由违背《美国联邦量刑指南》予以量刑，如果该量刑是认罪协议建议或者同意并经法院接受的。如果违背《美国联邦量刑指南》给予量刑，法院必须说明理由。

　　原则上，《美国联邦量刑指南》所规定的量刑范围是不得违反的，法官量刑时必须遵守。仅有少数几种情况下，《美国联邦量刑指南》的规定可不予遵守：一是辩诉协议中双方约定或者提出的量刑建议；二是根据量刑委员会未充分考虑的一种或一定程度的犯罪和罪犯特征，有关的政策说明规定了可以不适用《美国联邦量刑指南》范围的情况。例如，基于被告人的犯罪历史、被告人对控方的实质性帮助以及早期处置计划等。事实上，实质性帮助条款的运用，也往往是通过辩诉交易的方式，控辩双方对实质性帮助的内容及量刑建议达成一致。

　　此外，对于被告人仅在法律包括《美国联邦量刑指南》规定的范围内履行赔偿责任的，即被告人如常、普通地弥补了其犯罪行为带来的损害后果的，量刑也必须遵守《美国联邦量刑指南》的规定，不得超出其量刑范围。

　　由《美国联邦量刑指南》§5.A可知，国会在《量刑改革法案》和量刑委员会颁布第一套指导方针时承认："很难规定一套指导原则，让这些指导原则包含可能与量刑决定相关的广泛的人类行为。因此，不守指南在量刑指南系统中发挥着不可或缺的作用。不守指南的相关规定允许法院在特殊情况下判处适当的刑罚，在这些特殊情况下，指南的机械应用将无法实现法定量刑目的和提升目标。不遵守指南还有助于保持足够的灵活性，允许通过在设计一般量刑情节时未考虑的因素来减轻或加重量刑，允许个别化的判决。"[1] 通过监督法院何时偏离《美国联邦量刑指南》并分析其所陈述的理由，以及在上诉案件中审查这些偏离《美国联邦量刑指南》的情况，量刑委员会可以进

_____

〔1〕　28 U.S.C. §991 (b)(1)(B).

一步完善《美国联邦量刑指南》，以更准确地说明何时允许或者不允许不守指南。

（六）撤回起诉和不予起诉的行为

《美国联邦量刑指南》§5K2.21规定，法院可以判得比《美国联邦量刑指南》更重，以体现罪行的实际严重程度，基于行为：①作为辩诉协议的内容，对该行为撤回了起诉或者不予起诉，及②适用的指南范围并未考虑这一行为。因此，对于控辩双方的辩诉协议而言，通过指控交易撤销罪名或者撤销指控犯罪事实后，被法官判处比《美国联邦量刑指南》更重刑罚的风险是存在的。

例如，被告人携带装有加长弹匣的枪支，持有大量待售的各类毒品，遇到警官时枪口对准一名警官并逃逸，还试图隐瞒自己的身份。被告人与检察官达成辩诉协议，检察官撤回4项贩毒罪名。初审法院量刑时考虑了这些被撤回罪名背后的行为，称因其与本案定罪有关，所以判得比量刑指南更重。被告人不服判决，提起上诉。第一上诉法院认为，初审法院根据"在量刑前在公开法庭上提到的一系列事实"，对被告人作出量刑；初审法院可以考虑作为辩诉谈判的一部分而被撤回罪名的相关行为，只要依据量刑指南计算被告人的量刑范围时，没有使用过这些行为；初审法院充分说明了比量刑指南判得更重的原因，该量刑在本质上是合理的。[1]

（七）早期处置与快速处置项目

根据《美国联邦量刑指南》§5K3.1规定的早期处置项目，应控方的申请，法院依据美国司法部长和法院所在地区检察官授权的早期处置项目，量刑最多可以比《美国联邦量刑指南》

---

[1] U. S. v. Fernandez-Garay, _F. 3d_ (1st Cir. May 20, 2015) No. 14-1367.

减轻四个级别。这一规定是根据《2003 年公诉救济和其他方式终结剥削儿童法》（又称《儿童保护法》）的要求新增的规定。

快速处置项目来源于美国西南边境的超大量移民案件。设立项目的初衷是认为如果被告人迅速同意适用这一项目，会节约下宝贵的资源用以追诉其他被告人。适用快速处置的被告人表明愿意承担根据《美国联邦量刑指南》确定的责任。就此而言，快速处置项目就是为了节省资源。但是 2003 年联邦司法部长发布的快速处置项目备忘录表明，快速处置项目的法律和实践环境都发生了变化：变化之一是快速处置项目已不再局限于西南边境地区，有些非边境地区也开发实施了快速处置项目。因此，不同地区的被告人因其属地不同就可能会受到不同的处罚。变化之二是自 2005 年起，《美国联邦量刑指南》不再具有强制性，联邦上诉法院对于适用快速处置项目的被告人，是否允许对其判得比《美国联邦量刑指南》更轻有分歧。因此，没有快速处置项目的联邦检察官办公室经常收到申请与投诉，原因是其量刑与有该项目的地区量刑不同。允许存在量刑差异的法院则在量刑时引入了额外的量刑差异。

有鉴于此，2012 年美国司法部公布了针对所有联邦检察官的备忘录，对既存的这类快速通道和处置方案进行了内部审查。在与检察官协商后，司法部修订了其快速处置政策，并为所有有资格进行快速处置的被告人制定统一的基准要求，无论被告人在何处被起诉。这一结果与该部门在《美国联邦量刑指南》中的立场一致，作为实现量刑统一的手段，犯下类似罪行并具有类似罪责的人应尽可能得到类似待遇。但是，这一政策不会改变检察官对是否起诉某一被告人的自由裁量权。

如果被告人有暴力犯罪重罪前科的如谋杀、绑架、性侵、儿童性犯罪、贩毒、枪支等，或者根据被告人曾被驱逐出境的次数，或曾有移民类前科的，在刑罚执行期间或者被侦查期间的，那么就不适用快速处置程序。除非被告人拒绝充分的律师帮助或者必要的程序延期，适用快速处置程序的被告人必须在其被拘捕后 30 日内同意签订书面辩诉协议，该协议的最低要求是必须包括以下内容：一是被告人同意一项能够准确反映其犯罪行为的事实基础，并约定与定罪和遣返有关的事实。二是被告人不提出《美国联邦刑事诉讼规则》第 12(b)(3) 条规定的审前申请，如关于起诉的管辖、迅速审判、选择性或报复性起诉、大陪审团程序错误、拖延起诉，以及关于起诉书瑕疵如一个罪名下有两项以上犯罪行为、在多个罪名下起诉同一犯罪行为、起诉书不具体、不当合并、未说明罪行等。三是联邦检察官在考虑法律、地方法院惯例和政策后，被告人同意放弃根据《美国法典》第 18 编第 3553(a) 条规定的量刑情节提出意见的权利、放弃上诉的权利，但《美国法典》第 28 编第 2255 条规定的申请撤销判决或改判并予以释放的权利、律师有效帮助的权利不予放弃。四是对快速处置的辩诉协议，检察官应保留裁量权，对被告人提出额外的程序要求，例如，一是检察官可以要求被告人同意签订量刑协议，检察官在协议中同意具体量刑或量刑范围，或是否适用《美国联邦量刑指南》或政策说明或量刑情节的特定条款，一旦法院接受认罪协议，协议中的此类建议或请求对法院具有约束力，二是检察官可以要求被告人放弃量刑调查报告的权利。

此外，关于辩诉协议的附加条款，如果满足上述条件，检察官应按照《美国联邦量刑指南》§5K3.1 的规定提出量刑建议，建议比法院认定的《美国联邦量刑指南》规定的基准量刑判得更轻：检察官可建议减轻四个级别。除对于有一次以上严重暴力犯罪前科或者犯罪历史达四级的被告人，检察官在考虑公共安全的利益后，在受到监督批准的情况下建议减轻两个级别。

（八）突破法定最低刑：实质性帮助

法院低于法定最低刑量刑的权力受到严格限制，实质性帮助是突破这一限制的出口之一。《美国法典》第 18 编第 3553 （e）条规定，低于法定最低刑处刑的权力是有限的，在控方提出申请后，法院有权判处低于法定最低刑的刑罚，以体现被告在侦查或起诉其他人犯罪方面的实质性协助，该判决应根据量刑委员会依据《美国法典》第 28 编第 994 条发布的指导方针和政策说明来判处。

实质性帮助与认罪承担责任不同："实质性帮助"要求被告人对侦查起诉其他人的犯罪提供信息或者证言，"承担责任"要求被告人对自己的犯罪行为认罪。

量刑委员会 2018 年发布的新版《美国联邦量刑指南》§5K1.1 规定了对控方的实质性帮助（政策说明），如果控方提出申请，指出被告人在调查或起诉犯罪的其他人时提供了实质性帮助，其后法院可以不遵守《美国联邦量刑指南》的规定。具体而言，应由法院根据以下但不限于以下理由，来确定适当的减刑：①法院对被告人帮助的重要性和有用性的评估，同时考虑到控方对该帮助的评估；②被告人提供的任何信息或证言的真实性、完整性和可靠性；③被告人帮助的性质和程度；④因提供帮助而对被告人或其家人造成的任何伤害或者伤害危险或者风险；⑤被告人帮助的及时性。对于被告人拒绝提供实质性帮助的，不得作为加重量刑的情节。

《美国联邦量刑指南》关于这一条的适用说明认为，对控方关于被告人帮助程度的评估，法院应给予实质性的充分重视，特别是在帮助的范围和价值难以确定的情况下。

《美国联邦量刑指南》作出这一规定的背景是，被告人为控方侦查和起诉他人的犯罪活动提供帮助，是长期以来在法律及实践中被认可的减轻量刑的情节。帮助的性质、程度、重要性可能涉及广泛的行为，必须由法院根据个案评估。因此，有必要赋予量刑法官根据多种相关因素减轻量刑的自由度，包括上面列出的那些因素。但是，量刑法官必须说明根据这一条文减刑的理由。为了被告人的安全，法院可以选择以不公开开庭和予以封存的书面形式向被告人说明其理由，以避免泄露正在进行的侦查。

（九）量刑规范化难以约束辩诉交易

《美国联邦量刑指南》作为量刑规范化的尝试，以量刑均衡、同案同判为追求。然而，随着量刑情节在《美国联邦量刑指南》中的固化、细化、精准化，许多被告人和检察官不是选择精准、规范的量刑程序，而是选择辩诉交易、自行协商定罪与量刑，显然，这很大可能是由于辩诉交易帮助控辩双方回避了他们所认为的量刑指南政策的一些"缺陷"。

1. 规避强制性

《美国联邦量刑指南》的目的是规范量刑、量刑均衡，为此规定了较为严格的量刑范围以及强制性最低刑，法院的裁量权受到限制。只有符合法律明确规定的条件，才能规避《美国联邦量刑指南》的适用。这些条件包括被害人过错、被告人受到威胁或强迫、被告人责任能力受限制、辩诉交易等。2005年之前，《美国联邦量刑指南》具有强制性。[1]为了规避《美国联邦量刑指南》的强制性规定，在不具备其他减轻量刑条件的案件中，辩诉交易就成为被告人和辩护人的上上之选。因此，旨

---

[1] United States v. Booker, 543 U. S. 220 (2005).

在促进量刑均衡的强制性量刑指南，却间接地促进了辩诉交易在刑事司法中的适用。

2. 以起诉罪行而非真实罪行为中心设计量刑指南系统

量刑委员会需要决定的最重要问题之一是根据被告人所犯下的实际犯罪行为判处刑罚，还是根据被告人被起诉或被定罪的指控犯罪行为判处刑罚。量刑委员会最初尝试制定纯粹的基于真实罪行予以量刑的制度。毕竟，在某种意义上，《美国联邦量刑指南》出台之前用以指导量刑的系统就是这种类型的系统。法院量刑和假释委员会在量刑听证会或假释委员会听证官面前考虑了被告人实际的犯罪行为。联邦量刑委员会的努力并没有成功，失败的原因在于无法确认"真实的危害"。为了使这样一个旧系统发挥作用，使现状正规化和合理化，就需要委员会确切地确定要考虑犯罪产生了哪些危害，以及法院应采用何种程序来确定争议事实是否存在。量刑委员会认为无法确定"真实的危害"，没有切实可行的方法来解释在不同情况下产生的大量不同危害；鉴于在许多典型案例中可能存在裁量性的"真实伤害"事实，因此也没有找到一种切实可行的办法来协调公正和效率之间的平衡，无法在公正裁决程序和迅速量刑程序之间予以调和。为了解决这些问题，所提出的方案需要使用一些方式如数学运算，量刑委员会认为过于复杂且不可行。委员会认为，这种制度有可能使量刑实践面临巨大差别。

联邦量刑委员会在 1987 年 4 月向国会提交的指南中，使用了更接近起诉罪行系统的方案。但是，这个系统确实也包含了大量真实罪行系统的因素：其一，构成联邦刑法的数百个重叠和重复的法条迫使委员会编写了描述一般行为的指导方针，而不是跟随纯粹法条的指导方针。其二，通过选择基准犯罪级别、具体的犯罪特征、交叉参考和调整，《美国联邦量刑指南》考虑了一些重要的、经常发生的、真实的犯罪要素，例如在犯罪中的个人作用、是否涉枪或实际涉案金额。

联邦量刑委员会认识到以起诉罪行为中心的量刑制度本身就有缺点，最大的缺点是使检察官能够通过增加或减少起诉书中的罪名罪状数目来影响量刑。当然，被告人的实际行为（检察官可以在法庭上证明的行为）对检察官加重被告人刑罚的裁量权施加了自然限制。对于检察官还有其他限制：首先，法院并非完全被动，其可针对不当操纵起诉书的案件行使裁量权超出《美国联邦量刑指南》来量刑；其次，联邦量刑委员会也密切监督辩诉协议和协议指控的实践，并在必要时予以规范。

二、美式无协议认罪的实体化

对于被告人并未和检察官成功进行辩诉交易、达成辩诉协议的，并非在所有情况下都不能减轻量刑。《美国联邦量刑指南》明确了对于被告人"承担责任"以及"自我揭发"的案件中可减轻量刑。

（一）对"承担责任"／"认罪"的认定与减轻量刑后果

量刑法官是评定被告人是否承担责任的唯一主体。因此，量刑法官的决定有权获得高度尊重。2018 年 11 月生效的《美国联邦量刑指南》第 3 章第 E 部分规定了"接受/承担责任"，第 1条规定，如果被告人明确表示接受对其罪行的责任，则将犯罪等级降低两级；第 2 条规定，如果被告人有资格据此降级，如果降级之前确定的罪行等级为 16 级或更高，并且控方说明被告人及时告知控方其打算认罪，从而使控方能够不再准备审判，并使控方和法院能够有效分配资源，被告人通过这种方式协助了控方侦查或起诉他自己的犯罪行为，将犯罪等级再减少 1 级。《美国联邦量刑指南》对这一条款的适用说明指出，判断"接受/

承担责任"相关的考虑因素有：一是被告人需如实承认包含定罪罪行的行为，并如实承认或不虚假否认被告人根据《美国联邦量刑指南》§1B1.3（相关行为）负责的任何其他相关行为；被告人无需自愿或肯定地承认超出定罪罪行的相关行为以获取降级资格。被告人可以对超出定罪罪行的有关行为保持沉默，这不影响其获取降级资格。被告人虚假否认或无理反驳法院判定为真实的相关行为的，其行为方式与承担责任的要求不一致，但被告人的反驳不成立的事实并不一定证明这是一种虚假否认或无理反驳。二是被告人自愿终止或者退出犯罪活动。三是被告人在定罪之前自愿支付赔偿。四是被告人在犯罪行为实施后即自愿投案。五是被告人自愿协助控方查获犯罪成果和犯罪工具。六是被告人自愿辞去犯罪期间担任的职务。七是被告人在犯罪后的矫正工作如咨询或药物治疗。八是被告人及时表明了其愿承担责任。

如果被告人否认有罪的基本事实要素，使控方在审判中承担其举证责任，被告人仅在被定罪后承认有罪并悔罪的，这种降级就不适用。但是，通过审判定罪并不会自动排除被告人降级的资格。在极少数情况下，即使被告人行使其宪法规定的审判权，被告人仍可明确表示对其犯罪行为承担责任。例如，如果被告人进行审判以主张并保留与事实上有罪无罪无关的问题，如对法规提出宪法上合宪性的主张，或反对将某法规适用于其行为，则可能适用于这种情况。但是，在各种情况下，确定被告是否承担责任的主要根据，主要是其在审前程序中的陈述和行为。

在审判开始前提出认罪，并如实地承认包含定罪罪行的行为，并如实地承认或不虚假地否认其应负责的任何其他相关行为，这是承担责任的重要证据。但是，如果被告人并未做到以上要求，其行为与承担责任的这种要求就不一致，这种认罪证据就可能无效，以这样的方式认罪的被告人就没有权利根据这一规定获得降级。被告人妨碍司法的行为通常表明被告人不为其犯罪行为承担责任，然而极少数情况下也可以降级。

在根据 E 部分第 1 条"接受/承担责任"降低两级犯罪级别之前，如果被告人的罪行处在 16 级或更高级别的罪行中，且被告人按照 E 部分第 2 条的规定曾协助控方调查或起诉他自己的不当行为，那么被告人有资格再获得一级减刑。被告人"接受/承担责任"的及时性是两个条文的共同要求，具体情况如下：一般而言，根据第 2 条有资格降级的行为发生在诉讼的早期，例如，根据第 2 条的规定，被告人必须已通知控方他有意在该案足够早的时候提出认罪，以便控方可以不再准备审判，法院可高效地安排日程。由于控方最能确定被告是否以避免准备审判的方式协助控方，因此量刑时只有在控方提出正式申请后，才可根据第 2 条调整罪行级别。控方不得基于 E 部分未明确规定的利益拒绝提出降级申请，如被告是否同意放弃其上诉权。

E 部分的背景是，其所规定的罪行降级维护了社会利益。出于这些原因，通过及时采取上述行动（或某些同等行动），明确表明对其罪行承担责任的认罪被告人，其犯罪级别低于未表明承担责任的被告人。

根据第 1 条的规定，犯罪级别降低两级。根据第 2 条的规定，在适用第 1 条之外，协助侦查和起诉其本人的、犯罪级别在 16 级或以上的被告人，可额外减少一级，这是由于被告人承担责任的方式是及时确保对其予以公正惩罚的确定性，从而适当地额外降一级。但是第 2 条并不适用于其罪行等级为 15 级或以下的被告人。在第 15 级或更低的犯罪级别，根据第 1 条降低两级，由于量刑表的结构，比起高级别犯罪的量刑范围，其降低比例更大，降低两级就足以使法院考虑第 2 条所规定的量刑范围了。

被告人表明愿意为其罪行承担责任的，量刑的减轻仅限于上文所述降两级附加降一级的相关规定，不得因被告人表示愿意承担责任而不遵守《美国联邦量刑指南》所规定的量刑范围。

（二）自愿揭发自己的罪行

《美国联邦量刑指南》§5K2.16. 规定了自愿揭发自己的罪行。如果被告人在罪行被发现之前自愿向政府揭发该罪行的存在并承担其责任，并且如果此类罪行不太可能被发现，则可能需要向下偏离《美国联邦量刑指南》来量刑。例如，被告人因悔罪揭发了一件本来不会被发现的罪行，可以考虑根据《美国联邦量刑指南》的规定向下偏离。如果被告人揭发的动机是知道可能或即将发现该罪行，或者被告人的揭发与对被告人的相关行为的侦查或起诉有关，则不能偏离《美国联邦量刑指南》。

第二节　英式认罪与实体化的结合模式

近年来辩诉交易作为政策、判例法和法学研究主题等在英格兰和威尔士受到关注。事实上，从 1977 年鲍德温（Michael Baldwin）和麦康维尔（John McConville）合著的《协商的司法：被告人认罪的压力》（*Negotiated Justice：Pressures on Defendants to Plead Guilty*）一书对辩诉交易进行开拓性研究以来，英国对辩诉交易实践的研究少之又少。2008 年英国授权重大复杂诈骗办公室（SFO）在重大复杂诈骗案件中协商辩诉协议以来，英国在法律实务方面的研究兴趣迅速增长。2012 年检察总长针对重大复杂诈骗案件中的辩诉协议发布书面指南，将重大复杂诈骗案中的辩诉交易政策书面化。2017 年以来，英国司法部又发布新的量刑指南，对无协议认罪予以实体化从宽量刑。最初英国法律界和实务界对"辩诉交易"一词有某种反感和厌恶，随着辩诉协议的推行和无协议认罪案件的推广，对辩诉交易的认识越来越趋向于理性。

一、重大复杂诈骗案中的辩诉协议认罪

2012 年检察总长针对重大复杂诈骗案发布指南,[1] 重大复杂诈骗案是指严重且复杂的诈骗案件，总涉案金额在 50 万镑以上、有明显的国际性，需要关于市场运作、银行系统、信托、税务制度等的金融、商业、审计专门知识，被害人一方人数众多，欺骗公众机构、社会关注度高、危害英国经济、破坏人们对投资市场的信心。是否具有以上特点，是否属于重大复杂诈骗案，由检察官决定。是否作为刑事犯罪予以起诉，也由检察官决定。检察官起诉罪名根据《刑事检察官法典》列举的原则确定。起诉应当反映犯罪的严重性，给予法庭充分的量刑权力，清楚明白地向法院起诉。《刑事检察官法典》明确检察官不应提出许多指控罪名以此鼓励被告人对少数罪名认罪；同样，检察官也不应提出严重指控罪名借以鼓励被告人对较轻罪名认罪。一旦程序开始，被追诉人可以对所有指控罪名认罪。如果被告人对部分罪名认罪而不是对所有罪名认罪，或者对较轻的罪名认罪而非对指控罪名认罪，《刑事检察官法典》规定如果检察官认为法院仍可以处以充分的刑罚，那么检察官有权接受这样的认罪。

---

[1] 《检察总长关于在重大复杂诈骗案件中检察官控辩协商与向法庭提交辩诉协议的指南》（Attorney General's Guidelines for Prosecutors on Plea Discussions and Presenting a Plea Agreement to the Court in Serious Fraud Cases），载 https://www.gov.uk/guidance/plea-discussions-in-cases-of-serious-or-complex-fraud--8，最后访问日期：2020 年 11 月 20 日。

指南指出，辩诉协商的目的是缩减案件争议，以求在尽可能早期达成公正的结果，包括达成可以接受的有罪答辩和准备共同提交量刑建议。指南 A6 指出，辩诉协商的好处是：案件尽早解决可以减少被害人和证人的焦虑和不确定，并尽早为承认有罪的被追诉人给出结果，法院有拒绝接受协议的权力。争议问题可以被缩减，即使案件推进到审判，也可以依据 2005 年《刑事诉讼规则》第 3.2 条更高效的处理，如果达成辩诉协议，诉讼可以保持最低限度的争议。

指南 A7 表明，如果在诉讼程序开始（起诉）之前进行辩诉协商，检察官提出的指控将反映协商所确定的指控，而非无协议下检察官必然会提出的指控。此外，在进行协商时，刑事侦查可能还没有完成。因此，所遵循的程序能够取得公共和司法信任非常重要；所达成的协议要合理、公平、公正；要有确保被告人不受不正当压力的保障措施；对已进行的协商有适当的记录。指南 A8 表明，指南无意防止或者阻止检察官在起诉后与辩护律师协商案件以缩小争议问题范围或协定答辩基础的现行做法，也不会影响关于量刑指导的现行做法。指南补充而非减损或者取代《刑事检察官法典》或者接受答辩指南或其他任何指导性文件，比如关于检察官的承诺、被害人权利、被害人诉讼行为守则等。指南 A9 认可法庭掌握终极权威的审判权，即使达成了辩诉协议，如何处理案件仍然完全是法庭职权所在。

指南 B1 对检察官的行为提出要求，检察官在进行辩诉讨论及向法院提出辩诉协议时，必须为了司法公正而公开、公平行事。对此 B2 具体指出，为了公正行事意味着确保辩诉协议反映了犯罪的严重程度，给予法院充分的量刑权力，确保法院、公众和被害人对结果有信心。检察官必须仔细考虑所提议的辩诉协议对社会和被害人，以及对未来成功起诉涉嫌牵连本案的其他人的影响。检察官不得同意具有误导性、不真实或者不合逻辑的认罪基础。B3 进一步指出，检察官公正行事意味着尊重被告人权利，尊重正在被起诉或者可能因牵连而被起诉的其他人的权利。检察官在辩诉讨论过程中，不得为达到说服被告人认罪或者针对特定基础认罪的目的而向被告人施加不当压力。B4 要求检察官的行为公开透明，检察官公开行事意味着对被告人、被害人和法院保持透明。检察官必须：确保准备和保留完整、准确的辩诉协商记录；确保被告人有充分的信息，以便使其能够在知情条件下进行协商；只要有可能，在接受减轻的认罪之前要与被害人沟通，以便向被害人解释情况；确保向法庭提交完整公平体现协商一致事项的辩诉协议——检察官与被告人协商一致的事项必须记录在辩诉协议中并告知法庭，不得在协议记录之外、不为法庭所知。

指南 C 规定了协商及其启动，主要内容有：①C1 规定，检察官认为有利时，可以启动协商，与被指控重大复杂诈骗罪或者正在被侦查、将被指控重大复杂诈骗罪的人进行协商。检察官仅对有律师辩护的人启动协商，不会与没有律师辩护的人启动协商。但如果被告人建议检察官启动协商，检察官认为适当时也可以启动协商。②C2 规定了启动协商的时机。在针对被告人的刑事诉讼还没提起时，检察官不应启动辩诉协商，直到检察官和侦查人员确信被告人有罪。这通常要到嫌疑人被告知权利之后的双方会见。③C3 规定，检察官应警惕被告人利用辩诉协商作为拖延侦查或者起诉的手段，而且如果被告人对协商的承诺有疑问，就不应启动或者继续协商。检察官在辩诉协商期间保持这一立场，例如，在预期会没收财产时应限制财产的处分。如果被告人拒绝参与辩诉协商，检察官不应提出第二次协商建议，除非情势发生重大变更。④C4 规定了检方启动协商的邀请函。为了启动辩诉讨论，检察官会给辩护律师发一封信：询问辩方是否愿意根据这些指南进行协商；确定辩方回应的截止日期。⑤C5 规定了关于协商的检方信函。如果辩方同意进行辩诉讨论，检察官应当向其发信说明讨论的方式。这封信应当包括：检察官和被告人在讨论过程中提供的信息的保密；检察官可以使用被告人提供的信息；进行讨论的实际方式。⑥C6 规定了关于检察官保密的要求。检察官会表明其将承诺，被告人参与辩诉协商的事实以及其在协商中提供的任何信息将被视为秘密，不向任何其他方披露，除非是为了辩诉协商和协议的目的或者基于法律的要求。承诺中将明确，关于未使用材料的披露的法律可能要求检察官向刑事诉讼中其他被告人提供有关辩诉讨论的信息。⑦C7 规定了对辩护律师保密的要求。检察官将要求辩护律师承诺，检察官在辩诉讨论中提供的信息将被视为秘密，不会向任何其他方披露，除非为了辩诉讨论或者协议之目的或者因法律要求。⑧C8 规定了关于辩方在协商中透漏的信息的使用。检察官会表明其将承诺，如果辩诉讨论失败，被告人参与辩诉讨论的事实或者被告人在讨论过程中提供的任何信息将不作为起诉证据，但是检察官将在以下情形下不受约束：将已签署的辩诉协议作为供述证据或者对犯罪的承认；将依据被告人提供的信息获取的证据作为证据；将被告人提供的信息作为本案之外其他案件的指控证据，本案是辩诉讨论的案件，而其他案件可能是辩诉讨论的结果比如洗钱；将被告人提供的信息用于起诉其他人的犯罪（只要证据法允许）。⑨C9 规定了对保密义务和信息使用的特殊约定。在特殊情况下，检察官可以就保密和信息的使用达成与以上规定不同的协议条款。但是，检察官不得放弃将已签署的认罪协议作为指控被告人的证据的能力。检察官可以保留在特定情况下提出其他指控的权利（除了被告人表示愿意认罪的指控），例如，如果在稍后阶段发现重要的新信息，或者认罪协议被法院拒绝，或者被告人未履行协议。⑩C10规定了保密义务和信息使用问题是实质性控辩协商的前提。双方在商定保密和使用信息的问题达成一致并体现在签署承诺协议中之前，检察官不得继续进行实质性的辩诉讨论。

指南的D部分是关于进行辩诉协商的内容：①D1规定了控方要告知辩方案情即"案情陈述"。如果检察官在起诉之前进行辩诉讨论，检察官将向辩方提供案情陈述。这是对嫌疑人涉嫌罪名的性质以及已取得或者预期取得的证据的书面摘要。案情陈述应包括拟起诉罪名清单，也可以提供支持案情陈述的证据，无论是否属于可采证据。②D2如果在诉讼程序开始后，但在检察官向辩方提供案件摘要或开庭记录之前进行辩诉讨论的，检察官可以提供案情陈述，以协助被告人理解证据，厘清争议问题。③D3是关于未使用的证据（可能有利于辩方或削弱指控强度的证据材料——笔者注）。指南不影响检察官在披露未使用材料方面的现有职责。如果在提起诉讼程序之前进行辩诉讨论，检察官应确保嫌疑人对控方的指控强度不被误导。④D4是关于进行讨论及记录。在向辩方提供案情陈述和证据材料后，双方就能够适当地进行辩诉讨论，至于讨论的方式，是通过通信的方式，还是通过面对面的会议，还是通过两者的结合来进行讨论，由个案中的双方来决定。⑤D5要求书面记录，必须在讨论过程中保留每个关键行为和事件的完整书面记录，包括每一方提出的每项要约或让步的详情，以及检察官作出每项决定的理由。各方之间的会议应该记录，会议记录由双方签名。如果被告人没有辩护律师，检察官应特别注意。仅在被告人同意被录音录像或者同意独立第三方在场的情况下，检察官才能与没有辩护律师的被告人会面。⑥D6 是关于"女王的证据"〔1〕，意指被告人帮助控方指控他人。如果被告人在任何阶段提出要约，要提供有关他人犯罪活动的信息或证据，对任何此类要约的处理将根据 2005 年《严重有组织犯罪和警察法》（SOCPA）第 71~75 条〔2〕以及其他规定〔3〕，可以减轻量刑。⑦D7 是关于讨论请求。在决定是否接受被告人提出认罪的提议时，检察官将遵守关于选择指控和接受认罪的法律，检察官应确保：其一，检察官的指控反映了犯罪的严重性和严重程度；其二，给了法院足够的量刑权以及判处适当的定罪后命令权；其三，使案件能够以清晰简单的方式呈给法庭，许多诈骗案件必然很复杂；其四，将有罪答辩作为依据，使法院能够判处与犯罪的严重性相匹配的量刑，特别是如果有加重的情节；其五，在决定接受有罪答辩是否符合公共利益时，要考虑到被害人的利益，以及被害人所提出的意见；其六，侦查人员充分评估了辩诉讨论的进展情况，并考虑侦查人员的意见。⑧D8 是关于事实和证据。在达成辩诉协议时，控辩双方应解决必要的事实问题，以便法院在明确、公平和准确的基础上作出判决。在同意拟议的有罪答辩之前，检察官应确信每项指控都经得起证据和公共利益的全面检验。在考虑是否能够满足证据检验的阶段时，检察官应该假定被告人将签署一份相当于承认指控的认罪协议。⑨D9 是关于量刑的讨论。控辩双方如果就认罪达成协议，应讨论适当

---

〔1〕　帮助控方指控他人的信息或者材料。

〔2〕　第二章关于罪犯协助调查和起诉。第 71 条"被告人的协助：不起诉"；第 72 条"被告人的协助：关于用作证据的承诺"；第 73 条"被告人的协助：减轻量刑"；第 74 条"被告人的协助：对案件的复查"；第 75 条"第 74 条的程序不予公开"；第 75A 条"使用实时链接"；第 75B 条"行使第 71~74 条权利的指南"。

〔3〕　上诉法院对布莱克本案（R. v. P.，R. v. Blackburn［2007］EWCA Crim 2290）的判决以及检察长、严重欺诈办公室主任和税务及海关检控处处长同意并发布的指南。

的量刑，以便向法院联合提交书面陈述。该文件应列出协议的
事实包括加重和减轻情节，列出被告人可获得的量刑减轻情况，
并参考相关的量刑指南或其他权限。鉴于所有这些因素，应就
有关指南中的适用量刑范围提交意见书。检察官必须确保提交
的材料切合实际，并充分考虑所有相关材料和因素。⑩D10 要
求检察官应牢记法院的所有权力，并在联合提交文件中包括相
关的附加命令，特别是需要采取措施，为被害人提供救济（如
赔偿令）和保护公众（如取消董事资格令、预防严重犯罪令或
财务报告令）。⑪D11 应适当考虑法院的没收财产权和行使这些
权力的可取性，以此作为对他人的威慑，以及防止被告人从犯
罪所得中获益或资助未来犯罪。2002 年《犯罪收益法》要求刑
事法院应检要求或者法院认为适当时，对被定罪被告人的犯
罪收益发出没收令。诈骗是图利犯罪，人们期待检察官办理诈
骗罪时请求没收犯罪收益。但是，检察官有权视法院采取措施
的实际情况决定（比如第三方对财产的利益）。

二、英式无协议认罪案件的实体化

从英国司法部发布的年度司法数据看，近年来英国刑事案
件庭审中的认罪率稳定在 70% 左右。英国 2003 年《刑事司法
法》第 144 条规定："在判处向本法庭或另一法庭认罪的罪犯刑
罚时，法庭必须考虑：（a）犯罪人表明对该罪认罪意愿的诉讼
阶段；（b）作出认罪表示的情况。"2009 年《验尸官与司法法》
第 125（1）条规定了对 2010 年 4 月 6 日之后犯罪的量刑，"每
个法院（a）在对罪犯量刑时，必须遵守关于罪犯案件的量刑指
南，并且（b）在行使关于对罪犯量刑的其他职能时，必须遵守
关于行使职能的量刑指南，除非法院确认这样做不利于公正司

法的利益"。《有罪答辩减轻量刑指南》[1]由量刑委员会发布，2017 年 6 月生效，适用于治安法院和刑事法院 18 周岁以上被告人的所有案件，18 周岁以下的认罪案件适用《量刑委员会总体原则——儿童和青少年量刑指南》。《有罪答辩减轻量刑指南》对于认罪案件的宽大作出规定。如果英国被告人无协议认罪的，也能够获得宽大量刑。

（一）　英国对无协议认罪实体化处理的目的

《有罪答辩减轻量刑指南》的目的在于鼓励认罪的人尽早认罪。指南的任何内容不得用于向被告人施压让其认罪。

虽然有罪的人有权利不承认犯罪，有权利使控方承担证明责任，但是认罪确有好处：①通常能够减轻犯罪对被害人的影响；②能够让被害人和证人免于作证；③能够节约侦查和审判的时间、金钱，符合公共利益。

被追诉人越早表示认罪，认罪能够带来的以上好处就越大。为了利益的最大化，就要激励有罪的人尽可能早地表明认罪，为此这一指南明确区分在诉讼第一个阶段就认罪的量刑折扣和在诉讼后期阶段认罪的量刑折扣。

对认罪的人减轻量刑的目的就是为了换取以上列举的好处。法庭应将认罪作为独立于犯罪人个人减轻情节的因素。这些情节如警方会见时就承认犯罪、配合警方、悔罪等，在决定减轻量刑的幅度时不应予以考虑。这些应在确定认罪的减轻幅度之前予以单独考虑，将其作为可能的减轻情节。无论指控证据的强度如何，认罪都可以获得这些好处。因此，确定减轻量刑的幅度不应考虑指控证据的强度。《有罪答辩减轻量刑指南》仅适用于量刑的刑罚要素，不影响附加命令如取消驾驶资格等。

---

〔1〕　Reduction in Sentence for a Guilty Plea.

（二）实体化的方法

《有罪答辩减轻量刑指南》将认罪的量刑折扣计算方式分为五个步骤或阶段，即第一阶段：依据关于具体罪名的量刑规定，来确定适当的量刑；第二阶段：依据这一指南确定量刑折扣；第三阶段：得出量刑折扣；第四阶段：以适当的量刑减去量刑折扣；第五阶段：遵循关于具体罪名指南的步骤，确定最后的量刑。

（1）确定量刑折扣。认罪最大的量刑折扣是1/3。①在诉讼第一阶段表示认罪的量刑折扣是1/3。第一阶段是指第一次听取答辩并予以记录的法官听审。②在第一阶段之后表示认罪的，最大量刑折扣为1/4——之后认罪的量刑折扣递减，至开庭审判第一日认罪的，量刑折扣为1/10。如果在审判过程中认罪的，再降低量刑折扣至无任何折扣。当预先录制交叉询问〔1〕开始时，《有罪答辩减轻量刑指南》视为审判开始。

（2）量刑折扣的适用。①认罪后量刑折扣的适用，可以考虑减至更轻的刑种，比如，将监禁刑减至社区刑或者将社区刑减至罚金。当法院采用减轻刑种来回应认罪时，通常就不需要另外的量刑折扣了。但是，如果刑种的减轻有其他正当理由的，那么应当按照通常的方式来反映认罪的量刑折扣。②两种以上的简易罪〔2〕案件中，加重后的量刑上限为6个月。即使每个罪名在认罪后都有量刑折扣，连续执行的刑期也可能达到6个月上限，如果是这样，法官可以适当地额外减少总和刑期，以体现从其认罪得到的利益。③治安法院和刑事法院都有管辖权的

〔1〕 英国允许对强奸案被害人预先进行交叉询问并录制用于审判。
〔2〕 简易罪是英国等普通法国家通过简易程序审理的犯罪，被告人没有陪审团审判权。英国简易罪通常由治安法院审理，除非法律有特别规定。治安法院审理的案件罚金上限为5000镑，监禁刑上限为6个月。

案件由治安法院管辖。量刑折扣将监禁刑减为罚金，可以使治安法院获得管辖权，不必交到刑事法院。在这类案件中，治安法院应对《有罪答辩减轻量刑指南》所确定的量刑适用量刑折扣，如果治安法院对最终的量刑有管辖权，那么即可继续量刑。

（三）例外规定

（1）需要更多必要的信息、帮助或者咨询。如果法官在量刑前确认存在特殊情形，显著削弱了被告人对所认之罪的理解能力，或者不能合理期待被告人在诉讼早期阶段认罪的，仍应给予1/3的量刑折扣。

在确认是否适用这一例外规定时，法官应区分案件，有的案件有必要进行法律咨询、查看证据以便了解被告人是否在法律上及事实上犯有被指控的犯罪，有的案件被告人仅是拖延认罪，以便评估控方证据的强度和定罪或者无罪释放前景。

（2）牛顿听审和特殊理由听审。牛顿听审适用于被告人认罪，但在检方推进诉讼时，被告人对案情有争议，争议结果会改变量刑，法官通常会听取证人作证，决定以控辩双方哪一方主张的事实作为量刑的基础。特殊理由听审是当被告人被判强制性驾驶执照签注或者剥夺驾驶资格时，被告人试图说服法官，其犯罪有可减轻情节，法官应予考虑减轻或者免除资格刑，该听审也可能会传唤证人作证。如果被告人主张的事实未获得牛顿听审或者特殊理由听审的支持，那么量刑折扣从原来基础上减半。如果在庭审中传唤证人出庭作证，那么可以进一步减少量刑折扣。

（3）被判较轻罪名或者不同罪名。如果被告人被判比起诉罪名更轻的罪名或不同的罪名，且早先已向检方或法院明确表示就此罪名认罪，那么法官量刑时应根据对此罪名表示认罪的阶段给予量刑折扣。在刑事法院，被告人的答辩可以和起诉罪名不同，除非被告人提出了该答辩，否则不得视为明确表示认罪。

（4）1968 年《枪支法》第 51A 条的最低刑。该条规定某些犯罪如制造、贩卖、运输枪支的，18 周岁以上的人法定最低刑为 5 年，18 周岁以下的人法定最低刑为 3 年。如果量刑折扣会将刑期减至法定最低刑期以下，则认罪也不得给予量刑折扣。

（5）定罪时被告人年满 18 周岁的处理方式。对于被告人被定罪时年满 18 周岁，依据 1953 年《预防犯罪法》、1988 年《刑事司法法》、2000 年《刑事法院权力法》判处监禁的，依据以下规定处理：①依据 1953 年《预防犯罪法》第 1 条或者第 1A 条，1988 年《刑事司法法》第 139、139AA 条或者第 139A 条，因持有刀具或者攻击性武器被定罪的，适当的监禁刑为 6 个月以上的；②依据 2000 年《刑事法院权力法》第 110 条贩毒罪和第 111 条入室盗窃罪的规定判处监禁刑的；法院可以依据《有罪答辩减轻量刑指南》判处不少于所规定的监禁刑期的 80%。[1]

（6）对谋杀罪的强制性终身监禁。谋杀是最严重的犯罪，量刑与其他所有的犯罪不同。依据法律规定，谋杀罪的最高刑是终身监禁，罪犯余生都将受判决约束从而在监狱度过。

由于谋杀犯罪的特征，以及 2003 年《刑事司法法》第 21 条的实体法特别规定，关于最低刑期的起点刑，对有罪答辩给予任何程度的量刑折扣时应给予慎重考虑，确保最低刑适当地反映了罪行的严重程度。虽然还是要适用一般原则，应鼓励有罪答辩，如果认罪表示迟于诉讼的第一个阶段，应递减量刑折扣程度，但决定量刑折扣程度的程序是不同的。

---

〔1〕 2003 年《量刑司法法》第 144 条有罪答辩的量刑减轻，其第 2 款规定，对第 110 条和第 111 条规定犯罪的量刑，法院在考虑本条第 1 款事项之后，有权判处不少于 80% 的量刑。

谋杀案中确定量刑折扣程度的程序如下：当法院决定判处终身监禁是否适当时，虽然法院应当考虑罪犯对谋杀罪认罪的事实，但如果法院认为应当判处终身监禁，那么认罪也不必减刑。①法院将仔细权衡最短刑期，同时考虑到其他可能具有的减刑资格，以避免导致刑期过短、不恰当；②当认罪后判处低于最低刑属适当时，量刑折扣不得超过 1/6，且不得超过 5 年；③只有在诉讼的第一个阶段表明认罪的谋杀案件中，才可给予 1/6 或者 5 年的量刑折扣。在此之后认罪的量刑折扣更低，开庭审判之日认罪的最大量刑折扣为 1/20。

需要咨询、帮助、信息的例外和牛顿听审、特殊理由听审的例外也适用于谋杀案件。

第四章

认罪案件中死刑的正确适用：
美国的经验教训

我国死刑案件也可以适用认罪认罚，但当前相关的研究尚未开展起来，数据也难以取得，对认罪案件难以进行内容充实的探讨。对笔者而言，既保留死刑又大规模适用认罪制度的国家，同时有研究的语言便利的国家是实行辩诉交易的美国。因此，本章主题认罪体制对死刑正确适用的影响以及冤案的预防，就以美国为例。

第一节　死刑与辩诉交易体制

需要注意的是，2012 年美国联邦最高法院在判决书中明确表示，美国刑事司法体制更大程度上是辩诉交易体制，而不是陪审团审判体制。[1] 因此，美国对死刑问题的许多研究也是在辩诉交易的背景之下进行的。辩诉交易解决的刑事案件中或许极少有死刑案件，但是这或许是由于辩诉交易能够使被追诉人避免死刑适用，其与死刑问题之间的联系是极为密切的。

---

〔1〕 祁建建：《美国辩诉交易中的有效辩护权》，载《比较法研究》2015 年第 6 期。

一、辩诉交易体制之下的死刑存废

美国是既有辩诉交易又保留死刑的国家。美国曾经尝试过废除死刑。1967 年废除了死刑，1972 年联邦最高法院在判决中认为死刑违反《美国联邦宪法》第八修正案，是残酷、不人道的待遇。4 年后的 1976 年迫于谋杀案高发恢复死刑，将死刑适用于最严重的犯罪。随后联邦和有些州陆续恢复死刑。1996 年民调显示民众对死刑的支持率达 80%，1999 年行刑 98 人，达到高点。2018 年美国共行刑 25 人[1]，2019 年行刑 22 人。截至2019 年，25 个州保留死刑，21 个州废除死刑，4 个州暂停执行死刑，10 年未执行过死刑的州已达 32 个。[2] 2019 年 3 月加州州长暂停执行死刑，称因害怕处死无辜者而寝食难安。加州截至 2019 年 5 月有 737 个死囚排期，人数居美国各州之首，约占全国死囚总人数（2700 人）的 1/4。[3] 2019 年 5 月，新罕布什尔州参众两院以压倒多数废除死刑法律，随后被州长否决，继而由参议院以 2/3 的多数撤销州长的否决，正式成为立法。[4]其他州废除死刑的年份分别是：1847 年密歇根，1853 年威斯康星，1887 年缅因，1911 年明尼苏达，1957 年阿拉斯加、夏威夷，1965 年西弗吉尼亚、爱荷华，1972 年佛蒙特，1973 年北德科他，1984 年马萨诸塞、罗德岛，2007 年纽约、新泽西，2009

---

〔1〕　Katie Benner, "U. S. to Resume Executions of Federal Inmates on Death Row", *New York Times*, July 25, 2019.

〔2〕　The Death Penalty in 2019: Year End Report, Death Penalty Information Center, published on 17 December 2019.

〔3〕　https://www. reuters. com/article/us-usa-california-death-penalty-idUSKCN1QU2R8, 最后访问日期：2020 年 9 月 20 日。

〔4〕　https://www. npr. org/2019/05/30/728288240/new-hampshire-abolishes-death-penalty-as-lawmakers-override-governors-veto, 最后访问日期：2020 年 9 月 20 日。

年新墨西哥，2011 年伊利诺伊，2012 年康涅狄格，2013 年马里兰，2016 年特拉华，2018 年华盛顿。[1]废除死刑的过程是因州而异的。十余年来，美国迎来废除死刑的又一波浪潮，实践中判处死刑的案件降到每年百人以下，2018 年判处 43 人死刑，2019 年判处 34 人。[2]这是许多原因促成的，包括陪审团越来越害怕处决无辜者——死刑是无可挽回的错，法官、检察官、律师也越来越清楚意识到死刑是不同于其他刑罚的特殊处罚，需要向被告人提供特殊的保障，以及终身监禁不得假释减小了求判死刑的必要性等。

美国联邦系统现保留着死刑，自 1988 年恢复死刑以来至 2003 年仅执行 3 人，自 2003 年开始停止执行死刑。2018 年总统特朗普支持死刑，说毒贩应处死，媒体预测其更是支持对谋杀未成年人的罪犯执行死刑。2019 年 7 月，联邦检察总长公布将在 12 月至次年 1 月执行 5 人，其被害人中均有未成年人，其中仅有一名死刑犯是黑人，因杀害 2 岁女儿，8 名亲友出庭作证说均曾受其虐待或威胁，最终被判死刑。检察总长称要运用死刑打击罪行最严重的罪犯，司法部将坚守法治，向被害人及其家属宣告将执行司法系统作出的量刑判决。他是小布什时期的检察总长，1991 年曾在《纽约时报》发表文章，"我们需要死刑震慑并惩罚罪大恶极的联邦罪犯，比如恐袭杀人。死刑向毒贩和黑帮传递这些信息。"参众两院多个议员表示反对死刑执行，认为死刑不人道、有重大缺陷、不公正、适用不平等。此前支持死刑并领导制定 1994 年《暴力犯罪执法法》（Violent Crime

---

[1] https://deathpenaltyinfo.org/state-and-federal-info/state-by-state，最后访问日期：2020 年 9 月 20 日。

[2] The Death Penalty in 2019: Year End Report, Death Penalty Information Center, published on 17 December 2019.

and Law Enforcement Act of 1994）的前副总统拜登（Biden）获知 1973 年以来全美已有 160 个被判死刑的人无罪释放，改变立场加入废除死刑派，称"因为我们无法确保在每个案件中都判对，我们必须废除死刑"。有众议院议员提交议案要求在联邦司法系统废除死刑。民众支持死刑的比例已从 1996 年的 80% 下降至 2016 年的不足 50%，2018 年回升至 54%。随着研究人员质疑死刑是否能够震慑潜在犯罪人，越来越多的律师证明被判死刑的委托人应无罪释放。事实是，死刑在不同地区适用不同，排期等待死刑执行的人多数是黑人，鉴定中一些伪科学在决定死刑适用于谁的过程中作用巨大，如毛发和指纹证据被鉴定专家在庭上夸夸其谈，过分夸大。美国全社会对死刑已不再热衷。执行人数从 1999 年执行 98 人下降到 2018 年的 25 人和 2019 年的 22 人。2005 年开始有死刑犯起诉反对三针注射死刑的执行方法，近年来更因美国和欧洲制药厂拒绝向政府销售注射死刑药物，导致库存药物或替代药物在注射执行中失效及引发剧烈痛苦等，致使多个注射死刑执行案件被诉至联邦最高法院。2015 年联邦最高法院判决支持注射死刑的适用，但大法官斯蒂芬·G. 布雷耶（Stephen G. Breyer）不同意判决意见，强烈要求最高法院重新审视死刑的合宪性，说有证据证明经常有死刑犯从执行排期中被无罪释放，死刑是武断的，死刑司法系统被种族歧视和政治所异化，只有露丝·巴德·金斯伯格（Ruth Bader Ginsburg）同意其意见。[1]

二、辩诉交易可能避免死刑适用

在陪审团审判中，要挽救冷血杀手不受死刑判决，只有辩

---

〔1〕 Katie Benner，"U. S. to Resume Executions of Federal Inmates on Death Row"，*New York Times*，July 25, 2019.

护技术高超的大律师方能做到。不过要想通过辩诉交易救人一命，几乎是个律师都能做到的。现实中有一些看起来判处死刑可能性较大的被告人，因为辩诉交易认罪而获得了宽大量刑，并未被判处死刑。

（一）暗杀马丁·路德·金的杀手未判死刑

暗杀马丁·路德·金的詹姆士·雷（James Earl Ray）在案件中与检察官达成了辩诉协议，被判99年监禁，没有被判处死刑。但雷后来一直坚持认为自己认罪是被迫的，在案件中是被陷害的，希望重启审判而未果。[1]

（二）同案首犯辩诉交易不判死刑

1978年联邦最高法院审理的死刑案件中，桑德拉·罗克特（Sandra Lockett）与他人共犯一起抢劫案，同案犯杀死了被害人。其参与最少、作用最小，被视为有辩护空间。因其有这个所谓的辩护空间，于是拒绝了检察官的辩诉交易提议，其后被判死刑。而杀手与检察官进行了辩诉交易，换取了终身监禁。[2]

（三）连环杀手辩诉交易不判死刑

2003年"绿河杀手"以协助定位发掘被害人遗骸换取辩诉协议，对48项一级谋杀罪名作有罪答辩，而免处死刑。办案检察官其后吹牛称："这项协议是通往真相之路。最后，追寻真相仍是我们要有一个刑事司法体系的原因。"[3]

从这些案件看，连环杀手如果多杀几个人，掩埋、隐藏尸体，就可以用认下无头凶案、告知埋尸场所等来认罪作交易，

---

〔1〕 "James Earl Ray Dead at 70", *CBS News*, April 23, 1998.

〔2〕 Lockett v. Ohio, 438U. S. 586 (1978).

〔3〕 http://seattletimes. nwsource. com/news/locallinks/plea – agreement. pdf. ，最后访问日期：2020年9月20日。

减少判处死刑的可能性；共同犯罪的被告人如果向检察官表示愿意站出来认罪、指证其他人，也可以减少判处死刑的可能性；即使造成举国轰动的大案，被告人表示认罪愿意辩诉交易的，也仍然有不判死刑的存活机会。以此类推，越是多杀人、多制造失踪人口、结伙犯罪、及早认罪，在辩诉交易中的谈判筹码就更多一些。

三、行使陪审团审判的权利可能被判死刑

在被告人不愿妥协、没有达成辩诉交易的案件中，检察官也随时准备着陪审团审判，如果其准备充分的话，被告人不认罪就可能被判死刑。

（一）行使陪审团审判权后被判死刑的现实可能性

以下举例说明，对被告人而言，选择陪审团审判、拒绝辩诉交易被判死刑的这种威胁是现实的。

1. 不认罪不交易的被告人被执行死刑

美国 1967 年事实上废除死刑又于 1976 年恢复死刑后，第二个被执行的死囚是一个拒绝辩诉交易的被告人。1973 年，24 岁的斯朋克（Spenkelink）从加州矫正机构逃出，其有两次重罪犯罪记录，在中西部流窜时遇到搭便车的约瑟夫（Joseph），约瑟夫也有犯罪记录。入住酒店后约瑟夫被枪击致死。斯朋克解释，其向约瑟夫开枪是为了自卫，因为之前约瑟夫性侵他、强迫他玩俄罗斯轮盘赌，且枪是在打斗中走火的。律师解释了为何案件未通过辩诉交易结案：

我们辩诉谈判过。法官向我和检察官抱怨，法官不想用陪审团审判该案。法官说，"一个盲流杀了另一个盲流。这不值得法庭花两周的时间。"检察官响应法官，提出了终身监禁的量

刑建议，想让被告人对二级谋杀罪认罪。这是一个很好的协议，但斯朋克拒绝了。我之前遇到过像他这样的当事人，我有经验，自以为知道如何处理。我起草了一份正式声明，内容是："我，斯朋克，接到了检察官提出的这样一个提议。我的律师告诉我几乎没有机会获得无罪释放，如果我拒绝这个提议，我可能会被处决。但是，我心智健全，我在此拒绝这个提议，并指示我的律师将我的案件提交给陪审团。"我在声明上留下当事人和三名见证人签名的空白。我和三名狱警走进了斯朋克的牢房。在其他案件中，我的当事人会看看声明然后看守说："让我和律师谈谈。"但是斯朋克没有。他拿起笔就签名，三名警卫作为见证人也签了名。斯朋克自始至终反对对其执行死刑，1979年斯朋克被处电椅死刑前最后的话据说是："死刑是给穷人的惩罚。"[1]

2. 过于乐观选择陪审团审判的被告人被判死刑

被告人策划了一起抢劫案，作案过程中向被害人脸上连开三枪。检察官提议有罪答辩、认谋杀罪、终身监禁，实际上7年就可以假释。辩护律师力劝其接受检察官的提议，告诉他如果陪审团审判的话可能会被判处死刑。被告人的唯一反应是"你对我的案子没信心"。陪审团不到一小时就判其有罪并处以死刑。这个被告人被处决，不仅是由于其所犯下的谋杀罪行，而且是由于其过于乐观，对辩护律师基于事实和证据的判断置若罔闻。律师抱怨说被告人短视。

〔1〕 John Spenkelin, Wikipedia; Headsman, 1979: John Spenkelink, the Harbinger, Executed Today, May 25, 2008; Spenkelink v. Wainwright, 372 S. 2d 927 (1979); "Florida Executes Killer As Plea Fails", *New York Times*, May 26, 1979.

（二）行使权利带来不利后果的悖论

有学者请经验丰富的死刑案件辩护律师估测，有多少被判处死刑、等待排期的人曾拒绝检察官免予死刑的辩诉交易提议？有律师认为，1976 年以来被执行死刑的罪犯之中，75% 的罪犯本可以接受检察官的辩诉交易提议，避免死刑判决、不被处死。也有律师认为美国被执行死刑的罪犯之中，50% 的人"曾在某时某刻有机会认罪进行辩诉交易，排除死刑判决的可能性"。[1]抛开这些触目惊心的估测数字不谈，确实在前文列举的几个案件中，好像美国就是这样的一个国家，罪恶滔天的被告人认罪、交易就有可能不判死刑，行使陪审团审判的宪法权利则可能会被判处死刑。但是，值得注意的是，鉴于陪审团审判的定罪率较低，有许多人通过选择陪审团审判获得了无罪判决。

而在有些案件中，美国法律曾一度规定只有经过陪审团审判才能判处死刑，陪审团审判和犯下死刑罪一样，是判处死刑的必要条件，只要放弃陪审团审判的权利就不会被判处死刑。这严重地违反了"行使权利不得带来不利后果"的法律原理。

在死刑案件的谈判中，辩护律师和检察官商议被告人的生杀予夺，这是办理死刑案件律师们的日常工作。像以前案件中的法官、检察官一样，法官、检察官所想的可能是不愿将此案付诸陪审团审判，理由可能是由于对证据不够自信、程序太冗长复杂、投入人力资源太多，甚至也可能是由于不值得为了杀掉这样一个被告人浪费法庭一两周的时间。

---

〔1〕　Welsh S. White, *Litigating in the Shadow of Death: Defense Attorneys in Capital Cases*, University of Michigan Press, 2005, pp. 145–146.

第二节　辩诉交易影响死刑案件的公正效率

辩诉交易和死刑程序之间的关联是极为复杂的。除了死刑的存废始终是理论和实务中的热点问题，死刑程序的改革也持续进行，难免受到辩诉交易的深远影响。关于死刑及其改革的研究汗牛充栋。关于死刑程序的每个重要改革都成为热点。但是辩诉交易对于死刑的影响是潜移默化的，不知不觉之中改变了死刑程序的很多问题，甚至对于原本问题的视角与出发点都改变了。

一、死刑的传统价值与辩诉交易

以联邦最高法院为代表的死刑支持论者认为有些犯罪就是非常邪恶，必须判处死刑，死刑之外的各种刑罚都不足以充分表达社会对罪行的愤慨和谴责，死刑是无可替代的。美国联邦最高法院曾在判决中认为，"在极端严重的案件中，死刑是适当的处罚，这一决定是社会信仰的表达，特定犯罪本身是对人类极端严重的侮辱，唯一的充分回应可能就是死刑。"[1]基于此认识，死刑在美国长期存在而无法彻底废除。

辩诉交易对保留死刑原因的影响在于，它分割了死刑与被告人罪行及其危害性、严重性之间的关联，强调辩诉交易在死刑案件中的价值，从而削减了死刑的传统价值，例如"报应""惩罚""镇恶""预防"等，也改变了死刑本来的面目。从有些案例来看，死刑似乎是被告人不认罪、坚持陪审团审判权利的结果，是拒绝辩诉交易带来的风险，或者是辩诉交易失败的结果。

―――――――――――

〔1〕　Gregg v. Georgia, 428 U. S. 153, 183-184（1976）.

二、辩诉交易影响死刑的公正适用

辩诉交易为死刑的公正适用加入了更多不可测变量。刑事司法本身的不完美使得死刑的适用不公平，但辩诉交易加剧了死刑适用上的不公。而且，辩诉交易对于促进死刑公平适用的改革而言，还架空了死刑案件改革效果。

（一）辩诉交易与死刑地方化趋势的相互影响

保留死刑的联邦和州对于死刑的适用均有其特色。首先，在检察官由选举产生的地方，检察官是否愿意与被告人辩诉交易不判死刑，实际上是地方上有选举权的民众决定的，是地方性民主的结果，同时也受检察官个人办案风格和经验的影响。例如，弗吉尼亚的 121 名检察官是独立选举产生的，每个市县有一名，起诉和辩诉协商的决定由其决定，不同检察官的决定差异很大。有的会在所有符合死刑条件的案件中求处死刑，认为这是职责所在；有的则仅对最为恶劣的案件提出死刑指控；许多检察官会听从被害人家属的意见；有的则因为死刑案件太昂贵而避免指控死刑。实践中判处死刑的案件极少，在很大程度上是基于公共选举产生的检察官进行辩诉交易的结果，与检察官个人有关，也是地方性民主的结果。

其次，如果辩诉交易解决绝大部分案件，那么地区性和个人化的区别就没有那么重要了，辩诉交易的影响更重要。虽然辩诉协商后死刑的适用减少了，但在起诉和判决方面的不平衡仍然存在于整个辖区。如果追求同案同判，那么离达成这个目标还差得很远。

再次，谋杀案发生地往往是决定被告人生死的首要因素。城区还是农村也影响检察官求判死刑的可能性。有数据表明，人口高密度城区、人口中密度城区、农村郊区检察官对可能判死刑的案件以死刑罪名起诉的比例为 72%~85%，但农村郊区的检察官通过审判程序求死刑的可能性 3 倍于高密度城区的检察官，城区检察官更可能进行辩诉交易而非求判死刑。[1]

最后，联邦刑事司法系统保留了死刑，而有的州已废除死刑。因此，在废除死刑的州发生的联邦死刑案件，由案发地的州居民组成陪审团审理，陪审团是否在判处死刑上更难达成一致，是值得研究的问题。比如 2017 年 6 月 9 日，伊利诺伊州的被告人搭载中国访问学者章某到其公寓并杀害，尸体未寻获。2018 年 2 月，检察官称曾与被告人方进行了辩诉交易的会谈。[2] 2019 年 6 月 25 日，距章某失踪两年之际，联邦法院伊利诺伊中区地区法院的陪审团经过两个小时的评议得出有罪的裁决。审判中其律师在总结陈词中说，"我们不找借口。"被告人搭载章某到其公寓并杀害了她，"我们不确知发生了什么，没有人知道。""无论检察官告诉你们什么，大部分都是推断。"地区检察官在总结时说，"作案人确实是被告人。"DNA 证据和被告人的陈述、辩护律师的承认指明被告人有罪，检察官还对陪审团必须要排除合理怀疑地定罪所需要解答的问题一一叙述。被害人母亲出庭陈述失去爱女是家庭的灾难，爱女本可以成为教授并为工薪家庭提供经济补助。被告人作无罪答辩，但当庭播放的录音带中他说起绑架、强奸、折磨被害人。被害人的 DNA 在被告人公寓中多处被发现，包括卧室地毯下。结合其辩护团队的承

〔1〕 Joint Legis. Audit & Rev. Comm'n of the Va. Gen. Assembly, Review of Virginia's System of Capital Punishment (2002), p. 32.
〔2〕 "Prosecutors Say They've Held Plea Talks in Yingying Zhang Kidnapping Case", available at https://herald-review.com/news/local/state-and-regional/prosecutors-say-they-ve-held-plea-talks-in-yingying-zhang/article_fb8a26c4-5015-5765-bce7-5ce7dbc7a0dc.html, last visited on 2020-9-20.

认，陪审团定罪结果在预料之中。[1]检察官和被害人家属要求判处死刑。2019年7月，同一陪审团评议两日后无法达成判处死刑的一致意见，根据法律规定即使有一人不赞同死刑，也不能判处死刑。法官对其判处终身监禁。出庭的助理检察官说，被告人不仅血腥杀害了章某，而且隐瞒了藏尸地点，使被害人家人无法在中国为其举办葬礼，对被害人家庭而言，悲剧永不落幕。辩护律师则辩称被告人有精神问题和酗酒问题，主张不判死刑。[2]据称该案中失败的辩诉交易过程是，辩护律师曾以藏尸或者弃尸地点为筹码与检察官谈辩诉交易，未与检方达成协议，检方遂起诉死刑罪名，但最终由于陪审团无法达成一致而未获得死刑判决。

同样，联邦与已废除死刑的州之间在涉死刑案件诉讼程序上也会发生其他方面的联结。例如，罗德岛早在1984年就废除了死刑，2010年罗德岛一名被告人因犯下联邦法上的抢劫杀人罪，当时被告人因违反州法被羁押在州，所以需要从州转到联邦羁押，罗德岛州长不同意。州长认为恪守州人民所确立的立法和公共政策是州长的职责，如果将被告人转送到联邦，其面临的是死刑指控，可能被判死刑。转送被告人就违反了州长的职责。随后，第一巡回法院命令罗德岛将被告人移送联邦羁押。[3]联邦政府曾表明将指控死刑，但在被告人同意有罪答辩、终身监禁不得假释后，联邦检察官放弃了指控死刑。[4]

---

〔1〕　Tanya Koonce, "Christensen Found Guilty of the Murder, Kidnapping of Yingying Zhang", available at https://will. illinois. edu/news/story/christensen-found-guilty-of-the-murder-kidnapping-of-yingying-zhang, last visited on 2020-9-20.

〔2〕　Tara Molina, "Brendt Christensen Sentenced to Life in Prison for the Murder of Yingying Zhang", available at https://chicago. cbslocal. com/2019/07/18/brendt-christensen-life-in-prison-murder-yingying-zhang/, last visited on 2020-9-20.

〔3〕　United States v. Pleau, 680 F. 3d 1, 3 (1st Cir. 2012) (en banc).

〔4〕　Katie Mulvaney, "Pleau Enters Guilty Plea in Killing", *Providence Journal*, Aug. 1, 2013, p. 8.

（二）联邦对地区性分化的反馈

美国联邦司法系统一直保留着死刑，例如，1988 年《反毒品滥用法》（Anti-Drug Abuse Act）和 1994 年《联邦死刑法》（The Federal Death Penalty Act），联邦检察官可提起死刑指控的有杀人、间谍和叛国、毒品等三类 60 种罪行。早在 2001 年，司法部的政策是尊重现实，尊重联邦检察官带有地方性色彩的决定。因为有的州早已废除死刑，有的州离废除死刑遥遥无期，地方性既不可避免又值得肯定，为本辖区的案件决定负责的联邦地区检察官作出决定时尊重本辖区的实际需求是合法的，不顾辖区实际需求的决定是违反其职责的。如果辖区所在州已经废除死刑，地方人民的文化就是反对死刑，那么联邦检察官限制对死刑的指控，是有道理的。所以当时采取更为谨慎、更现实的策略来指导联邦死刑案件的办理，考虑到社会意愿，不予忽视。

如果进一步考虑到从 1847 年密歇根州最早废除死刑，至 2019 年，在 172 年中陆续有 25 个州废除死刑，死刑的废除是如此的不均衡，如果司法部强求全国统一标准也未必能够有效果，尤其是在废除死刑的州，统一后的联邦死刑起诉标准可能与废除死刑州的文化相冲突的。检察官会受到当地废除死刑文化的影响，辩护律师也一样会预测废除死刑州的联邦死刑案件判处死刑的可能性低于保留死刑的州。检察官如果追求的是定罪，而不是死刑或重刑，那么通过辩诉交易来解决可能判处死刑的案件就更为有利。

但后来司法部希望在联邦死刑案件中消除辩诉交易的地区性差异，2007 年修订相关的检察官手册，要求联邦检察官或者助理检察总长如未取得检察总长授权，不得达成有约束力的协议排除死刑指控。[1] 这一规定旨在确保影响联邦死刑案件管理的重要决定都经过中央审核，遵守全国性标准。[2] 尤其是 2007年修订版的观点表明，"全国统一要求相似案件相似对待，如果案件的主要区别仅仅是犯罪地不同的话。"具体而言，2003 年的相关检察官手册规定了对死刑案件起诉的审查程序："在已经、可能或将会起诉死刑的所有案件中，都必须向司法部刑事司的助理总检察长提交文件。鼓励办案检察官与刑事司死刑案件处的检察官尽早咨商，以便检察官在准备和提出死刑指控以供刑事司审查并由总检察长决定寻求或不寻求死刑时，能及时获得建议和协助。对于不起诉死刑的辩诉协议，以及在美国检察官已被授权起诉死刑的案件中同意由法官审判而放弃陪审团审判的，也需要执行死刑起诉的审查程序。在对可判死刑的罪行提出起诉之前，办案检察官或助理检察官应就起诉书中所涉可判死刑的法律因素咨询司法部刑事司死刑案件处。在总检察长决定起诉死刑的案件中，在提交或修改起诉书之前，必须经死刑案件处批准。死刑案件处和其他有关部门的检察官可以提醒办案检察官注意当前起诉死刑案件的问题，并为他们提供资源，以协助其准备审判和量刑听审会。"[3] 这一程序延续至今。

三、辩诉交易影响死刑案件的效率

辩诉交易可能增加死刑罪名的起诉，从而增加诉讼成本：一方面，有些案件本来可以不起诉死刑罪名，检察官为了增加

---

〔1〕 See U. S. Department of Justice, "9 U. S. Attorney's Criminal Resource Manual, § 1358", available at http://www. justice. gov/usao/eousa/foia – reading – room/usam/title9/crm01358. htm, last visited on 2020-9-20.

〔2〕 Memorandum from Paul J. McNulty, Deputy Attorney Gen. , U. S. Attorney's Manual, Death Penalty Protocol Revisions (June 25, 2007).

〔3〕 Criminal Resource Manual, Ministry of Justice, updated 2020.

辩诉交易的筹码而起诉死刑罪名，这加强了检察官在辩诉交易过程中的掌控力和主动性。另一方面，检察官起诉死刑罪名本身就意味着侦查和起诉的证据要求更高更严格，从而在侦查和起诉的过程中支出更多资源和成本。从表面上看，死刑案件的效率通过辩诉交易提高了，但是实质上，检察官是否本可不起诉死刑罪名，从而减少死刑案件这种高耗费案件的数量，值得研究。

（一）检察官为增加辩诉交易筹码而起诉死刑罪名

在死刑案件中，辩诉交易能救命，这是进行辩诉交易的律师和检察官的经验，在个案中也确实如此。正是因为死刑案件中的被告人愿意认罪拿辩诉交易来救命，这也让检察官喜欢起诉死刑罪名，有的检察官起诉死刑罪名就是为了在辩诉交易中作为威胁被告人认罪的筹码。20 世纪 90 年代，费城地区检察官林·亚伯拉罕（Lynne Abraham）被称为"最致命的地区检察官"，因其在每个符合判处死刑条件的案件中都要求判处被告人死刑。但是，即使在最严重的犯罪案件中，只要被告人同意有罪答辩，她就放弃死刑。[1] 林检察官是尽责公仆，与其他检察官一样将辩诉交易作为惯例，她的手法不过是现今美国刑事司法的惯常做法。如果推敲一下林检察官动用死刑罪名进行起诉的目的是什么，似乎也并不是为了判被告人死刑，因为只要被告人认罪她就辩诉交易放弃死刑。这确实值得认真研究。

以弗吉尼亚州为例，弗吉尼亚州的检察官不反对死刑，相反，死刑成为他们辩诉交易的谈判筹码。弗吉尼亚自 1976 年至 2014 年对 110 人执行死刑，[2] 本来仅次于 508 人的德克萨

---

〔1〕 Tina Rosenberg, "The Deadliest DA", *New York Times*, July 16, 1995.

〔2〕 http://deathpenaltyusa.org/usa/state/oklahoma.htm, last visited on 2020-9-20.

斯，[1] 但 2014 年被俄克拉荷马超越，后者执行 111 人。[2] 虽然弗吉尼亚州判处死刑的案件少，而且随着时间的推移越来越少，自 2011 年后弗吉尼亚就不再判死刑了，截至 2019 年 10 月该州死刑排期只剩 3 人。[3] 但是弗吉尼亚州起诉死刑罪名的案件基本保持着稳定的比例。弗吉尼亚死刑罪名的主要功能就是作为辩诉交易谈判的筹码，通过不判死刑的辩诉交易结掉大部分死刑案件。

在弗吉尼亚州，只有在控辩双方都放弃陪审团审判的权利后，法官才能获得死刑案件的审理和量刑权。但求判死刑的检方如果认为法官倾向于生刑，则不会同意放弃陪审团审判，而辩方如果认为法官倾向于死刑则也不会放弃陪审团审判。所以对于放弃陪审团审判的案件，往往是控辩双方达成协议，检方不起诉死刑罪名而是起诉其他罪名。理论上，弗吉尼亚州法官有权对陪审团判处的死刑予以改判，州法上对法官有明确授权。法官如果认为陪审团不应对被告人判处死刑，也可以行使裁判权改为不判死刑，法官改判死刑的权力有两项：一是属于纯粹的司法裁量权，法官如果有正当理由，可以撤销陪审团的死刑判决，改判终身监禁；[4] 二是州最高法院必须复核每个死刑判决，认定其是否过分或者不当。[5] 虽然有明确的法律规定授权法官行使这两项权力，但法院几乎从不对有问题的陪审团死刑判决予以改判。1976 年以来，陪审团判处的死刑案件中，法官改判非死刑的案件查无记录，律师协会认为可能没有；州最高

---

　[1]　http://deathpenaltyusa. org/usa/state/texas. htm, last visited on 2020-9-20.

　[2]　http://deathpenaltyusa. org/usa/state/oklahoma. htm, last visited on 2020-9-20.

　[3]　Mike Valerio, "Could Virginia Abolish the Death Penalty in 2020?", Wusa9, November 18, 2019.

　[4]　Va. Code Ann. § 19. 2-264. 5.

　[5]　Va. Code Ann. § 17. 1-313 (C).

法院复核裁定死刑判决"过分与不适当"的案件为零。[1]可见，陪审团的死刑判决确实是决定性的生杀予夺。但是，走向陪审团审判之路的案件少之又少，绝大部分都在陪审团审判之前就解决了。

以弗吉尼亚州为例，2011年以来就没有案件被判死刑了，起诉死刑的案件数量稳定下降，陪审团审判的死刑案件始终寥寥无几，背后的原因很多：一是死刑案件的辩护得到加强，对控方而言判死刑的难度更大了。2002年，弗吉尼亚州议会授权创设4个地区性贫困被告人死刑案件辩护办公室。[2]2004年，弗吉尼亚州设立穷人辩护委员会取代公设辩护委员会，下设25个公设辩护人办公室和4个死刑案件辩护办公室，要求所有的死刑案件由两名律师辩护，其中一名来自死刑案件辩护办公室。州的资金分配给经验丰富、专业性强的辩护律师，并提供调查人手和调解专家。该州采纳了详细的指定辩护的标准，增加了辩护费用，取消了对死刑案件指定辩护律师的费用上限，设立死刑案件辩护律师名单。[3]死刑判决的减少并非偶然，其与相应的改革措施密不可分，时间上也基本一致，能力强、资源充沛的辩护促成了死刑的减少，也使检察官越来越愿意或被迫在死刑案件中放弃对死刑的追求。可见此前研究者所谓的"死刑是判给最弱鸡的辩护，而非最严重的犯罪"[4]有其实践基础。二是终身监禁不得假释，降低了检察官和被害人方求判死刑的愿望。例

〔1〕 ABA, Evaluating Fairness and Accuracy in State Death Penalty Systems: The Virginia Death Assessment Report 1 (2013).

〔2〕 "Poor Va. Clients in Capital Cases Get New Team of Legal Advisers", *Washington Post*, May 13, 2003.

〔3〕 http://www.vadefenders.org/about-us/, last visited on 2020-9-20.

〔4〕 Stephen B. Bright, "Counsel for the Poor: The Death Sentence Not for the Worst Crime but for the Worst Lawyer", 103 *Yale Law Journal* 1994, p.1835.

如，1995 年弗吉尼亚州废除了对终身监禁的假释，[1] 这样一来，人身危险性极强的被告人可在狱中度过余生。对检察官来说，追求死刑的必要性减小了。对被害人家属而言，死刑程序冗长，结果反复不定，有的被害人家属甚至明确要求判处终身监禁不得假释。三是不断有其他州废除死刑，舆论和民意越来越倾向于死刑的废除。在这种背景下，不追求死刑很容易成为司法政策。

（二）起诉死刑罪名本身增加了诉讼成本

死刑罪名成为辩诉交易的谈判工具，这样的现实对于死刑的未来而言有着重要的意义，因为公正与经济两个因素会对死刑的存废发挥重要的影响作用。由于许多死刑案件是在起诉后通过辩诉交易解决的，已经经过了警方和检察官、辩护律师费时费力的工作，虽然现实中死刑判决数量有所下降，但死刑制度的经济成本仍保持相对较高。在资源有限且预算紧张的现实中，这种成本可能会引起越来越多的关注。

辩诉交易是节约开支、诉讼经济的工具。就个案而言，认罪案件节约了陪审团审判和漫长的上诉费用。但是如果单就死刑案件来论，从立法者评估刑事司法政策效益的视角，是否达到了诉讼经济的效果尚未可知。原因在于，死刑案件虽然非常严重地依赖辩诉交易来解决，死刑案件的花费比非死刑案件还是高多了，这是因为审判前支出的费用多了。2020 年对犹他州的研究表明，死刑案件的侦查费用 3 倍于终身监禁案件，死刑案件陪审团审判费用平均 50 余万美元，是监禁案件的 10 余倍。[2] 控辩双方在死刑案件中成功进行辩诉交易的关键除了死

---

〔1〕 Antonio Olivo, "Virginia Parole Ban: Democrats Propose Restoring Parole", *Washington Post*, February 1, 2020.

〔2〕 "Cost of Life Imprisonment without Parole Versus Death Penalty (Capital Punishment)", *BohatALA*, February 16, 2020.

刑的适用，另一个筹码可能在于威胁增加另一方经济负担。辩护律师要说服检察官，陪审团审判太贵了，还是辩诉交易好。曾有辩护律师申请法庭许可聘请 6 位专家证人。律师面见 5 位警察局长说，如果进行陪审团审判的话，6 位专家证人的总花费将超过 10 万美元。5 位警察局长说服检察官进行辩诉交易，节约的钱部分用来为被害人修建纪念碑。也曾有辩护律师提出旧金山大陪审团 36 年来从无华裔、菲律宾裔、西班牙裔成为陪审团主席，这将引发长达 3 年的审前诉讼程序。最终被害人之子撤回了对辩诉协议的反对意见，同意辩诉协议中不判死刑，检察官与被告人达成了辩诉交易。

死刑案件非常昂贵，但这是应该的，因为太多的权利和利益在死刑案件中涉险，不能因为花钱多就要缩减这类案件侦查、起诉、辩护的开支。也不是说要反对辩诉交易，只是说现实中起诉死刑的案件花了太多的钱，大部分案件都通过辩诉交易解决了，而没有通过陪审团审判或者法官审判判处死刑。这个事实会不会影响到立法者，会不会影响到死刑的未来，值得进一步研究。

四、死刑罪名对被告人认罪的复杂影响因素

除了经济、效率、被告人想活命等因素会影响到死刑案件中的控辩双方，促使被告人认罪，还有更为复杂的影响因素，包括被害人家属对检察官的压力、辩护律师的说服力、被告人家属对被告人的影响等。

首先，关于被害人，许多检察官对于死刑问题的处理受制于被害人及其家属。被害人家属对于死刑的意见千差万别，有的坚定反对死刑，有的坚持认为死刑是唯一适当的刑罚并反对检察官对死刑进行交易。虽然被害人无法成为陪审团成员直接

裁判案件，但是通过对检察官施加影响却可以决定被告人的生死。如果检察官过于顺从被害人及其家属的意见来适用死刑，死刑就会更加专横专断。但辩护律师却发现和家属以及检察官谈判有好处。例如，律师可以承诺隐瞒一些对被害人来说不良的信息，如被害人是性从业者；律师也可以告知检察官未告知家属的信息，承诺不搞媒体宣传，保证被告人不接受采访、不写文章和书来赚钱，安排被告人和被害人家属会面，被告人向被害人家属悔过致歉等。[1]

其次，辩护律师也会基于对审判结果的预测，对于被告人是否认罪施加影响力。对辩护律师而言，最有挑战性的谈判环节是和被告人之间的谈话。许多被告人对于终身监禁不得假释没有信心，觉得认罪换来终生在监狱生活不值当，好像更愿意冒险不认罪。辩护律师在有的案件中要花很久说服被告人接受检察官的辩诉提议，避免被判死刑。1970年的布雷迪案（Brady v. U. S.）在这方面发人深省。布雷迪被指控了死刑罪名，被羁押数月，坚称自己无辜，要求陪审团审判。其辩护律师经过认真研究，认为不可能赢，告诉被告人不能选陪审团审判，因为几乎可以确定他会被定罪后判处死刑。辩护律师去说服被告人认罪的路上遇到法官，法官说他认为被告人"可能会被判死刑"。后来当辩护律师在法官办公室告诉法官可能日后进行有罪答辩时，法官说，"好的，我认为你非常明智，因为我确定会把死刑问题提交给陪审团。"辩护律师尽职地将法官的话告诉了被告人。[2]辩护律师说，"当被告人决定改变其答辩时，我认为我

---

〔1〕 Welsh S. White, *Litigating in the Shadow of Death: Defense Attorneys in Capital Cases*, University of Michigan Press, 2005, pp. 145–146.

〔2〕 Appendix to the Briefs at 64–75, Brady v. United States, 397 U. S. 742 (1970).

们把他从死刑中救出来，我感觉非常满意。"[1]

最后，被告人家属或者亲密关系人的意见常常是很关键的。同样在 1970 年布雷迪案件中，被告人之母对布雷迪认罪也发挥了重要影响。妈妈去探视时错过探视时间，"我在监区外的小路上叫布雷迪的名字，上面有人听到以后问大家：'这儿有人叫布雷迪吗？'布雷迪来到窗边。那是个楼房的楼上，我不知道是几层。布雷迪在窗边说：'妈妈你干吗呢，你这样会惹上麻烦的。'我说：'老天爷，你认罪吧，不然他们会判你死刑的。'"[2]后来当得知同案犯很可能作证时，布雷迪同意认罪。加州的一名毒枭被告人因怀疑另一毒圈大佬背叛自己，吩咐手下（警方线人）将其杀死。警方谈判专家曾经与其谈话 3 小时，鼓励他认罪，说他可能判死刑，让他想想处决他对家庭的影响。谈判专家说起她自己参加死刑执行的经验，曾"出席过佛罗里达的死刑执行"，说起被告人母亲目睹其被执行死刑的痛苦。不但如此，母亲还会被死刑支持者奚落、骚扰。谈完话后，被告人说让我想一下，其后，被告人接受了检察官的辩诉交易提议。[3]

在死刑案件中决定被告人是否认罪的影响因素之复杂，超出人们的想象。这些因素可能与证据有关，也可能不是基于证据，这就隐含了造成无辜者认罪的重大风险。

---

〔1〕 Appendix to the Briefs at 66, Brady v. United States, 397 U. S. 742 (1970).

〔2〕 Appendix to the Briefs at 38, Brady v. United States, 397 U. S. 742 (1970).

〔3〕 Welsh S. White, *Litigating in the Shadow of Death*: *Defense Attorneys in Capital Cases*, University of Michigan Press, 2005, pp. 162–163. Jaxon Van Derbeken, "Guilty Plea in S. F. Drug Dealer's Death", available at https://www.sfgate.com/bayarea/article/Guilty-Plea-In-S-F-Drug-Dealer-s-Death-2808124.php, last visited on 2020-9-20.

第三节 死刑案件中对无辜者定罪的
现实风险与防范

数据表明，由于检察官提起的死刑指控中的死刑罪名确实带来处决的现实风险，为了规避死刑，绝大多数被告人愿意认罪，与检察官进行辩诉交易。其中也包括无辜者，无辜者为了回避最严重的法律后果，不惜认罪。然而也有案件表明，无论是否认罪，都可能会被定罪，这让人无望，让人放弃抗争，反而进一步加剧了死刑罪名对被告人认罪的影响。

一、死刑罪名下的无辜者案件

根据全美无辜者定罪数据库关于错误定罪的年度报告，2018 年有 151 起洗冤案件，其中有 68 起杀人案，有 5 起洗冤案件存在错误起诉或威胁起诉死刑的情形，有 2 人从等待死刑执行的排期中无罪释放。关于造成无辜者被定罪的原因，107 个案件中有警方或检察机关不当行为，111 个案件中有伪证、诬告，两者经常一起出现。从历史上看，这两个因素是对无辜者判死刑的主要原因。这也是 2018 年洗冤的案件中导致对 68 个无辜者定杀人罪的两个主要因素。其中，54 起案件涉及警方和/或检察机关的不当行为，占 79.4%；52 起案件涉及伪证/诬告，占 76.5%；两个因素全有的案件有 47 件，占 69.1%。2018 年 DNA 证据帮助洗冤的杀人案件有 14 件，占洗冤杀人案件数的 20.1%。在 DNA 洗冤的所有谋杀案件中，原审检方都提出了伪证或虚假的证人证言，并且 60% 以上的谋杀案件中也存在警察和/或检察机关的不当行为。DNA 证据在 5 起杀人案中反驳了检方提出的虚假的或误导性的法医证据。[1] 2018 年至少有 3 起杀人案中不当使用死刑或威胁适用死刑。

[例1] 因线人伪证被认定为连环杀手

鲍比·乔·麦克斯韦（Bobby Joe Maxwell）在加州洛杉矶市因 1978 年和 1979 年发生的 10 起谋杀和 5 起抢劫而被起诉。没有物证能够直接将麦克斯韦与谋杀联系起来，证人在警方组织的辨认中也无法识别他的声音，也没辨认出他来。控方唯一的有力证据是监狱的线人，其作证说被告人向其承认作案，杀了 10 个人，但未就杀人细节作证。检察官提出认罪的辩诉交易提议，但是被告人拒绝了，坚持不认罪。1984 年的陪审团审判其 5 项谋杀罪名成立。1988 年有新的证据证明检方的监狱线人是超级骗子，其在多个案件中作伪证，目的是减刑。线人被判伪证罪。然而，麦克斯韦案直到 2010 年才重新审判。第九上诉法院在判决中认定线人证言不可信，其他证据为间接证据，并指出初审时检方已经发现从证据的角度而言，指控力度弱。但线人已经过世，无法为其作证。2017 年检察机关将其作为连环杀手，仍尽力对其予以追诉，其时麦克斯韦心脏病发作近乎昏迷。2018 年 8 月，检察机关撤销指控，警方表示赞同检方的决定，被告人是警方认定的第三个嫌疑人，也是唯一送上审判法庭的嫌疑人。各方也关注被害人家属，他们本指望正义在法庭上伸张，没想到案发后已长达 40 年，直到现在仍然遥遥无期。[2]

---

〔1〕 Exonerations in 2018, National Registry of Innocents, 2018.

〔2〕 James Queally, Bobby Joe Maxwell, "Suspected L. A. Serial Killer Whose Convictions Were Overturned, Dies at 69", *Los Angeles Times*, May 17, 2019. James Queally, "Prosecutors Drop all Criminal Charges against Suspected 'Skid Row Stabber', Ending Decades-old Case", *Los Angeles Times*, August 11, 2018.

［例 2］证人受到死刑威胁作伪证

1998 年在伊利诺伊州芝加哥市，两名 13 岁儿童被枪杀，一名 18 岁的嫌疑人因案件可能被起诉死刑罪名，受到死刑的威胁而作伪证。嫌疑人为了进行辩诉交易，成为控方证人后，有警员要求其指证案件的领导者，其作伪证指证马修·索普朗（Matthew Sopron），索普朗被判谋杀罪并被处以无期徒刑不得假释。该证人随后承认索普朗"与谋杀案完全无关"，并在 2018 年的定罪后程序中作证，称当时为了避免死刑愿做任何事，所以为了拿到没有死刑的认罪协议，改变了最初认为案件与马修·索普朗无关的供述，改为指认索普朗。检察官申请法庭撤销定罪，经法庭允许后，检察官又撤销了指控，释放索普朗。[1]

［例 3］16 岁未成年人害怕死刑虚假认罪被判终身监禁

1993 年，四个年轻人从派对回家的路上，一辆车从路边停下，有人从乘客位向他们开枪，两人被打死，两人逃生。1995 年 8 月，16 岁的丹尼尔·维尔加斯（Daniel Villegas）在德克萨斯州埃尔帕索被判对此案犯有谋杀罪并被判处终身监禁。警察曾经将其铐在椅子上，扇他耳光，威胁要将他带到沙漠并"打他的屁股"，说如果他不坦白就会判死刑上电椅，之后其对谋杀案作出了虚假供述。维尔加斯自述当时非常害怕。此案历经三次审判。1994 年无效审判，1995 年被谋杀罪陪审团定罪后，由于检察官未提死刑诉求，自动判处终身监禁。德克萨斯州法院在 2012 年推翻了定罪，理由是律师无效法律帮助，命令案件重

---

[1] Andy Grimm, "Case Dropped Man Walks Free after Spending 20 Years in Prison for Double Murder", *Chicago Sun Times*, December 18, 2018.

新审判。2018 年，检察官在重新审判前向其提出辩诉交易提议，认罪换取判已服刑期，被其拒绝。维尔加斯在重新审判时提出无罪证据，七女五男组成的陪审团经两天 8 小时评议后，于 2018 年 10 月判其无罪。检方在判决后仍称相信其作为唯一嫌疑人是有罪的。[1]

二、死刑威胁下认罪自愿性的争议

联邦最高法院判决指出，死刑的威胁不会导致被告人的有罪答辩不自愿。[2] 在 1897 年的布拉姆案（Bram v. U. S.）中，联邦最高法院认为，每个供认都必须是"自由和自愿的：也即，……不是……来自任何形式的威胁或者暴力，也不是来自任何直接或者暗示的承诺，无论多么轻微"[3]。1970 年布雷迪案的判决与 1897 年的布拉姆案不同。联邦最高法院在布雷迪案中认为："布拉姆及其后续判例并未认为宽大承诺可能带来的强迫性影响不能经由律师在场和律师咨询消除。"[4] 布雷迪案的法院认为，由于害怕自己的行为所带来的法律后果而作有罪答辩的，仍是自愿的，不是不自愿。对于律师在场和律师咨询能否消除不自愿，有学者持不同意见："有律师在场解释枪的工作原理后认罪和在枪口威胁下认罪同样是不自愿的。"[5]

---

〔1〕 Aaron Martinez, "Daniel Villegas Found Not Guilty in His Third Trial for Capital Murder", *El Paso Times*, October 6, 2018; Stephanie Nolasco, "Texas Man Convicted of Double Murder Explored in New Doc: 'I Just Could Not See This Evil, Angry Person' ", *Fox News*, July 6, 2019.

〔2〕 Brady V. U. S., 397U. S. 742, 755（1970）.

〔3〕 Bram v. U. S., 168U. S. 532, 542–43（1897）.

〔4〕 Brady V. U. S., 397U. S. 742, 755（1970）.

〔5〕 See Albert W. Alschuler, "The Supreme Court, the Defense Attorney, and the Guilty Plea", 47 *University of Colorado. Law Review* 1975, p. 55.

被告人认罪的辩诉交易与死刑案件之间的联系紧密复杂，种种问题盘根错节。首先是辩诉交易是否减少了死刑适用，因为如果可能判死刑的被追诉人进行辩诉交易的话，往往以避免死刑为首要目的。其次，检察官为了达到定罪目的，是否会利用死刑指控迫使犯罪嫌疑人、被告人甚至证人进行辩诉交易，值得警惕。最后，对于司法公正而言，即使通过辩诉交易不判死刑，也只能避免错判无辜者死刑，但是并不能避免将无辜者判处重刑。

三、死刑案件辩诉交易中辩护律师的重大作用

辩诉交易体制下，律师和检察官仍然是控辩对抗的，虽然辩诉交易改变了刑事辩护律师在法庭上的角色，律师的主要职责仍是控辩对抗，基于案件证据，向犯罪嫌疑人、被告人解释法律制度如何运作，并使他们认识到，如果不认罪，控方在法庭上证明有罪到排除合理怀疑的可能性有多大，如果接受检察官的辩诉提议认罪，法律后果是什么。在死刑案件中，辩方不认罪的后果可能是非常冒险的。当然，律师传达的这些信息如果在证据和法律上合理合法，虽然不受欢迎，也不应受到指责。如果律师没有告知当事人这些信息，那么律师就不尽职。可以想象，律师的建议对当事人的影响力有多大，律师建议当事人认罪、不行使陪审团审判权有多么强大的影响力。这可能是律师职业伦理的难题。

在检察官起诉死刑罪名的案件中，辩诉交易需要被告人同意，有些被告人被判处死刑等待执行，是由于检察官不做辩诉交易，有些则是由于被告人拒绝了检察官的辩诉交易提议。因此死刑案件的诉讼结果有一定的偶然性。对于不能获得好的辩护律师和法律帮助的被告人，以及提出了无罪辩护的被告人而

言，其获判死刑的可能性增大。总之，认罪体制下，死刑案件辩护律师进退两难，这是其服务对象的困境所决定的，也是刑事司法体制决定的。辩诉交易贬低了死刑的目的，同时也重新解释和定位了律师的作用。[1]

所有这些研究和案例反复提示所有人，死刑案件不会因认罪体制而减少对无辜者定罪。想要预防死刑案件中的无辜者，需要重新审视和进一步改革认罪和不认罪的刑事司法体制。

---

[1] Albert Alschuler, "Plea Bargaining and the Death Penalty", 58 *De Paul Law Review* 2008, p. 671.

余　论

　　认罪体制之下，冤假错案的预防机制与此前的不认罪案件刑事司法体制相比较而言，所涉及的问题更为广泛和复杂。被追诉人自我归罪，导致刑事司法体制就此分野为认罪案件和不认罪案件的不同处理方式，即一个基于法庭上的证据和证明，一个基于法庭上的自愿认罪。但是认罪案件中的被告人在当庭认罪之前，依然享有无罪推定和排除合理怀疑地定罪的权利，认罪案件也依然存在证据和证明问题，并且是被告人自愿认罪的前提和基础。对于证据不足的案件，检察官不得起诉，辩护律师不得建议被告人认罪认罚。

　　然而检察官的客观中立立场，会在一定程度上受到控诉功能、求胜欲望的限制。如果从问题意识和问题导向出发，要想预防认罪案件中的冤假错案，防止对无辜者定罪，最终还是要研究怎么样丰富和完善控辩对抗中的辩方权利，充分保障被告人的辩护权。这个结论是颠扑不破的真理。被告人的辩护权必须获得充分的认可和保障，一方面，要确认辩护权的本质是有效辩护权；另一方面，要建立无效辩护识别机制，对辩护权受侵犯的被告人建立救济机制。[1]

---

　　〔1〕　参见祁建建：《论有效辩护权：作为一种能够兑现的基本权利》，中国政法大学出版社 2018 年版。笔者在该书中对这一问题作出了集中回应，在本书中不再赘述。

认罪首要要求是自愿，作为自愿性基础的无罪推定如不完善，认罪就无从自愿，不自愿认罪当然是冤假错案。认罪不自愿是冤假错案，无辜者认罪也是冤假错案。因此认罪体制之下的冤假错案，范围比不认罪案件中的冤假错案可能更为广泛。[1] 相应地，笔者在以前研究的基础上，选取了笔者认为重要的若干要素作为研究对象，无罪推定、自愿性、被害人、实体化问题以及认罪在死刑案件中的特殊作用等。2018 年认罪认罚入法后，法律的实施会遇到立法中不能包罗的新问题，需要基于理论回应实践的需求，也需要更多能够结合实践的理论研究。

---

[1] 参见祁建建：《认罪认罚处理机制研究：无罪推定基础上的自愿性》，中国人民公安大学出版社 2019 年版。笔者在该书中对这一基础性问题进行了探讨，在本书不再过多讨论。

参考文献

1. 中共中央宣传部编：《习近平新时代中国特色社会主义思想学习纲要》，学习出版社、人民出版社 2019 年版。

2. 《最高人民法院关于加强刑事审判工作情况的报告》，载《人民法院报》2019 年 10 月 27 日，第 1 版。

3. ［意］贝卡利亚：《论犯罪与刑罚》，黄风译，中国大百科全书出版社 1993 年版。

4. 卞建林、刘华英：《论认罪认罚从宽制度中的律师参与机制》，载《河南社会科学》2019 年第 2 期。

5. 陈光中：《认罪认罚从宽制度实施问题研究》，载《法律适用》2016 年第 11 期。

6. 陈国庆：《适用认罪认罚从宽制度的若干问题》，载《人民检察》2019 年第 23 期。

7. 陈卫东：《认罪认罚从宽制度研究》，载《中国法学》2016 年第 2 期。

8. 董坤：《认罪认罚从宽案件中留所上诉问题研究》，载《内蒙古社会科学（汉文版）》2019 年第 3 期。

9. 顾永忠：《关于"完善认罪认罚从宽制度"的几个理论问题》，载《当代法学》2016 年第 6 期。

10. 樊崇义：《认罪认罚从宽协商程序的独立地位与保障机制》，载《国家检察官学院学报》2018 年第 1 期。

11. 韩大元、许瑞超：《认罪认罚从宽制度的宪法界限》，载《国家检察官学院学报》2019 年第 3 期。

12. 胡铭：《律师在认罪认罚从宽制度中的定位及其完善——以 Z 省 H 市为例的实证分析》，载《中国刑事法杂志》2018 年第 5 期。

13. 胡云腾主编：《认罪认罚从宽制度的理解与适用》，人民法院出版社 2018 年版。

14. 冀祥德：《建立中国控辩协商制度研究》，北京大学出版社 2006 年版。

15. ［美］乔治·费希尔：《辩诉交易的胜利——美国辩诉交易史》，郭志媛译，中国政法大学出版社 2012 年版。

16. 苗生明主编：《认罪认罚从宽制度研究：以重罪案件为视角》，中国检察出版社 2019 年版。

17. 孙长永：《认罪认罚案件"量刑从宽"若干问题探讨》，载《法律适用》2019 年第 13 期。

18. 孙谦主编：《认罪认罚从宽制度实务指南》，中国检察出版社 2019 年版。

19. 孙谦：《关于司法改革背景下逮捕的若干问题研究》，载《中国法学》2017 年第 3 期。

20. 孙远：《论认罪认罚案件的证明标准》，载《法律适用》2016 年第 11 期。

21. 王敏远：《认罪认罚从宽制度疑难问题研究》，载《中国法学》2017 年第 1 期。

22. 汪海燕：《认罪认罚从宽案件证明标准研究》，载《比较法研究》2018 年第 5 期。

23. 魏晓娜：《结构视角下的认罪认罚从宽制度》，载《法学家》2019 年第 2 期。

24. 张建伟：《认罪认罚从宽处理：内涵解读与技术分析》，载《法律适用》2016 年第 11 期。

25. 朱孝清：《侦查阶段是否可以适用认罪认罚从宽制度》，载《中国刑事法杂志》2018 年第 1 期。

26. 周光权：《论刑法与认罪认罚从宽制度的衔接》，载《清华法学》2019 年第 3 期。

27. 祁建建：《论有效辩护权——作为一种能够兑现的基本权利》，中国政法大学出版社 2018 年版。

28. 祁建建：《认罪认罚处理机制研究——无罪推定基础上的自愿性》，中国人民公安大学出版社 2019 年版。

29. 祁建建：《美国辩诉交易研究》，北京大学出版社 2007 年版。

30. 祁建建：《美国涉认罪案件中无辜者之识别与救济》，载《法律适用》2019 年第 24 期。

31. 祁建建：《无罪推定、排除合理怀疑与自愿性——对认罪认罚案件和普通程序庭审定罪正当性来源的思考》，载《人民检察》2018 年第 2 期。

32. 祁建建：《美国辩诉交易中的有效辩护权》，载《比较法研究》2015 年第 6 期。

33. Aaron Martinez, "Daniel Villegas Found Not Guilty in His Third Trial for Capital Murder", *El Paso Times*, October 6, 2018.

34. ABA, Evaluating Fairness and Accuracy in State Death Penalty Systems: The Virginia Death Assessment Report 1 (2013).

35. Alan F. Arcuri, "Criminal Justice: A Police Perspective", 2 *Criminal Justice Review* 1977.

36. Alan F. Arcuri, "Police Perceptions of Plea Bargaining: A Preliminary Inquiry", 1 *Journal of Police Science and Administration* 1973.

37. Albert Alschuler, "Plea Bargaining and the Death Penalty", 58 *De Paul Law Review* 2008.

38. Albert W. Alschuler, "The Supreme Court, the Defense Attorney, and the Guilty Plea", 47 *University of Colorado Law Review* 1975.

39. Allen F. Anderson, "The Police, The Prosecution, and Plea Negotiation Rates: An Exploratory Look", 12 *Criminal Justice Review* 1987.

40. Andy Grimm, "Case Dropped Man Walks Free after Spending 20 Years in Prison for Double Murder", *Chicago Sun Times*, December 18, 2018.

41. Antonio Olivo, "Virginia Parole Ban: Democrats Propose Restoring Parole", *Washington Post*, February 1, 2020.

42. Arrests, HomeOffice （U. K.）, Published 17 September 2020.

43. Arizona v. Fulminante, 111 S. Ct. 1246 （1991）.

44. Anne McGilliveray, "R. v. Bauder: Seductive Children, Safe Rapists, and Other Justice Tales", 25 *Manitoba Law Journal* 1997.

45. Ahmed E. Taha, "The Equilibrium Effect of Legal Rule Changes: Are the Federal Sentencing Guidelines Being Circumvented?", 21 *International Review of Law and Economics* 2001.

46. Bandoni v. Rhode Island, 715 A. 2d 580 （R. I. Sup. Ct. 1998）.

47. Black v. United States, 385 U. S. 26 （1966）.

48. Brady v. Maryland, 373 U. S. 83 （1963）

49. Blackledge v. Perry, 417 U. S. 21 （1974）.

50. Bailey Vogt, Jeff Mordock, "9/11 Victim Compensation Fund Claims on Record Pace as Funds Dwindle: DOJ Official", *The Washington Times*, June 11, 2019.

51. Brady v. U. S. , 397 U. S. 742 （1970）.

52. Bram v. U. S. , 168 U. S. 532 （1897）.

53. Cage v. Louisiana, 498 U. S. 39 （1990）.

54. Carissa Byrne Hessick, "Elected Prosecutors and Non-Prosecution Policies", Prawfs Blawg, September 8, 2018.

55. Class v. United States, 138 S. Ct. 798 （2018）.

56. Coffin v. United States, 156 U. S. 432 （1895）.

57. Criminal Court Statistics Quarterly, England and Wales, January to March 2019, Ministry of Justice, Published 27 June 2019.

58. Criminal Justice Standards for the ProsecutionFunction （2017）.

59. Corrections and Conditional Release Act, S. C. 1992.

60. "Cost of Life Imprisonment without Parole Versus Death Penalty （Capital Punishment） ", *BohatALA*, February 16, 2020.

61. Declaration of Basic Principles of Justice for Victims of Crime and Abuse of Power. GA Res. 40/34, UN GAOR, 40th Sess. , Supp. No. 53, UN Doc. A/

40/53.

62. John M. Dick, "Allowing Sentence Bargains to Fall Outside of the Guidelines without Valid Departures", 48 *Hastings Law Journal* 1997.

63. Douglas E. Beloof, "The Third Wave of Crime Victims' Rights: Standing, Remedy, and Review", 2005 *Brigham Young University Law Review* 2005.

64. Emily Tillett, Grace Segers, "After Hundreds of First Responder Death, Senate Finally Votes to Reauthorize 9/11 Victim Compensation Fund", *CBS News*, July 24, 2019.

65. Erica Hashimoto, "An Originalist Argument for a Sixth Amendment Right to Competent Counsel", 99 *Iowa L. Rev.* 1999 (2014).

66. Exonerations in 2018, National Registry of Innocents, 2018.

67. Gregg v. Georgia, 428 U. S. 153 (1976).

68. Faretta v. California, 422 U. S. 806 (1975).

69. Federal Rules of Criminal Procedure (U. S.).

70. Florida v. Nixon, 543 U. S. 175 (2004).

71. Fred Kray, John Berman, "Plea Bargaining in Nebraska – The Prosecutor's Perspective", 11 *Creighton Law Review* 1977.

72. Friedman v. United States, 381 F. 2d 155 (8th Cir. 1967).

73. Handbook for Victims: On the Use and Application of the United Nations Declaration of Basic Principles of Justice for Victims of Crime and Abuse of Power.

74. H. Richard Uviller, *Tempered Zeal: A Columbia Law Professor's Year on the Streets with the New York City Police*, Contemporary Books, 1988.

75. Hughes v. United States, 584 U. S. _(2018) (Slip. Op.).

76. Holland v. United States, 75 S. Ct. 127 (1954).

77. Herman, G. Nicholas, *Plea Bargaining*, Charlottesville, VA: Lexis Law Publishing, 1997.

78. In re Winship, 90 S. Ct. 1068 (1970).

79. Joan Crouch, Colo. Div. of Criminal Justice, Colorado Replication of the 1990

National Prosecutors Survey 34（1992）.

80. James Bradley Thayer, "Presumption of Innocence in Criminal Cases", 6 *Yale Law Journal* 185（1896）.

81. "James Earl Ray Dead at 70", *CBS News*, April 23, 1998.

82. James Queally, "Bobby Joe Maxwell, Suspected L. A. Serial Killer Whose Convictions Were Overturned, Dies at 69", *Los Angeles Times*, May 17, 2019.

83. James Queally, "Prosecutors Drop All Criminal Charges against Suspected 'Skid Row Stabber', Ending Decades – old Case", *Los Angeles Times*, August 11, 2018.

84. John G. Douglass, "Death as a Bargaining Chip: Plea Bargaining and the Future of Virginia's Death Penalty", 49 *University of Richmond Law Review* 2015.

85. John Spenkelin, Wikipedia; Headsman, "1979: John Spenkelink, the Harbinger", *Executed Today*, May 25, 2008.

86. Spenkelink v. Wainwright, 372 S. 2d 927（1979）.

87. "Florida Executes Killer as Plea Fails", *New York Times*, May 26, 1979.

88. Johnson v. Zerbst, 304 U. S. 458（1938）.

89. Milquet, "Strengthening Victims' Rights: From Compensation to Reparation", Report of Special Adviser to the President of the European Commision, Jan-Claude Juncker, March 2019.

90. John Pfaff, "Boston's New D. A. Pushes Back against Prosecutors' 'Punishment-Centric' Point of View", *The Appeal*, November 14, 2018.

91. Jonathan Abel, "Cops and Pleas: Police Officers' Influence on Plea Bargaining", 126 *Yale Law Journal* 2017.

92. Kaly v. United States, 134 S. Ct. 1090（2014）.

93. Karle, Theresa W. and Thomas Sager, "Are the Federal Sentencing Guidelines Meeting Congressional Goals? An Empirical and Case Law Analysis", 40 *Emory Law Journal*, 1991.

94. Katie Benner, "U. S. to Resume Executions of Federal Inmates on Death Row", *New York Times*, July 25, 2019.

95. Kentucky v. Wharton, 441 U. S. 786 (1979).

96. Kercheval v. United States, 274 U. S. 220 (1927).

97. Lockett v. Ohio, 438 U. S. 586 (1978).

98. Memorandum from Paul J. McNulty, Deputy Attorney Gen., U. S. Attorney's Manual, Death Penalty Protocol Revisions, June 25, 2007.

99. Mike Valerio, "Could Virginia Abolish the Death Penalty in 2020?", *Wusa* 9, November 18, 2019.

100. Mccoy v. Louisana, 584 U. S. _ (2018) (Slip Opinion).

101. McDonald v. United States, 284 F. 2d 232 (D. C. Cir. 1960).

102. McKaskle v. Wiggins, 465 U. S. 168, 177, n. 8 (1984).

103. McMann v. Richardson, 397 U. S. 759 (1970).

104. Monk v. Zelez, 901 F. 2d 885 (10th Cir. 1990).

105. Morris v. Cain, 186 F. 3d 581 (5th Cir. 1999).

106. Model Rules of Professional Conduct (1983).

107. Moise Beger, "The Case against Plea Bargaining", 62 *American Bar Association Journal* 1976.

108. Nat'l Dist. Attorneys Ass'n, National Prosecutor Survey (1990); Nat'l Dist. Attorneys Ass'n, National Prosecutor Survey (1992).

109. Nix v. Whiteside, 475 U. S. 157 (1986).

110. North Dakotav. Dimmitt, 665 N. W. 2d (N. D. Sup. Ct. 2003).

111. O'Brien v. United States, 386 U. S. 345 (1967).

112. Oyler v. Boles, 368 U. S. 448 (1962).

113. Pan, Jason and Matthew G. Kaiser, "Thirtieth Annual Review of Criminal Procedure: Guilty Pleas", 89 *Georgetown Law Journal* 2001.

114. Parker v. North Carolina, 397 U. S. 790 (1970).

115. Patrick F. Healy, Nat'l Dist. Attorneys Ass'n, National Prosecutor Survey 116 (1977).

116. Paul G. Cassell, "Treating Crime Victims Fairly: Integrating Victims into the Federal Rules of Criminal Procedure", 4 *Utah Law Review* 2007.

117. People v. Johnson, 81 N. Y. 2d 980（1993）.

118. People v. Owens, 69 N. Y. 2d 585（1987）.

119. People v. Muhammad, _ N. Y. 3d_ , 2020 WL 96666（2020）.

120. Percentage of Deaths in Police Custody in England and Wales between 2008/ 09 and 2018/19, by Ethnicity, Published June 2020.

121. Poor Va. Clientsin Capital Cases Get New Team of Legal Advisers, Washington Post, May 13, 2003.

122. Prosecutions and Convictions, Ministry of Justice, published 10 October 2018, last updated 15 September 2020.

123. Rachel E. Barkow,"Institutional Design and the Policing of Prosecutors: Lessons from Administrative Law" , 61 *Stanford Law Review* 2009.

124. Roach Kent, *Due Process and Victim's Rights: The New Law and Politics of Criminal Justice*, University of Toronto Press, 2000.

125. Robert Schehr, "The Emperor's New Clothes: Intellectual Dishonesty and the Unconstitutionality of Plea-Bargaining", 2 *Texas A & M Law Review* 2015.

126. R. v. Stinchcombe, ［1991］3 S. C. R. 326.

127. R. v. Power, ［1994］］1 S. C. R. 601.

128. R. v. Burlingham, ［1995］2 S. C. R. 206.

129. R. v. Hallam, ［2003］B. C. J. No. 1366（B. C. Prov. Ct. ）

130. Sentences and Custody, Ministry of Justice（U. K. ）, Published 10 October 2018, Last updated 27 April 2020.

131. Sandoval v. California, 511 U. S. 1101（1994）.

132. Sandstrom v. Montana, 442 U. S. 510（1979）.

133. Sentencing Reform Act, 18U. S. C.（1984）.

134. Statement of Rupa Bhattacharyya, Special Master, September 11th Victim Compensation Fund U. S. Department of Justice, Before the Committee on the Judiciary Constitution, Civil Rights and Civil Liberties Subcommittee United States House of Representatives, June 11, 2019.

135. Strickland v. Washington, 466 U. S. 668, 692（1984）.

136. Simon N. Verdun-Jones, Adamira A. Tijerino, "Four Models of Victim Involvement during Plea Negotiations: Bridging the Gap between Legal Reforms and Current Legal Practice", 46 *Canadian Journal of Criminology & Criminal Justice* 2004.

137. SystemicRacism and Police Brutality Are British Problems, *The Guardian*, 2nd Jul. 2020.

138. State v. Spicer, 299 N. C. 309 (1980).

139. State v. Blyther, 175 N. C. App. 226 (2005).

140. State v. Parks, 146 N. C. App. 568 (2001).

141. State v. Rudolph, 39 N. C. App. 293 (1979).

142. State v. Rogers, 68 N. C. App. 358 (1984).

143. Sullivan v. Louisiana, 508 U. S. 275 (1993).

144. Susan R. Schwaiger, "The Submission of Written Instructions and Statutory Language to New York Criminal Juries", 56 *Brooklyn Law Review*, Winter 1991.

145. Stephen B. Bright, "Counsel for the Poor: The Death Sentence Not for the Worst Crime but for the Worst Lawyer", 103 *Yale Law Journal* 1994.

146. Stephanie Nolasco, "Texas Man Convicted of Double Murder Explored in New Doc: 'I Just Could not See This Evil, Angry Person'", *Fox News*, July 6, 2019.

147. Taylor v. Kentucky, 436 U. S. 478 (1978).

148. Tillman v. Cook, 215 F. 3d 1116, 1126 (10th Cir. 2000).

149. Tina Rosenberg, "The Deadliest DA", *N. Y. Times*, Jul. 16, 1995.

150. Tollett v. Henderson, 411 U. S. 268 (1973).

151. United States v. Delgado, 672 F. 3d 320 (5th Cir. 2012).

152. United States v. Dufresne, 58 Fed. Appx. 890 (3d Cir. 2003).

153. United States v. Hernandez, 176 F. 3d 719 (3d Cir. 1999).

154. United States v. Hoffecker, 530 F. 3d 137 (3d Cir. 2008).

155. United States v. Issac, 134 F. 3d 199 (3d Cir. 1998).

156. United States v. Jacobs, 44 F. 3d 1219, 1226 & n. 9 (3d Cir.), cert. denied, 514 U. S. 1101 (1995).

157. United States v. Booker, 543 U. S. 220 (2005).

158. United States v. Casallas, 59 F. 3d 1173 (11th Cir. 1995).

159. United States v. Rodriguez, 197 F. 3d 156 (5th Cir. 1999).

160. U. S. Department of Justice, Victim Input into Plea Agreements (Report No. 7), 2002. Washington, DC: Office for Victims of Crime.

161. U. S. Department of Justice, Attorney General Guidelines for Victim and Witness Assistance, 2000. Washington, DC: Office for Victims of Crime.

162. United States v. Khan, 821 F. 2d 90 (2d Cir. 1987).

163. United States v. Issac, 134 F. 3d 199 (3d Cir. 1998).

164. United States v. Covarrubias, 65 F. 3d 1362 (7th Cir. 1995).

165. United States v. Nelson, 498 F. 2d 1247 (5th Cir. 1974).

166. United States v. DeJohn, 638 F. 2d 1048 (7th Cir. 1981).

167. United States v. Lewis, 593 F. 3d 765 (8th Cir. 2010).

168. United States v. Pepe, 501 F. 2d 1142 (10th Cir. 1974).

169. United States v. Jacobson, 578 F. 2d 863 (10th Cir. 1978).

170. United States v. Barrera Gonzales, 952 F. 2d 1269, (10th Cir. 1992).

171. United States v. Smaldone, 485 F. 2d 1333, (10th Cir. 1973).

172. United States v. Teague, 953 F. 2d 1525 (11th Cir. 1992), cert. denied, 506 U. S. 842, 113 S. Ct. 127, 121 L. Ed. 2d 82 (1992).

173. United States v. Bayaud, 23 F. 721 (1883).

174. U. S. Attorneys' Manual (2020).

175. Vanscoy v. Ontario, [1999] O. J. No. 1661 (Ont. Sup. Ct.).

176. Victims' Bill of Rights [Ontario], S. O. 1995.

177. Victims' Bill of Rights [Manitoba], S. M. 2000.

178. Victor v. Nebraska, 114 S. Ct. 1239 (1994).

179. Wardius v. Oregon, 412 U. S. 470 (1973).

180. Welsh S. White, *Litigating in the Shadow of Death: Defense Attorneys in*

Capital Cases, University of Michigan Press, 2005.

181. Weaver v. Massachusetts, 582 U. S. _ , (2017).

182. Wolfe v. Virginia, Docket for 18-227.

183. Zachary Price, "Enforcement Discretion and Executive Duty", 67 *Vanderbilt Law Review* 2014.